Fritz Baltruweit / Günter Ruddat

Gemeinde gestaltet Gottesdienst

Ein Arbeitsbuch

2

Taufe

Konfirmation

Trauung

Beerdigung

Gütersloher Verlagshaus

Die Deutsche Bibliothek – CIP-Einheitsaufnahme

Baltruweit, Fritz:
Gemeinde gestaltet Gottesdienst: ein Arbeitsbuch / Fritz Baltruweit / Günter Ruddat. –
Gütersloh: Gütersloher Verl.-Haus

Bd. 2. Taufe, Konfirmation, Trauung, Beerdigung. – 2000
ISBN 3-579-03085-X

ISBN 3-579-03085-X

Umschlaggestaltung: Linda Opgen-Rhein, Dortmund
unter Verwendung der Abbildungen/Fotos: (links) »Wassermotiv«, © Linda Opgen-Rhein;
(unten rechts, farblich verändert und vergrößert) »Baumrinde«, Foto: © Hagen Wehrend, Hamburg;
(rechts, große Abbildung) Kohlezeichung von Norbert Kricke, © Sabine Kricke-Güse, Saarbrücken,
© der Vorlage: Kunstmuseum Bonn.
Satz: Weserdruckerei Rolf Oesselmann GmbH, Stolzenau
Druck und Bindung: Westermann Druck Zwickau GmbH, Zwickau
Gedruckt auf chlorfrei gebleichtem Werkdruckpapier
Printed in Germany

Inhalt

Konfirmation

Trauung

Auftakt
Jeder Tag ist ein Geschenk[1]

Text: Hans-Jürgen Netz; Musik: Fritz Baltruweit

1. Auf der CD zu diesem Buch: Hanns Dieter Hüsch / Studiogruppe Baltruweit, Jeder Tag ist ein Geschenk – Lebensreise, tvd-Verlag, Düsseldorf 1999.

Jedes Licht, das wir miteinander sehen,
jedes Licht ist uns geschenkt.
Bleib nicht im Dunkel stehen.
Jeder Tag,
jeder Tag ist ein Geschenk.
Bleib nicht im Dunkel stehen.
Jeder Tag ist ein Geschenk.

Jeder Traum, den wir miteinander spinnen,
jeder Traum ist uns geschenkt
mit allen uns'ren Sinnen.
Jeder Tag,
jeder Tag ist ein Geschenk –
mit allen uns'ren Sinnen.
Jeder Tag ist ein Geschenk.

Jedes Lied, das wir miteinander singen,
jedes Lied ist uns geschenkt,
bringt unser'n Dank zum Klingen.
Jeder Tag,
jeder Tag ist ein Geschenk,
bringt unser'n Dank zum Klingen.
Jeder Tag ist ein Geschenk.

Geleitwort

Wenn einer eine Reise tut, dann kann er nicht nur etwas erzählen, sondern dann braucht er auch einen Reiseführer. Gottesdienst und Leben haben beide etwas von einer Reise an sich, deshalb gibt es Kasualien an den Passagen des Lebens. Aber welche Reiseführer gibt es da? Hier ist einer neu vorhanden, geradezu ein *Baedeker für die Kasualpraxis* in Kirche und Gemeinde, konkret bei Taufe, Konfirmation, Trauung und Beerdigung. 1994 brachten die Autoren ein Arbeitsbuch in Richtung Erneuerte Agende heraus, nun folgt als zweite liturgische Didaktik die mindestens ebenso wichtige Anleitung für die Kasualien.
Wer sucht, wird darin erstaunlich viel für die Praxis finden: theologische Merkzettel, nützliche Kopiervorlagen, kostbare Lieder, poetische Texte, z. B. von Hanns Dieter Hüsch und Kurt Marti und noch vieles andere bis hin zur Agende als Prospekt, genauso auch die nötige Theorie in einleitenden Abschnitten und vorzüglichen Anmerkungen und Literaturangaben. Die strittigen Fragen werden nicht gescheut wie z. B. das Verhältnis von Kindersegnung und Taufe, die Diskussion in den neuen Bundesländern um eine Jugendfeier neben Konfirmation und Jugendweihe oder die Fragen von Fotos und Videos bei Amtshandlungen. Kannten Sie schon die »10 Gebote« für die Kasualpraxis? Hier finden Sie sie.
Mir gefällt, daß *Entdecken* und *Gestalten* als die Grundvorgänge deutlich werden, die Kasualpraxis von der Basis der Gemeinde aus *wahr-nehmen* lassen: *Leben entdecken – Taufe gestalten, Glauben entdecken – Konfirmation gestalten, Liebe entdecken – Trauung gestalten, Hoffnung entdecken – Beerdigung gestalten.* Die bewährten Kriterien der Erneuerten Agende greifen auch hier, und mit diesem Buch brauchen Pfarrerinnen und Pfarrer die Kasualien nicht mehr allein anzugehen (etwa nach dem alten Lied: »Ein Mann, der sich Gemeinde nennt«), sondern die Gemeinde gestaltet mit.
Lebendige Liturgie, wer wünscht sich das nicht? Wie aber kann sie gelingen? Auf jeden Fall besser mit diesem Arbeitsbuch. Es nimmt uns nicht alle Arbeit ab, aber es führt uns in eine liturgische Arbeit, auf der Segen ruht.
Im Anfang ist der Fall. Bei manchen allerdings auch der Fall in das große Loch der Überforderung oder der bloßen Routine. Hier aber liegt der Fall anders: Hilfe zur liturgischen Selbsthilfe ist vorhanden.

Ich bin guter Dinge für Fortschritte in der Kasualpraxis, weil es jetzt dieses Buch gibt, das uns zeigt, daß die Kasualien neben dem sogenannten Hauptgottesdienst keine Nebensache sind. Gemeinde ist »Kultur des Vertrauens« (Reiner Strunk), nicht zuletzt in die Verheißungen und Erfahrungen, in denen uns das gute Wort des Segens für die Schwellensituationen des Lebens, die Benediktion für Leib, Seele und Geist, als Gemeindefeier *lebhaft* begegnet.
Wer wird uns bringen ans andere Ufer in den Passagen des Lebens? Ich wünsche diesem Buch weite Verbreitung und viele Rückmeldungen an die beiden Autoren, die hier praxisnah und umsichtig, verständlich und anregend im liturgischen Lotsendienst tätig geworden sind. Mit so etwas kommt die lebendige Liturgie bestimmt – leichter und eher.
Als professoraler Sympathisant bodenständiger Versuche einer liturgischen Gemeindedidaktik und als einer der ersten Leser dieses vortrefflichen Buches freut sich

Reformationsfest 1999 *Henning Schröer*

Die Lebensreise der Menschen als gemeindeentwickelnde Möglichkeit ernst nehmen

Von der Wahrnehmung der lebenszyklischen Situation zu einem neuen ekklesiologischen Sensorium

Die Kommunikation des Evangeliums

»Die Feier war ganz toll. Also kirchenmäßig, alles, der Pastor wunderbar, hat mir sehr gut gefallen. Alles auf amerikanisch, mit Gospeln und so weiter, mit Kirchenchor ..., also das war so schön, also das haben die so feierlich und schön gemacht ..., das kann man sich gar nicht vorstellen.«[1]
Was hier eine Mutter sagt, läßt vermuten, daß im Konfirmationsgottesdienst ihrer Tochter die *Kommunikation des Evangeliums*[2] geklappt hat. Der Pastor, der sich mit seinen Konfirmandinnen und Konfirmanden Gedanken um den Gottesdienst gemacht hat, hat offensichtlich »den richtigen Ton« getroffen. Die Mutter hätte ja auch sagen können: »Also, das war furchtbar – ganz anders, als ich es erwartet habe! So'n amerikanisches Zeug – und gar nicht feierlich. Also – die Kirche sieht mich nicht so schnell wieder ...« – hat sie aber nicht.
Ein Pastor (oder eine Pastorin – wie alle anderen für einen Gottesdienst Verantwortlichen) kann seine Liebe, seine Sorgfalt, seine Professionalität und seine Spiritualität so in den Gottesdienst einbringen, daß die Mutter der Konfirmandin – und mit ihr sicher viele andere – glücklich nach Hause gehen.
Wir können lebendige Gottesdienste vorbereiten, in denen Begegnung geschieht. Wir können Menschen in unseren Gemeinden motivieren und qualifizieren, Gottesdienste mitzugestalten und mitzufeiern. Dabei prägt unsere spirituelle

1. Aus einem Interview, in: Klaus Engelhardt (u. a.), Fremde Heimat Kirche – Die dritte EKD-Erhebung über Kirchenmitgliedschaft, Gütersloh 1997, S. 148.
2. Dieser Begriff »macht Geschichte«, seitdem er von Ernst Lange »in die Welt gesetzt« wurde (siehe z. B. E. Lange, Kirche für die Welt (hrsg. in der Edition Ernst Lange von Rüdiger Schloz), München 1981, S. 101-129 und: ders., Chancen des Alltags (hrsg. in der Edition Ernst Lange von Peter Cornehl), München 1982, S. 109ff. Der Begriff *Kommunikation des Evangeliums* wurde z. B. immer wieder von Rüdiger Schloz aufgenommen und wurde so zum Terminus, der zahlreichen EKD-Studien und Modellen zugrundeliegt; oder auch von Christoph Bäumler weiterentwickelt (Kommunikative Gemeindepraxis, München 1984, bzw. Bäumler / Mette, Gemeindepraxis in Grundbegriffen, München 1987; oder in der Fortführung: Christoph Bäumler, Menschlich leben in der verstädterten Gesellschaft – Kirchliche Praxis zwischen Öffentlichkeit und Privatheit, Gütersloh 1993). Wie auch das Heft »Ernst Lange – Herausforderung für eine Theorie kirchlichen Handelns« (Pastoraltheologie 12/1997) zeigt, sind die grundsätzlichen Überlegungen dieses Kapitels immer wieder von Lange »inspiriert«.

Kraft den Gottesdienst – durch das, was wir in den Gottesdienst direkt einbringen, und durch das, was wir in den Vorbereitungsprozeß als »Multiplikatoren« in die Herzen derer »pflanzen«, die Gottesdienste mitgestalten. Wir können dafür sorgen, daß die Sprache in der Liturgie und in der Predigt »stimmt« – mit einem deutlichen Bezug zum Geschehen, das nicht 1878 und nicht 1982, sondern heute stattfindet[3].

Man spürt unseren Gottesdiensten an, wessen Geistes Kinder wir sind: Ob wir aus menschenfreundlicher Atmosphäre heraus Liebe zur Liturgie entwickeln, ob wir sorgfältig formulieren, ob wir wirklich gebetet und ob wir Freiräume geschaffen haben, die die Gemeinde spirituell ausfüllen kann.

Gerade in den Kasualgottesdiensten treten wir Liturginnen und Liturgen als »die Kirche« auf. Ob der Funke überspringt, ob Begegnung gelingt, ob die Situation getroffen wird, ob sich etwas ereignet, dafür stehen wir – und spielen dabei verschiedene Rollen als Priester, Zeitansager, Moderator, Regisseur und Manager, häufig auch noch gleichzeitig. Die Gemeinde schaut über unsere Feh-

Aus der Titelseite »Schritte – Magazin für Christen« 1/93, Neukirchen-Vluyn 1993, © des Fotos: Wolfgang Heidenreich, Haltern am See

3. Siehe dazu Otmar Schulz, Wie die Gemeinde lernen kann, wieder miteinander zu feiern, in: Das Sonntagsblatt Nr. 44, 31.10.1997.

ler hinweg, ist großzügig und dankbar, wenn sie spürt: Der Pastor, die Pastorin ist mit Herz und Verstand dabei und nimmt uns »geistesgegenwärtig« als Gemeinde in unserer Situation wahr.

Ziel
ist die Leitung
eines spirituell erfüllten,
menschenfreundlichen,
für Begegnung offenen Gottesdienstes,
in dem das WIE und das WAS miteinander gehen
und der erkennbar in der Gegenwart stattfindet.

Die lebenszyklische Dimension wahr-nehmen

In Kasualgottesdiensten stehen Lebenssituationen und ihre Deutung im Licht des Evangeliums im Mittelpunkt des Geschehens. Auch wenn die Erwartungen von Menschen aus der Kerngemeinde und der Kirche ferner Stehenden an den Gottesdienst ähnlich sein mögen[4], nehmen wir wahr: Besonders in Kasualgottesdiensten haben wir es oft mit Menschen zu tun, deren Kirchenmitgliedschaft sich am Lebenslauf orientiert.
Verschiedene Studien haben in letzter Zeit noch einmal deutlich gemacht: Diese »an Lebenslauf-Situationen orientierte Mitgliedschaft ... ist gebunden an die Amtshandlungen und an lebenszyklisch orientierte Gottesdienstformen sowie an die pastorale Begleitung in besonderen Krisenlagen«.[5]
Weil wir diese Menschen vielfach als »passive« Kirchenmitglieder wahrnehmen, verwenden wir für sie oft das Wort »Distanzierte«. Wie problematisch dieser Begriff ist, zeigt die Studie »Fremde Heimat Kirche« auf zwei Ebenen:

1. Die »Distanzierten« sind wie alle anderen zunächst Mitglieder der Kirche. Sie erwarten, als solche auch wahr- und ernstgenommen zu werden. Das ist aber oft nicht der Fall. Sie fühlen sich als Mitglieder zweiter Klasse. »Die Distanzierten werden in ihrer Art von Christlichkeit nicht respektiert, denn diese wird als unzulänglich betrachtet, und deshalb erfahren sie wenig Zuwendung. Das nehmen sie auch wahr und übel.«[6] Interviews belegen das:

4. Auch Menschen aus der Kerngemeinde – ebenso wie Pastorinnen und Pastoren – wünschen sich bei Kasualien ganz bestimmte Liturginnen und Liturgen, ganz bestimmte Orte für ihre Feste.
5. Fremde Heimat Kirche, S. 352; siehe auch die McKinsey-Studie (vgl. Anm. 24).
6. Ebd., S. 355.

»Die wollen uns eigentlich gar nicht. Ich fühle mich nie von Kirche angezogen oder angesprochen oder irgendwie erwünscht. ... Und wenn man mal hingeht, dann ist das ein alter, fester Kern. Und dann denkt man, meine Güte, ich gehöre ja auch gar nicht dazu. Und dann schlägt man sich sofort wieder raus und ist unangenehm berührt.«[7]
Dieses Votum zeigt beispielhaft:
2. Das Wort »Distanzierte« trifft die Sache oft gar nicht und ist deshalb unangemessen. Man könnte oft genausogut auch von »Ausgeschlossenen« sprechen. Denn Erfahrungen zeigen: Christen der Kerngemeinde sind häufig gern auch unter sich und sich selbst genug (und wenn sie »über sich hinausgehen«, dann sollen die anderen so werden wie sie). Eine Schwierigkeit besteht auch darin, daß viele meinen, ihr Kreis beziehungsweise ihre Gruppe seien immer offen für neu Hinzukommende. Sie nehmen gar nicht wahr, wie abgeschlossen ihre Wirklichkeit (ihre Riten, ihre Sprache ...) ist. Für Gemeinden, die auf »Wachstum« im Sinne von wirklicher Offenheit bauen, ist das Teilen von Kreisen und damit eine Möglichkeit zum Dazukommen von Außenstehenden selbstverständlich.[8]
Die Studie »Fremde Heimat Kirche« kommt zu dem erstaunlichen Ergebnis: »Wir hatten *distanzierte* Kirchenmitglieder gesucht – Leute, die von sich selbst behaupten, wenig mit der Kirche zu tun zu haben. Begegnet aber waren wir Menschen, die engagiert ihre Erfahrungen mit Kirche erzählten, ihre persönliche Perspektive auf Religion und Glauben entwickelten; Menschen, die mal wütend, mal anerkennend, mal kritisch, begeistert oder sehnsüchtig, kaum einmal aber gleichgültig schilderten, was ihnen ... in den Sinn kam. Sie alle hatten ihre Geschichte mit der Kirche, hatten gute und schlechte Erfahrungen gemacht, und die Intensität, mit der sie diese schilderten, ließ aufhorchen. Sind das die Distanzierten? ... (Diese Erfahrungen zeigen), wie relativ eine Kategorie wie die der ›Distanzierten‹ eigentlich ist.«[9]
Versuchen wir doch einmal, unsere Kirche mit den Augen der »Distanzierten« zu sehen. Wenn uns dieser »Perspektivenwechsel« auch nur punktuell gelingt, werden wir eine Sensibilität dafür entwickeln, was für sie und für uns alle wichtig ist. Wir werden einander begegnen können – und das wird dann uns allen, vor allem unserer gemeinsamen Kirche gut tun.
Die Studie zeigt: Wir haben es mit Menschen zu tun, die etwas von uns erwarten. »Mitgliederpflege« (so »Fremde Heimat Kirche«) ist angesagt. Aber es gibt auch noch eine andere Ebene: Die Sehnsucht nach Religion, nach Sinn, nach

7. Ebd., S. 60.
8. Siehe dazu beispielsweise Christian A. Schwarz, Die natürliche Gemeindeentwicklung, Wuppertal-Kassel 1996, S. 68f.
9. Ebd. S. 58f.

der Erfahrung dessen, »was uns unbedingt angeht«, kommt bei den »Distanzierten« häufig zusammen mit der Erfahrung, daß sie in der Kirche etwas ganz anderes erleben als sie suchen. Die Sprachebenen treffen sich nicht. Die Lebenswirklichkeiten scheinen zu unterschiedlich zu sein.
Und dennoch haben sie die Hoffnung noch nicht aufgegeben: Sie bleiben noch in der Kirche. Und sie erwarten, daß sie etwas von der Zuwendung Gottes, vom Evangelium erfahren – und zwar so, daß es für ihr Leben relevant wird. Wir sind herausgefordert, sie ernst zu nehmen, sie auch als Chance für uns zu begreifen, die biblische Verheißung neu zu übersetzen, über unsere (Insider-)Kultur hinauszudenken und neue Wege zu versuchen.

Ein neues ekklesiologisches Sensorium entwickeln

Wir wollen mit diesem Buch Mut machen, die sogenannten Distanzierten neu zu entdecken. Wir wollen Handwerkszeug an die Hand geben, mit dem es möglich wird, offen auf sie zuzugehen. Erfahrungen zeigen, daß die »Liebesmüh«, die in die Kasualien und lebenszyklisch orientierten Gottesdienste investiert wird, in der Dankbarkeit der Menschen um ein Vielfaches zurückkommt.
Wir brauchen natürlich auch eine gute Portion Neugier und Interesse für diese Mehrheit der Kirchenmitglieder. Vielleicht werden wir dann so weit kommen, daß wir sagen: Ohne die will ich gar nicht mehr »Kirche sein«. »Distanzierte« und »Kerngemeinde« brauchen einander. Ohne das Aufeinander-Bezogensein dieser beiden Größen ist Kirche »der Tod im Topf«. Durch die »treuen Kirchenfernen« werden wir herausgefordert, das Evangelium lebensrelevant mitzuteilen. Auf diese Weise werden wir uns als Kirche viel missionarischer entwickeln können.
Sogenannte Kasualchristen definieren sich deutlich über Lebens- beziehungsweise Familienfeste, bei denen der Gottesdienst eine unverzichtbare Komponente darstellt. Gerade durch sie könnte sich der Stellenwert des Gottesdienstes erhöhen – allerdings anders als wir denken, wenn wir auf den sonntäglichen Hauptgottesdienst fixiert sind. Wenn wir aber den Sonntagsgottesdienst nur als *ein* Programm empfinden und die lebenszyklisch orientierten Feste als ein *zweites*, die Gruppengottesdienste[10] als ein *drittes*, dann haben wir mit unterschiedlichsten gottesdienstlichen Veranstaltungen ganz verschiedenfarbige »Blumen«,

10. In »Fremde Heimat Kirche« (S. 352f.) werden fünf »Mitgliedschaftstypen« herausgearbeitet, die auch gottesdienstlich zu ihrem Recht kommen sollten: 1) die an »Lebenslauf-Situationen« orientierte Mitgliedschaft, 2) Mitgliedschaft in Gruppen bzw. Initiativen (z. B. Friedens-, Dritte-Welt-, Ökumene-, Umwelt-, Jugend-, Frauengruppen etc.), 3) die durch bestimmte Frömmigkeitsformen geprägte Mitgliedschaft (Sonntagsgottesdienst), 4) die Wahrnehmung der Mitgliedschaft durch punktuelle Partizipation an bestimmten Angeboten oder 5) durch soziales Engagement.

die zusammen einen bunten Strauß ergeben – ein Ganzes, das nur zusammengesehen werden kann. In diesem bunten Strauß gibt dann eine »Blume« der anderen – hoffentlich – eine noch interessantere Färbung. Wir sollten vorsichtig sein, die einzelnen Blumen zu »gewichten«. Es ist viel wichtiger, sich ihnen mit gleicher Intensität zuzuwenden (auch was die Vorbereitungszeit angeht), sie zu genießen und ihre Schönheit und ihren Duft »einzuatmen«.
Die traditionellen ekklesiologischen Modelle streben immer auf ein Zentrum hin (und mit den *Randgruppen* kann nur über die Presse, den Gemeindebrief etc. kommuniziert werden), beispielsweise so:

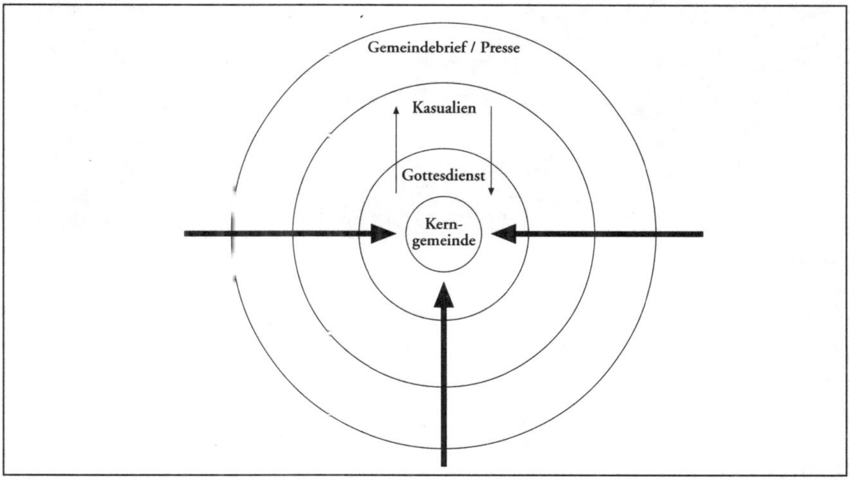

Zentriertes Modell

In solchen Modellen strebt alles zum »Eigentlichen«, und das liegt ganz nah bei der »Kerngemeinde«. Natürlich wollen wir als Kirche, die den Menschen etwas zu sagen hat, *missionarisch* leben – wir wollen als *Leib Christi* leben und davon auch etwas spüren. Deshalb sind solche Modelle der *Sammlung um eine Mitte* nicht von der Hand zu weisen. Aber sie nehmen in der Regel nur einen Teil der Christengemeinde ernst – den Teil, der (als Kerngemeinde) das Sagen hat. Deshalb ist es auch so schwer, über dieses Modell hinauszukommen.
Wenn wir die »Kasualchristen« als ekklesiologische Größe und als Chance für uns wahr-nähmen, sähe es anders aus. Es gäbe zwar auch eine Mitte – aber das Bild sähe wohl eher einem »Umluftherd« ähnlich. Die verschiedenen »Teile« des Leibes Christi würden dadurch einander beleben und bereichern, daß sie miteinander um die Mitte herum kommunizieren – auch dadurch, daß einzelne »Teile« sich mal hier, mal dort »anlagern«, wie es ja auch in der Praxis geschieht.

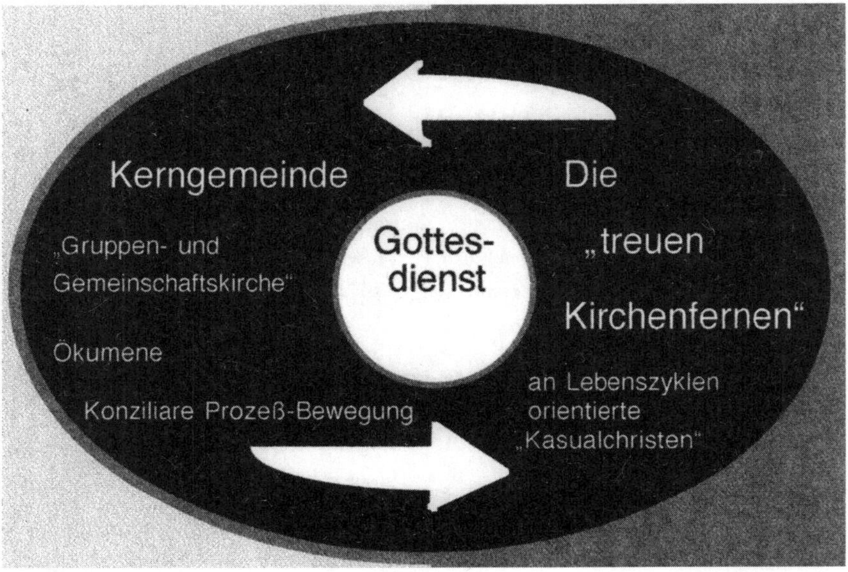

»Umluft«-Modell

Auch dieses »Umluft-Herd-Modell« hat natürlich seine Grenzen und bezieht nur einige Aspekte mit ein, aber es macht deutlich, daß wir Menschen – so verschieden wir sind – in der Kirche voneinander profitieren können und erst zusammen ein Ganzes bilden.

Gottesdienst »im Tor«

Es mag Zeiten gegeben haben, in denen die Liturgie in der Kirche die Verdichtung einer geistlichen Tagesliturgie zu Hause war. Am Karfreitag beispielsweise stand der ganze Tag im Zeichen der Kreuzigung Jesu. Es wurde in der Bibel gelesen und gefastet. Die Liturgie in der Kirche war der Konzentrationspunkt das ganzen Geschehens.

Wenn wir in die Erneuerte Agende schauen, haben wir den Eindruck: Es ist noch alles, wie es war. Aber: Die Situation hat sich grundlegend verändert. Heute erwarten die Gottesdienstbesucherinnen und -besucher in der Regel, daß die Liturgie in der Kirche für die geistliche Dimension eines Tages steht.[11] Das muß Konsequenzen für die Gottesdienstgestaltung haben.

11. Natürlich wird z. B. ein Tauftag entsprechend »begangen« – es gibt so etwas wie eine »Tagesliturgie«, einen wohldurchdachten Ablauf. Aber üblicherweise hat er außerhalb des Kirchenbesuchs kaum mehr geistliche Stationen. Und das gilt nicht nur für Kasualien, sondern für fast alle kirchlichen Anlässe und Feiertage.

Ernst Lange spricht davon, daß unsere Gottesdienste (und das gilt für die Kasualgottesdienste in besonderer Weise) Ereignisse sind, die gleichsam »im Tor« stattfinden, »im ständigen Übergang von der Ekklesia in die Diaspora und von der Diaspora in die Ekklesia«.[12] Wir haben die Verantwortung, Gottesdienste so zu gestalten, daß die Kommunikation des Evangeliums »im Tor«[13] gelingt, daß das Evangelium und seine Bedeutung für unser Leben verständlich wird.

Wir als Kirche feiern mit den Menschen die Feste ihres Lebens, geben ihnen einen stabilen Rahmen, brechen Sprachlosigkeit auf, deuten sie »in evangelischer Freiheit«. Wir versuchen, Liturgien zu gestalten, in denen die Menschen neu Heimat finden, sich verstanden fühlen, Sicherheit spüren – und daß sie Zukunft haben. Das Wort Gottes gibt dabei der Situation eine Perspektive in einer »inkarnierten« Weise, so daß von dem WAS auch etwas im WIE zu spüren ist. Es geht darum, die Wirklichkeit dieser Welt mit der Christusverheißung zu verschränken, und dafür eine Form zu finden, die der Situation beziehungsweise der Gemeinde und mir als Pastor oder Pastorin gemäß ist.

Wie aber können wir einen Gottesdienst feiern, in dem die Teilnehmenden etwas fühlen von dem, was wir vermitteln wollen? Wie können wir etwas von der Freiheit aufleuchten lassen, in die ein Mensch hineingetauft wird? Wenn ich das Evangelium kommunizieren will, dürfen die Kommunikationsbedingungen wohl kaum autoritär oder repressiv sein. (Ernst Lange: »Daß das Evangelium sich auf Freiheit reimt, wird sinnlos, wird unglaubwürdig, wo die Kommunikationsbedingungen autoritär, repressiv, manipulativ werden.«[14])

Was bedeutet es, das »Spiel der Zukunft« zu spielen, einen »Spielraum der Freiheit« zu eröffnen, den »Spielraum des Lebens«[15] zu erweitern, der die Situation ernst nimmt *und* aufsprengt?

12. Ernst Lange ist dabei wichtig: »Die Hoffnung auf die Gegenwart des Geistes rechnet damit, daß Christus auf der Seite des andern ist.« (zit. nach: Werner Simpfendörfer, Ernst Lange – Versuch eines Portraits, Berlin 1997, S. 103, 236). Das bedeutet: Auch (und gerade) wenn wir in einer Zeit ein Deutemonopol haben (und erst recht, wenn wir es hatten!), geht es um eine Beziehung gleichberechtigter Partner, die erst zusammen etwas Ganzes bilden. Das drückt sich auch in der finanziellen Dimension aus: Die »Betroffenen« haben wir ernst zu nehmen als »vollständige« Kirchenmitglieder, denen es so wichtig ist, in bestimmten Lebensphasen von uns begleitet zu werden, daß sie durch ihre Kirchensteuer sehr viel Geld für eine punktuelle Begleitung in ihrem Leben bezahlen.
13. Vgl. auch den entsprechenden Titel des jüngsten Konzepts einer praktisch-theologisch reflektierten Kasualpraxis, das aus ostdeutscher Erfahrung eine Gesamtperspektive zu entwickeln sucht: Eberhard Winkler, Tore zum Leben. Taufe – Konfirmation – Trauung – Bestattung, Neukirchen-Vluyn 1995.
14. Ebd., S. 223.
15. Vgl. Hans-Günter Heimbrock, Gottesdienst: Spielraum des Lebens. Sozial- und kulturwissenschaftliche Analysen zum Ritual in praktisch-theologischem Interesse, Kampen/Weinheim 1993.

Der Gestaltung und der Sprache kommt eine enorm wichtige Bedeutung zu. Ernst Lange schlägt Textübungen vor[16]: Biblische Texte paraphrasieren – das bedeutet: Kein Wort des Textes soll in wörtlicher Übersetzung (oder der Übersetzung Luthers) verwendet werden, es sei denn, sie sind unmittelbar verständlich –, sondern es sollen allein Worte verwendet werden, die in unserer Zeit elementar verständlich und »erfahrungsgefüllt« sind. Das Verständnis, das solchen Übungen zugrunde liegt und das in der Konsequenz zu einer neuen Sprache führt, ist unverzichtbar für die »Gottesdienste im Tor«. Denn gerade bei den Kasualien haben wir die Chance, das Leben mit Worten aus der Bibel (Taufspruch, Trauspruch etc.) in einer Weise zu verknüpfen, die die Relevanz des Evangeliums für die Biographie deutlich macht.[17]

Mit solch einem Ansatz werden wir ziemlich weit kommen: Wir werden der Situation, den Menschen, uns selbst und der Botschaft gerecht werden – und deshalb (fast im »adventlichen Sinne«) auch »ankommen«. Das Ziel ist eine *Feier der Begegnung* zwischen den Menschen, die in ihrer Suche nach Religion der Christusbotschaft begegnen. In der Feier dieser Begegnung finden die Menschen ihre Identität – in der Feier des Daseins und der Verheißung.[18]

Kasualien zeigen, in welchem Horizont wir in der Kirche verheißungsvoll so arbeiten können, daß alle etwas vom Evangelium haben. Die Orientierung an den Lebenszyklen sollten wir natürlich weit über die »Grundkasualien« hinaus ausdehnen: Familiengottesdienste, Kinderbibelwochen, Gottesdienste mit Konfirmandinnen und Konfirmanden und ihren Eltern, Himmelfahrt draußen, Reisesegen-Gottesdienst vor den Ferien, Gottesdienst zum Schulanfang, Erntedank, Totensonntag, Adventsliedersingen, Weihnachten feiern etc. sind Beispiele für Gottesdienste und Angebote, mit denen wir Menschen aus der Seele sprechen und zeigen können, was Gottes Verheißung und die Orientierungshilfen, die er gibt, für unser Leben bedeuten können.[19]

Den Gottesdienst in der Gemeinde vernetzen

Das hat natürlich Konsequenzen für die Gemeindearbeit: Ich kann das nicht alleine machen, ich brauche eine feste Gruppe von Menschen, die Lust haben, mitzumachen – und die sich mit Sicherheit finden lassen, auch aus den »Zielgruppen«.[20]

16. Ebd., S. 119.
17. Siehe dazu auch: Peter Bukowski, Die Bibel ins Gespräch bringen, Neukirchen-Vluyn 1995².
18. Siehe dazu: Ernst Lange, Was nützt uns der Gottesdienst?, in: Deutscher Evangelischer Kirchentag 1973, Dokumentarband, Stuttgart 1973, S. 403-412.
19. Siehe dazu auch die Ausführungen von Michael Meyer-Blanck, Inszenierung des Evangeliums, Göttingen 1997, S. 140ff.
20. Wir haben in unserem Buch »Gemeinde gestaltet Gottesdienst – Arbeitsbuch zur Erneuerten Agende«

Den Gottesdienst in der Gemeinde vernetzen – auch den Kasualgottesdienst (vor allem, wenn wir ihn in der »erweiterten« lebenszyklisch orientierten Form verstehen) – bedeutet, *kontinuierlich* an und mit ihm zu arbeiten.
Es braucht Zeit, bis der Pastor oder die Pastorin selbst in der Gemeinschaft gelernt hat, souverän durch offene Gottesdienste zu führen, so daß sich die Menschen, die zum Gottesdienst kommen, dort sicher aufgehoben wissen.
Es braucht Zeit, bis sich ein Stamm von Mitarbeiterinnen und Mitarbeitern gefunden und das Gefühl bekommen hat: Nun sind wir so weit, daß wir uns mit der Liturgie auskennen und uns frei in ihr bewegen, sachkundige Gestaltungsvorschläge machen und sie durchführen können.
Es braucht Zeit, bis ein Konzept ausgereift ist und sich durchsetzt, Gottesdienste an Menschen orientiert zu gestalten, die nicht jeden Sonntag zur Kirche kommen – und für die neue Ideen, neues »Liturgie-Design«, eine neue Sprache entwickelt werden müssen.
Menschen brauchen Zeit, um kontinuierlichen oder auch einen auf größere Zeitabstände bezogenen Zugang zum Gottesdienst zu finden. Das bedeutet, ein Gottesdienstkonzept in einen Zyklus von fünf bis sieben Jahren einzubetten, in dem die Kasualien und die lebenszyklisch orientierten Gottesdienste ein deutliches Gewicht bekommen.
Neben der Partizipation spielt die Öffentlichkeitsarbeit eine große Rolle: Die Menschen müssen wissen, wann die Gottesdienste stattfinden, was in ihnen angeboten wird.
Der Pastor beziehungsweise die Pastorin wird für einen Gottesdienst in Zusammenarbeit mit Gruppen mit zunehmender Erfahrung kaum mehr Zeit aufwenden müssen als für einen gründlich vorbereiteten »traditionellen« Gottesdienst.

Auf den »Schwellen des Lebens« anknüpfen

Wie kann ein Kasualgottesdienst gelingen? Welche Anknüpfungspunkte haben wir bei den Menschen?
Wenn wir auf den »Schwellen des Lebens« anknüpfen[21], stellt sich die Frage nach unserem Rollenverständnis in besonderer Weise: Nehmen wir die Rolle an, »Zeremonienmeister« oder »Zeremonienmeisterin« zu sein?

(Gütersloh 1994) ein ganzes Kapitel dieser Fragestellung gewidmet: Den Gottesdienst in der Gemeindearbeit vernetzen (S. 223ff.). Auch in dem vorliegenden zweiten Band wird es immer wieder um diese Fragestellung gehen. Im folgenden beziehen wir uns auf den Abschnitt (ebd.) S. 233f.

21. Fast immer beschreiben »Schwellen« qualitative Veränderungen im Leben bzw. im Lebensgefühl. Dabei ist Schwelle ein dehnbarer Begriff. Natürlich geschieht es, daß Kinder erst mit eineinhalb Jahren getauft oder Paare getraut werden, wenn sie schon eine Zeit lang zusammen leben. Aber immer wird der Segen im Aufbruch in eine neue Situation zugesprochen.

Oft löst dieser Begriff zwiespältige Gefühle aus. Er zeigt, daß wir uns bei Kasualhandlungen häufig nur »sehr verkürzt« wahrgenommen und manchmal auch »benutzt« fühlen:

»Ein junger Erwachsener, mit dem ich über Jahre in einer Gruppe straffällig gewordener Jugendlicher zu tun hatte, läßt seine Tochter von mir taufen. Nach der Taufe stehen wir unter dem Vordach der Kirche. Er fragt mich: »Du, was muß ich eigentlich machen, um aus der Kirche auszutreten?« Für ihn ist die Frage Ausdruck seines Vertrauens zu mir. ... Deshalb hat er auch nicht das Gefühl, eine ›peinliche‹ Frage zu stellen, oder gar Schuldgefühle.« [22]

Der Begriff zeigt aber auch, was den Menschen an der Kasualie am wichtigsten ist: daß wir ihnen den Segen Gottes vermitteln.[23] Deswegen sind wir als Liturginnen und Liturgen gefragt, unsere Rolle als Mediatoren des Segens sehr ernst zu nehmen.

Es beginnt mit dem Wunsch, Menschen in wichtigen Lebensphasen wirklich begleiten zu wollen. Das schließt die Betonung einer »Besuchskultur« ein: Wenn mir Menschen am Herz liegen und ich sie begleiten (und nicht nur »amtlich« tätig sein) will, dann möchte ich etwas über sie erfahren – auch, wie sie wohnen, wie sie leben etc. Besuchskultur bedeutet, daß ich mir wünsche, daß mehr entsteht als ein »Abhaken von Informationen«, die ich für das Durchführen einer Kasualie »brauche«: eine Begegnung, die auch in die Tiefe geht und in der vielleicht sogar eine »Glaubensentwicklung« geschieht.[24]

Wenn die Begegnung gelingt, wird es wahrscheinlich zu einem oder mehreren »Gegenbesuchen« im Gottesdienst kommen. Wie wird solch ein Gottesdienstbesuch wirken? Stellen Sie sich mal vor, Sie gingen zum ersten Mal in ihrem Leben zum Catchen oder zu einer Boxveranstaltung – Sie wären wohl so unsicher wie viele derer, die (Kasual-) Gottesdienste besuchen.

Wie begegnen wir entsprechenden Situationen, wenn wir ein »Heimspiel« haben?

Wir sollten nicht das Gefühl verbreiten (z. B. am Heiligen Abend oder bei Konfirmationen), daß die »Kirchenfernen« uns hier die Plätze wegnehmen, sondern

- ☐ sie sollen sich herzlich willkommen fühlen,
- ☐ sie sollen sich vorsichtig hineintasten dürfen,

22. Heinrich Grosse, Soziologische und praktisch-theologische Überlegungen zur Kasualpraxis, in: Einsichten und Wegbeschreibungen. Hannover 1996, S. 69.
23. Siehe dazu S. 33ff.
24. So wünschen es sich laut McKinsey die Menschen, mit denen wir es zu tun haben. Siehe dazu: Ev.-Luth. Dekanat München / McKinsey & Comp. Inc. (Hrsg.), Das Evangelische München-Programm. München 1996. Eine Darstellung und Reflexion bietet: Herbert Lindner, Spiritualität und Modernität, PTh 86/1997, S. 244ff., hier: S. 251, 263.

- sie sollen Geschmack an dem finden, was wir zu bieten haben, vielleicht sogar manchmal wiederkommen,
- sie sollen möglichst so weit kommen, ihre Unsicherheit zu überwinden und mitzumachen.

Es geht darum, Anknüpfungs-*Situationen* durchzudeklinieren. An dieser Stelle geschieht eher schlaglichtartig, was wir im Rahmen der einzelnen Kasualien vertiefen, um das Grundverständnis zu illustrieren, das hinter den »Schlaglichtern« steht:

Wir als Kirche
feiern mit den Menschen die Feste ihres Lebens,
geben ihnen einen stabilen Rahmen,
brechen Sprachlosigkeit auf,
deuten sie »in evangelischer Freiheit«.
Wir versuchen, eine Liturgie zu gestalten,
in der die Menschen Heimat finden,
sich verstanden fühlen, Sicherheit spüren
und: daß sie Zukunft haben.

Wenn wir Menschen in »exponierten Zeiten« in evangelischer Weise begleiten und für das, was geschieht, eine Sprache finden, dann heißt das z. B. bei der *Konfirmation* im Blick auf die Eltern (die häufig bei dieser Kasualie[25] »vergessen« werden): Für die Eltern ist Konfirmation auch ein *»Ablösesymbol«*. Am Ende der Kindheit und zu Beginn eines mit der Pubertät beginnenden Ablöseprozesses kann in diesem Rahmen die gemeinsame Geschichte der Familie zur Sprache gebracht werden: Da ist der Ort für den Dank für gemeinsam Erlebtes, Klage für Mißglücktes, obwohl das Beste für das Kind gewollt wurde, auch die Möglichkeit zur Entlastung im Angesicht Gottes. Da kann eine Zukunft eröffnet werden, in der die Ablösung der Kinder von den Eltern zur Sprache kommt und symbolisch ausgedrückt wird. Im Vorbereitungsprozeß sprechen wir mit den Konfirmandinnen und Konfirmanden wie auch mit den Eltern den Gottesdienst durch, suchen gemeinsam Lieder aus, entwickeln gemeinsam Texte, suchen Menschen, die mitwirken, und akzeptieren das Gros der Menschen, die den Gottesdienst mitfeiern, in einer »Zuschauerrolle«, als Menschen, die sich »vom Rande her ganz vorsichtig in den kirchlichen Raum hineintasten«.

25. Vgl. dazu die »Orientierungshilfe« des Rates der EKD: Kirchenamt der EKD (Hrsg.), Glauben entdecken. Konfirmandenarbeit und Konfirmation im Wandel. Gütersloh 1998, in der u. a. der multi-kasuelle Aspekt der Konfirmation (S. 27ff.) und die Rolle des »Gemeindegottesdienstes als heimlicher Lehrplan« (S. 43f.) herausgestellt wird.

Wie können wir im *Trauerprozeß* und im *Umgang mit dem Tod* Menschen begleiten, Sprache finden, Orientierung geben, Werte vermitteln, die Lebensqualität bedeuten? »Die Kulturwissenschaftlerin Barbara Happe aus Jena vertrat in ihrem Vortrag über den ›Friedhof als Spiegelbild unserer Gesellschaft‹ die Auffassung, daß die anonyme Bestattung in Urnenfeldern radikal mit der bisherigen Totenkultur breche.«[26] In einer Zeit des *Verfalls der Bestattungskultur* – oft in eine reine Entsorgungsmentalität hinein – ist es unsere Aufgabe, die Stimme zu erheben gegen die Privatisierung des Sterbens, Bestattens und Trauerns, die in der immer weiter um sich greifenden Tabuisierung des Todes und der Toten mündet. Wir haben zu sagen, daß der Tod zum Leben gehört, daß »ars moriendi« (Kunst des Sterbens) und »ars vivendi« (Kunst des Lebens) zwei Seiten einer Medaille sind; denn daran, wie wir mit den Toten umgehen, sehen wir, wie wir mit den Lebenden umgehen. Wir ermutigen, Trauern und Loslassenkönnen als wichtige »Lebensbewegungen« wahrzunehmen. In dem, was wir tun, können wir zeigen, was anonyme Grabstätten für das Leben der Angehörigen bedeuten; wir können bei der Beisetzung der Urne dabeisein, die Trauerbegleitung deutlicher zum Schwerpunkt machen, öffentlich zu gesellschaftlichen Entwicklungen Stellung nehmen, mit Bestattungsunternehmen konstruktiv zusammenarbeiten, die Kirche für Trauerfeiern öffnen, theologisch und seelsorgerlich verantwortungsvoll und einfühlsam arbeiten – nicht so wie der Pastor, der seine Traueransprache für einen Neunzehnjährigen so begann: »Es ist gut, daß jetzt auch mal ein junger Mensch gestorben ist, damit uns endlich wieder bewußt wird, daß wir nicht alle 70 oder 80 Jahre alt werden, weil Gott sterben lassen kann, wen und wann er will ...«[27]
Wie kann uns der christliche Glaube bei der *Trauung* die Kraft geben, in eine hoffnungsvolle Zukunft zu blicken? Auch in diesem Zusammenhang ist der *Segen* ein (wenn nicht sogar *das*) zentrale(s) Moment der Kasualien: »Ich erwartete Gottes Segen für diesen Entschluß, mein Leben gemeinsam mit einem Partner zu leben. Ich erwartete von ›der Kirche‹, daß dieser Segen Gottes durch eine feierliche Gestaltung der Trauung zum Ausdruck kommt. ... Im Vorgespräch zur Trauung bin ich davon ausgegangen, daß sie in partnerschaftlicher Weise mit uns geplant und gestaltet wird. ... Ich habe auch gehofft, daß der Pastor meine Unsicherheit im Hinblick auf die vorgeschlagenen Bibelstellen spürt und sie mir erklärt, ohne mich als jemanden, der nicht bibelfest ist, bloßzustellen ...«[28] – »Ich hab' dich lieb – und ich glaube fest, daß das immer so bleiben wird. Ich fühle mich stark genug, dieses Versprechen durchzuhalten.« Dieses Lebensgefühl kreuzt sich mit den selbst erleb-

26. Evangelischer Pressedienst (epd), 27.1.1997.
27. Vgl. Lutherische Liturgische Konferenz. Das Begräbnis – die kirchliche Bestattung. Hannover 1987 (!), S. 176: Vermahnung »bei einem Kinde«.
28. Der Dialog 2/1995, Hannover 1995, S. 7.

ten Geschichten von erfüllten und unerfüllten Versprechen, Geschichten von Treue und Versagen – wie wunderbar es ist, wenn ein Versprechen eingehalten wird und alle Gefährdungen überlebt, und wie schmerzlich es ist, wenn die Versprechen am Leben zerbrechen. Gott, der Liebhaber des Lebens, der seine Treue durchhält, gibt uns durch sein verheißungsvolles Wort und durch seinen verheißungsvollen Segen Kraft, Mut und Aussicht, daß ein Versprechen auch eine Verheißung hat. Sicher kann es auch schiefgehen – es gibt da keinen Automatismus. Aber wie »tot« und »verheißungslos« wäre es, einander nichts mehr zu versprechen! Und: Der Liebhaber des Lebens bleibt auch dann bei uns, wenn es schiefgeht. Schon deshalb ist es angemessen, auch für Trennungen und Scheidungen, für das »Lösen« und »Gehen« Liturgien anzubieten.[29]

Rund 93 Prozent der westdeutschen evangelischen Christen wollen ihr Kind *taufen* lassen. »Taufe und Konfirmation kommen ... nicht als *mögliche* Familienfeiern in den Blick, auf die man auch getrost hätte verzichten können, sondern sind Darstellungen des Lebens selbst, seiner Entwicklung, seiner Gestalt, sie dienen zur Orientierung.«[30] »Mein Kind soll mit dem Segen durchs Leben gehen, ›mit dem Segen Gottes‹, der das Kind auch dann bewahren wird, wenn meine eigenen Möglichkeiten an ihre Grenzen kommen.«[31] Es besteht die Sensibilität und das Bedürfnis, den Kindern im Rahmen der Taufe Gutes für ihre Zukunft zu wünschen, die nicht allein in der Hand der Eltern liegt. Ihr Leben »gut aufgehoben« wissen, wohin es auch geht, auch Abgründe zu überstehen – das sind die häufig unausgesprochenen Voraussetzungen, mit denen Eltern zur Taufe kommen. Wie verstehen wir da unsere Aufgabe als »Funktionäre«? Wie vermitteln wir Segen und Bekenntnis miteinander? In welchem Licht stellen wir da unsere (Tauf-)Fragen und Bedingungen – neigen wir zur Inquisition oder zur Zukunftseröffnung?

Diese Schlaglichter zeigen: Das Erfassen der Situation, das Gefühl der zu uns Kommenden »Wir werden ernst genommen und können Heimat finden« – das sind die Voraussetzungen dafür, daß das ankommt und dankbar angenommen wird, was wir im Namen Gottes zu sagen haben.

Weil das so ist, sollen nach diesem ersten Schritt der Grundlegung *Von der Wahrnehmung der lebenszyklischen Situation zu einem neuen ekklesiologischen Sensorium* in einem zweiten Schritt einige *Grundkriterien für die Praxis der Kasualgottesdienste* entfaltet werden.

29. Vgl. die neueren Veröffentlichungen zu diesem Thema: Svende Merian (Hrsg.), Scheiden tut weh. Predigten und Ansprachen, Gütersloh 1995; Mieke Korenhof (Hrsg.), Gehen. Scheidungs- und Trennungsliturgien, Düsseldorf 1996; Regina Bollinger, Die Umarmung lösen. Grundlagen und Arbeitsmaterialien zur Scheidung in Seelsorge und Gottesdienst, Gütersloh 1997.
30. Fremde Heimat Kirche, S. 165.
31. Ebd, S. 8.

Grundkriterien für die Praxis der Kasualgottesdienste

Die Grundkriterien der Erneuerten Agende

Die Grundkriterien der Erneuerten Agende[32] lassen sich auch auf lebenszyklische Gottesdienste anwenden.[33] In der überarbeiteten Fassung[34] sind aus ursprünglich fünf jetzt sieben Kriterien geworden. Wir drucken sie jeweils als ersten Satz eines Abschnittes ab und versehen sie mit speziellen Zuspitzungen:

1. Verantwortung und Beteiligung der Gemeinde

> *Der Gottesdienst wird unter der Verantwortung und Beteiligung der ganzen Gemeinde gefeiert.*

Der Grundsatz der *Verantwortung und Beteiligung der ganzen Gemeinde* sichert das Konzept ab und sorgt für Lebendigkeit in den Gottesdiensten.
Es ist natürlich notwendig, solch ein Konzept einer deutlicher kasualorientierten Kirche mit der Verstärkung des Schwerpunktes der Kasualien und der lebenszyklisch orientierten *offenen* Gottesdienste im Kirchenvorstand (Presbyterium) und in anderen Gruppen vorzustellen, diese davon zu überzeugen und Mitarbeiterinnen und Mitarbeiter dafür zu gewinnen. Solch eine Konzeption ist nicht Privatsache einer Pastorin oder eines Pastors, sondern letztlich Sache der gesamten Gemeinde.
Die Beteiligung der Gemeinde am Gottesdienst macht ihn lebendig. Das Geheimnis für Lebendigkeit heißt Partizipation. Damit ist nicht nur das Mitsingen gemeint, das für viele in Kasualgottesdiensten eine Schwelle bedeutet, sondern auch das Mitsprechen (zum Beispiel von Psalmen). Wenn wir nicht voraussetzen können, daß alle am Gottesdienst Teilnehmenden die vorgesehenen Texte

32. Erneuerte Agende, Vorentwurf, Hannover und Bielefeld 1990, S. 10.
33. Möglichkeiten zur Umsetzung für den »normalen« Gottesdienst sind in: Baltruweit / Ruddat, Gemeinde gestaltet Gottesdienst. Arbeitsbuch zur Erneuerten Agende. Gütersloh 1994, Band 1 (im folgenden: Baltruweit / Ruddat, Gemeinde, Bd. 1) ausführlich beschrieben (S. 27ff.).
34. Gottesdienstbuch, Entwurf, Hannover 1997, S.14 f.

auswendig parat haben, müssen sie deshalb – wie beispielsweise auch das Vaterunser – auf dem Gottesdienstzettel abgedruckt werden. Beteiligung bedeutet aber vor allem: Angehörige übernehmen eine Lesung[35], sprechen ihrem Kind den Taufspruch zu, erzählen etwas über das Brautpaar, machen mit bei einem Gebet, wirken musikalisch mit. Gerade bei Taufgottesdiensten können die anwesenden Kinder einbezogen werden. Oder alle, die wollen, stellen einen »Wunsch-Strauß« (an Zweige angehängte Wünsche, die die am Gottesdienst Teilnehmenden aufschreiben) für das Kind oder das Brautpaar zusammen, aus dem sich dann die Fürbitten entwickeln können.

2. Erkennbare Grundstruktur und vielfältige Gestaltungsmöglichkeiten und -notwendigkeiten

Der Gottesdienst folgt einer erkennbaren Grundstruktur, die vielfältige Gestaltungsmöglichkeiten offenhält.

Eine *erkennbare, stabile Grundstruktur* ist bei den Kasualgottesdiensten genauso wichtig wie die *vielfältigen Gestaltungsmöglichkeiten und -notwendigkeiten.* Die Grundstruktur in ihren »vier Säulen« ist so elementar wie grundlegend, daß man – selbst wenn man wollte – kaum »um sie herumkommt«. Der Teil C wird bei den Kasualgottesdiensten zu der jeweiligen Kasualhandlung im engeren Sinne.

A. Mit Leib und Seele ankommen	(Eröffnung und Anrufung)
B. Die Botschaft wahr-nehmen	(Verkündigung und Bekenntnis)
C. Miteinander ein Leib werden	(Abendmahl)
wird zu:	
Das Leben erfahren	(Kasualhandlung)
D. Mit dem Segen weiter-gehen	(Sendung)

A. Mit Leib und Seele ankommen

Ein noch größeres Gewicht als in »normalen« Sonntagsgottesdiensten bekommt in lebenszyklisch orientierten und Kasualgottesdiensten der Teil »Mit Leib und Seele ankommen«. Denn von dem Gelingen dieses Teils hängt ab, ob die Besucherinnen und Besucher offen werden für das, was wir mitzuteilen ha-

35. Bei der Trauerfeier für Lady Di war einer der besonders authentischen Teile die Lesung von 1 Korinther 13 durch Premierminister Tony Blair.

ben.[36] Erst wenn Vertrauen gewachsen ist, wenn eine gemeinsame Ebene des Miteinanderfeierns geschaffen worden ist, gehen viele den weiteren Weg durch den Gottesdienst gern mit und sind dankbar für das, was wir theologisch zu sagen haben.

Deshalb sollten wir den Eingangsteil des Gottesdienstes mit großer Sorgfalt gestalten. Die Erwartungen der Kommenden sollten aufgenommen werden, »ehe das Unerwartete (= das Heilige) kommt«, das den verstellten oder verklärten Horizont neu weitet. Hier ist entscheidend, daß die Authentizität der Kommenden und der Liturgin beziehungsweise des Liturgen den Teil mitprägt. Es ist besonders wichtig, daß die Gemeinde erkennt: Das hier ist »unser« Gottesdienst – hier können *wir* ein Zuhause finden. Dafür ist es wichtig, daß der Liturg/die Liturgin sich selbst authentisch »einbringt«, daß er/sie *persönlich* (aber nicht *privat*) durch den Gottesdienst führt.[37]

Für das »Ankommen mit Leib und Seele« sind *der Raum und seine Gestaltung* von großer Bedeutung (so sollte man sich in dem Raum nicht verloren vorkommen), die Ausstattungsdetails, die Gerüche – die Gefühle, die das alles auslöst.[38] Besonders schön ist es, wenn Mitglieder der teilnehmenden Familien Lust haben, den Gottesdienstraum zu schmücken.

Wenn wir selbst eine Sensibilität für den Raum entwickeln, sind wir auch in der Lage, sensibel für die Zusammenhänge von Glaubens- und Raumerfahrung zu

36. Die Kasualie beginnt schon mit der Anmeldung im Gemeindebüro (oder am Telefon). Dort findet der erste Teil der »Eingangsliturgie« statt. Vom Gelingen dieser Begegnung – und dann des Kasualgespräches – hängt bereits ab, wie das Evangelium gehört wird.
37. »Persönlich« bedeutet, daß meine Person nicht nur als »Zeremonienmeister« oder »Priester« erkennbar wird, sondern daß ich (hinter solchen möglichen Rollen oder gar »Masken«) auch etwas von mir zeige, von meinen Einstellungen zu einem theologischen Sachverhalt, daß ich z. B. die *Anknüpfungspunkte* (s. o.) persönlich ausfülle. »Privat« bedeutet dagegen, daß sich die Gottesdienstbesucherinnen und -besucher mit meiner Person mehr beschäftigen als mit dem, was ich sage oder inszeniere, etwa durch persönliche Auffälligkeiten (beispielsweise in der Garderobe) oder durch Äußerungen – indem ich z. B. meine augenblickliche Laune mitteile, die sich möglicherweise kontraproduktiv auf das Geschehen auswirkt (und zur Folge hat, daß sich die Gottesdienstbesucherinnen und -besucher Sorgen um mich machen); so Thomas Kabel, Liturgische Präsenz (das Buch erscheint demnächst beim Gütersloher Verlagshaus). *Persönlich* bedeutet also, daß die Person sichtbar wird, die durch den Gottesdienst führt – das ist eine Voraussetzung dafür, daß *Begegnung* stattfindet. Mit *privat* ist das gemeint, was vom Gottesdienst eher ablenkt – auf meine Person hin.
38. Siehe dazu auch den Denkzettel »Den Gottesdienstraum gestalten« in: Baltruweit/Ruddat, Gemeinde, Bd. 1, S. 52f., und Klaus Raschzok, Der Feier Raum geben – Zu den Wechselbeziehungen von Raum und Gottesdienst, in: Für den Gottesdienst Nr. 48/1996. – Vgl. außerdem grundlegend: Rainer Bürgel (Hrsg.), Raum und Ritual. Kirchenbau und Gottesdienst in theologischer und ästhetischer Sicht, Göttingen 1995, und die umfassend anregenden kirchenpädagogischen Veröffentlichungen: Roland Degen/Inge Hansen (Hrsg.), Lernort Kirchenraum. Erfahrungen – Einsichten – Anregungen, Münster 1998; Margarete Luise Goecke-Seischab/Jörg Ohlemacher, Kirchen erkunden, Kirchen erschließen, Lahr 1998.

werden. Dann wird uns auch klar, warum Brautpaare sich etwa in einer bestimmten Kirche trauen lassen oder Eltern gern ihr Kind in einer bestimmten Kirche taufen lassen wollen. Wenn wir eine Sensibilität für den Raum entwickeln, dann fällt es uns auch leicht, den Gottesdienst als Raum zu verstehen – und das als Chance für die Gestaltung (vor allem von *Freiräumen*) zu begreifen: »Ich wünsche mir den Gottesdienst als einen Raum. Da kann ich mein Leben mitbringen vor Gott. Der Gottesdienst hat eine Schutzfunktion, wie ein weiter schützender Mantel ist der Gottesdienst. Darunter kann ich sein, der ich bin vor Gott.«[39]
Die Musik ist wichtig. Treffe ich mit ihr das Lebensgefühl der Kommenden? Die Sprache ist wichtig. Das Gefühl der Liturgin beziehungsweise des Liturgen für eine Balance von Nähe und Distanz ist wichtig. Im Gottesdienst brauchen wir beides. Um »Gemeinschaft mit Gott zu erleben und Gemeinschaft untereinander zu pflegen, (hilft mir) die räumliche Nähe ... Andererseits möchte ich die Freiheit behalten, auch Abstand zu wahren, und nicht gegen meinen Willen in eine verordnete Nähe hineingezogen werden.«[40] Ich brauche Nähe zum Beispiel bei der Begrüßung oder bei den Segens- und Taufhandlungen, eine größere Distanz zum Beispiel bei der Predigt.
Unter Voraussetzungen, die solche Fragestellungen zum Inhalt haben, kann sich eine Liturgie entwickeln, die stabil ist (und damit stabilisierend wirkt), durch die ich als Liturgin oder Liturg so sicher führe, daß die Gottesdienstbesucherinnen und -besucher sich gern auf sie einlassen und offen werden für Freiräume, in denen sich etwas ereignen kann – etwa durch Mitsprechen eines Psalms, durch Stille, durch Mitwirkung der Kinder, durch das Zusammentragen der Wünsche und so weiter.
Freiräume schaffen bedeutet, Raum für Unvorhergesehenes zu schaffen; und die Aufzählung einiger Möglichkeiten zeigt schon, wie wichtig Partizipation für solche Freiräume ist. Ein guter Gottesdienst zeichnet sich durch einen Spannungsbogen aus[41], der dem Bedürfnis nach *Stabilität* und nach *Neuem* Rechnung trägt: Das Erwartete und das Unerwartete brauchen einander.

39. Dieter Voll, Meditation und Gottesdienst, in: H. Ritzmann (Hrsg.), Kirche bauen – an der Kirche bauen, Schwanberg 1937, S. 142.
40. Hans Erich Thomé, Ortstermin. Informationen und Anregungen zum Gottesdienstraum – in: ZGP 6/1996, S. 13f.
41. In einem solchen Spannungsbogen muß nicht unbedingt alles »harmonisch« ablaufen: Wie viele Fernsehfilme zeigen, daß ein Konflikt, der meist erst zum Schluß aufgelöst wird, die Sache erst spannend macht! Wenn es einer Gemeinde möglich ist, gerade in den *offenen* lebenszyklisch orientierten Gottesdiensten auch szenisch zu arbeiten, bietet sich solch ein Spannungsbogen »mit Konflikten« geradezu an, etwa in Verbindung mit entsprechenden biblischen Geschichten wie der »Vom barmherzigen Samariter« (vgl. die durchgängige Gestaltung der Ökumenischen Liturgie in: Baltruweit/Ruddat, Gemeinde, Band 1).

B. Die Botschaft wahrnehmen

Wenn ich die Menschen im Teil A des Gottesdienstes in ihrer Situation »getroffen« habe, kann ich mit ihnen zu neuen Ufern aufbrechen, »auf die Reise gehen«, auf den Weg der biblischen Verheißung. Sie werden mitgehen.
Während es für die sprachliche und inhaltliche Ausgestaltung dieses Teils zahlreiche Arbeitshilfen[42] gibt, wollen wir an dieser Stelle (Rede-)Formen, die in der Verkündigung (und in den anderen Teilen des Gottesdienstes) die Gemeinde aus dem Gedankengang wegführen (»Rausschmeißer«), und Formen, die zum Mitgehen einladen und Raum schaffen, schlagwortartig und auf einen Blick zusammenstellen[43].

Ausladend:	**Einladend:**
☐ *Ein zu wenig anschaulicher Anfang*	☐ *Ein Anfang, der einlädt, sich auf die Sache einzulassen*
☐ *Zu viele (unterschiedliche) Fragen auf einmal*	☐ *Eine Frage, die »vertiefend« variiert wird*
☐ *Zu kurz angerissene Bilder*	☐ *Ausgemalte Bilder, die Zeit zum Mitgehen geben*
☐ *(Dogmatische) »Richtig«-Sätze*	☐ *Erfahrungserzählungen, an die die Hörer/innen in ihrer Lebenswelt anknüpfen können*
	☐ *Die Hörer/innen auf den (Gedanken-)Weg mitnehmen*
☐ *Nominalstil*	☐ *Verbalstil*
☐ *Komplizierte oder lange Sätze*	☐ *Einfache Sätze*
☐ *Zu hohe Voraussetzungen*	☐ *Wiederholungen (manchmal)*
☐ *Fehlende Klärungen, inhaltliche Ungereimtheiten*	☐ *Klärungen*
☐ *Fehlende Struktur oder »nachgeholte« Strukturhinweise*	☐ *Nachvollziehbarer Handlungsablauf (Dramaturgie/Struktur)*
☐ *Vereinnahmungen*	☐ *Etwas von sich zeigen*
☐ *»Pausenloser« Vortrag (Hektik, schnell)*	☐ *Pausen*
☐ *Klischees*	☐ *Differenziertes Bild*

42. Vgl. Peter Bukowski, Predigt wahrnehmen, Neukirchen-Vluyn 1990; ders., Die Bibel ins Gespräch bringen, Neukirchen-Vluyn 1995; Rolf Zerfaß, Grundkurs Predigt Bd. 1 (Spruchpredigt), Düsseldorf 1987 und Bd. 2 (Textpredigt), Düsseldorf 1992; ebenso die einschlägigen Bände der Reihe Gottesdienstpraxis, Reihe B.
43. Zusammengestellt im Predigerseminar Loccum während eines Homiletik-Kurses.

C. Das Leben erfahren: Der Segen – das Zentrum des Kasualgottesdienstes

Im Zentrum der Kasualgottesdienste steht der *Segen*[44], die »Pointe des Gottesdienstes«[45], die »Medien der Kirche«[46]. Er sagt und vermittelt, was wir uns selbst nicht sagen können.[47] »Das Handauflegen und die Freundlichkeit in den Worten hat sich mir eingeprägt – ein intensiv warmes Gefühl, das meine Sehnsucht nach Geborgenheit und Behütet-Sein berührt hat. Etwas ähnlich Angenehmes hatte ich in der Kirche bis dahin nicht erlebt«, schildert jemand seine Erfahrung mit dem Segen. Das Zusammenwirken von Wort und Geste beziehungsweise Berührung ist es, was den Segen so intensiv erleben läßt. »Im Segen wird die sonst herrschende Distanz zwischen dem Segnenden und dem Gesegneten überschritten – manchmal symbolisch durch das Erheben der Hände, manchmal auch leiblich. Das tut gut in unserer kalten Welt.«[48]

Segen bedeutet vor allem *Stärkung* und *Begleitung*, nicht allein zu sein. Segen wird dabei aber nicht als Automatismus verstanden, der Glück garantieren kann, sondern er ist gerade deshalb so wichtig, weil in ihm auch die Unsicherheit des Lebens einbezogen wird.

Der Segen ist den Menschen das Wichtigste am Gottesdienst; er gehört – und gehörte von Anfang an – zu den »emotional dichtesten Phasen«[49] im Gottesdienst und ist »Wortverkündigung (= Evangelium) in konzentrierter Gestalt«.[50] Weil Kasualien »Segensorte par excellence«[51] sind, bildet die Segenshandlung den Konzentrationspunkt des Kasualgottesdienstes. Dabei ist Gott der Spender

44. Siehe dazu die Ausführungen in Baltruweit / Ruddat, Gemeinde, Bd. 1, S. 204-211, insbesondere zu den Fragestellungen Schwellenritus, Sprachgestalt, Gestaltungsimpulse.
45. Christian Möller, Gottesdienst als Gemeindeaufbau, Göttingen 1988, S. 219ff.
46. Jürgen Fliege, Kirchenbeben. Düsseldorf/München 1997, S. 83.
47. Siehe dazu Bettina Wittmann-Stasch, Der Segen im Handeln der Kirche, Loccum 1997. – Im folgenden beziehen wir uns, neben unseren Ausführungen in: Baltruweit/Ruddat, Gemeinde, Bd. 1 (Anm. 45), vor allem auf diese Arbeit. Siehe dazu auch die umfangreiche Arbeit von Magdalene L. Frettlöh, Theologie des Segens. Biblische und dogmatische Wahrnehmungen, Gütersloh 1998, die allerdings nicht auf die Segenshandlungen bei Kasualien eingeht. Ganz anders die exegetische Untersuchung zum Segen im Neuen Testament von Andreas Obermann, An Gottes Segen ist alles gelegen, Neukirchen-Vluyn 1998, mit einem ausdrücklichen Ausblick auf kirchliches Segenshandeln bis hin zur aktuellen Diskussion über Sexualität und Lebensformen heute.
48. Ebd., S. 5.
49. Uwe Seidel, Erfahrungen mit Segen und Segnen, in: Sybille Fritsch-Oppermann / Henning Schröer (Hrsg.), Lebendige Liturgie, Gütersloh 1990, S. 48.
50. Peter Brunner, Zur Lehre vom Gottesdienst ..., in: Leiturgia, Neue Folge, Bd. 2, Hannover 1993 (Neudruck), S. 200.
51. C. Barben-Müller, Segen und Fluch, in: EvTh 55 (1955), S. 365.

des Segens, ein »Mediator« beziehungsweise eine »Mediatorin« spricht den Segen zu, und ein oder mehrere Menschen empfangen den Segen. Deswegen wird für den Segen eine Person benötigt, die einen priesterlichen Part übernimmt. Denn Segen ist »Anschluß an und Kontakt mit dem lebendigen Gott«.[52] »Durch ihn wird sein lebenschaffendes und neumachendes Heilshandeln persönlich zugeeignet. Segen hat also exhibitiven, das heißt: real mitteilenden und nicht bloß signikativen, zeichenhaften Charakter.«[53] Von dieser Wirkmächtigkeit hat der Segen seine Bedeutung – und gerade deshalb wird er im protestantischen Raum von Theologen (weniger von Theologinnen) mit zwiespältigen Gefühlen betrachtet. Segen wird immer mit etwas Geheimnisvollem, nicht rational Erfaßbarem verbunden bleiben. Gegenüber einem »automatischen« oder »magischen« Verständnis »ist der christliche wie der biblische Segen (aber) schon dadurch geschützt, daß in ihm der Gott der Offenbarung das handelnde Subjekt ist, über dessen Wirken kein Mensch verfügen kann. Dieser aber ist zugleich der Gott, der sich in unverbrüchlicher Treue an seine Verheißung bindet und dessen Wort nicht leer zurückkommt.«[54]

Der Segen hat seinen »Sitz im Leben« als »Schwellenritus«[55], und er ist bis heute »auf der Schwelle » in eine neue Situation »am plausibelsten«.

Der Zuspruch von Gottes Geleit eröffnet dabei eine Hoffnungsperspektive und ist »Kampfansage« gegen die Mängel des Lebens. Die *angemessene Sprachform* ist die des Modalis: »Gott segne dich«, ein Verheißungssatz in subjektiver Aussageform.[56]

Der Segen ist in der Regel mit einer *Gebärde,* mit einem *Gestus* (bei Kasualgottesdiensten: wirklicher [!] Handauflegung) verbunden. Für manche sind solche Gesten Stein des Anstoßes, weil in ihnen ein Mittel der Kraftübertragung vermutet wird. Für uns wäre so etwas ein Glücksfall; in jedem Fall ist der Segenszuspruch gerade in Verbindung mit dem Gestus ein Akt von Nähe und Zuwendung[57] und als solcher – wie dargestellt – Zentrum des Gottesdienstes.

52. Rainer Stuhlmann, Trauung und Segnung, in: PTh 84/1995, S. 490.
53. Berthold W. Köber, Die Elemente des Gottesdienstes, in: Schmidt-Lauber / Bieritz (Hrsg.), Handbuch der Liturgik, Leipzig/Göttingen 1995, S. 711.
54. Kurt Frör, Salutationen, Benediktionen, Amen, in: Leiturgia II, S. 590f.
55. Schwellenritus bedeutet: Der Segen wird im Aufbruch in eine neue Situation zugesprochen, z. B. wenn ein Kind geboren wird und sich die Situation für die Familie ändert etc.
56. Jörg Diebner, Der sogenannte »Aaronitische Segen«, in: Freude am Gottesdienst, Festschrift für Frieder Schulz, Heidelberg 1988, S. 215. Ausführlich wird diese angemessene Sprachform des Segens in Baltruweit / Ruddat, Gemeinde, Bd.1, S. 208f. entfaltet.
57. Bettina Wittmann-Stasch, a.a.O. S. 35.

D. Mit dem Segen weiter-gehen (Sendung)

Die Segenshandlung steht zumindest bei der Taufe, der Konfirmation und der Trauung im Mittelpunkt. Die Bedeutung der »Schwelle«, die Frage des »Wohin« (= die Sendung beim Auszug als »Aufbruch in eine neue Zeit«) fällt bei diesen Kasualien fast mit Teil C des Gottesdienstes zusammen. Auch ein Familiensegen bei der Taufe wird ganz eng mit diesem Teil verknüpft und weniger als eigenständiger Sendungsteil verstanden. Bei der Trauerfeier dagegen nimmt der Teil D des Gottesdienstes einen breiten Raum ein, weil häufig die Frage im Mittelpunkt steht: Wie können die Angehörigen mit dem Tod weiterleben?

3. In gleicher Weise notwendig: Bewährte traditionelle *und* neue Texte

> *Bewährte Texte aus der Tradition und neue Texte aus dem Gemeindeleben der Gegenwart erhalten den gleichen Stellenwert.*

Die *Gleichberechtigung von bewährten traditionellen und neuen Texten* wird gerade bei Kasualgottesdiensten zur Herausforderung. Denn die Tradition »präsentiert sich mächtig«. Oft ist das Kirchengebäude alt, auch die Orgel vermittelt »Tradition«. Die meisten Lieder, die Bibeltexte, fast alle liturgischen Texte sind alt.
Fragen Sie sich bei der Vorbereitung eines Gottesdienstes: Was ist in dieser Liturgie wirklich neu? Was in dieser Liturgie zeichnet sich dadurch aus, daß es unverwechselbar in unserer Zeit sein Zuhause hat?
Die Balance von Altem und Neuem wird zu einer entscheidenden Frage des Gelingens. Denn die »uninszenierte Fülle« alter Texte macht das museale Gefühl aus, das viele beim Besuch eines Gottesdienstes bekommen. Auch die Art, wie ich alte Texte verorte, inszeniere, ist entscheidend. Häufig sind alte Texte ja »heilige« Texte. Sie können Konzentration und Mitte sein, um die herum sich alles andere gruppiert. Die Ausbalancierung von alten und neuen Texten bedeutet: Einige wenige alte Texte im Zentrum kommen erst richtig zur Geltung, wenn der Rest nicht auch noch alt ist.
Schließlich: Bei der Auswahl der Texte sollten persönliche Anknüpfungspunkte nicht unterschätzt werden: Das Einbeziehen persönlich bevorzugter Texte aus den Familien, die zum Gottesdienst kommen, schafft entscheidende Brükken.

4. Ökumenische Spiritualität

> *Der Evangelische Gottesdienst steht in einem lebendigen Zusammenhang mit den Gottesdiensten der anderen Kirchen in der Ökumene.*

Ökumenische Spiritualität scheint in Kasualgottesdiensten auf den ersten Blick nur schwer vermittelbar zu sein. Dazu sind sie »zu persönlich« auf die einzelnen Familien zugeschnitten. Beim genaueren Hinsehen sieht es aber doch anders aus: In fast jedem Kasualgottesdienst nehmen Menschen verschiedener Konfessionen (und auch Ausgetretene) teil.

Abgesehen davon haben wir nicht nur in den Kapiteln zu den einzelnen Kasualien immer wieder auch Bausteine aus der weltweiten Ökumene (oder auch aus der Ökumene »von nebenan«) abgedruckt, sondern dieses Buch atmet vom ersten bis zum letzten Buchstaben »ökumenischen Geist«. Denn vieles von dem, was wir konzeptionell vorschlagen, haben wir uns nicht selbst ausgedacht, sondern irgendwo erlebt – und dann überlegt, wie es für unseren Kontext fruchtbar gemacht werden kann. Außerdem verwenden wir in unseren Gottesdiensten ökumenische Symbole, auf die ab und zu auch aufmerksam gemacht werden könnte (beispielsweise Taufkerzen). Ganz »handgreiflich« wird Ökumene, wenn sich Menschen unterschiedlicher Konfessionen trauen lassen. Wenn später Kinder solcher Eltern getauft werden, könnte das ein Anlaß sein, erneut »ökumenische Phantasie« zu entwickeln.

Die ökumenische Dimension von Gottesdiensten[58] wird aber auch noch auf einer anderen Ebene konkret: In Gemeinden wird es überall dort lebendig, wo die weitgehend »monokulturelle Apartheid« unserer Gottesdienste (und der sie feiernden Gemeinden) durchbrochen wird – stadtteilbezogen, multikonfessionell und -kulturell.[59] Die Gottesdienstbesucherinnen und -besucher selbst leben ja multikulturell – durch die verschiedenen Generationen, die vertreten sind, oder auch durch die Musik, die sie hören. Die Frage, die wir uns zu stellen haben: Wo kommen gleichberechtigt verschiedene Kulturen (und gele-

58. Vgl. dazu umfassend und anregend das von Fritz Baltruweit als Mitherausgeber entwickelte Projekt: Sinfonia oecumenica. Feiern mit den Kirchen der Welt, Gütersloh 1998 (mit 100 viersprachigen Liturgien aus aller Welt).
59. Siehe dazu die Ausführungen in Baltruweit / Ruddat, Gemeinde, Bd. 1, S. 35f.; Dietrich Werner, Missio Dei in unserem Land. Ökumenische Gemeindeerneuerung, in: Zeitschrift für Mission 1/1993, S. 6-25; Klaus Schäfer, Das Evangelium und unsere Kultur, EMW, Hamburg 1997. In Weltmission heute 29 »Gemeinde auf neuen Wegen – 49 Fallbeispiele aus der Ökumenischen Gemeindeerneuerung« (2. Aufl., Hamburg 1998) sind von Heike Koch und Dietrich Werner konkrete Handlungsmodelle zusammengetragen worden.

gentlich auch deren religiöse Ausdrucksformen) in unseren Gottesdiensten zum Tragen, um ganz verschiedenen Menschen Heimat zu geben?
Und wo müssen wir die Ökumene so weit fassen, daß wir auch Menschen einbeziehen, die ihre Mitgliedschaft in der Kirche aufgegeben haben? Häufig treten Menschen aus Enttäuschung aus der Kirche aus, weil ihnen zu wenig Beachtung und keine Heimat geschenkt wird. Für Ausgetretene (im Westen Deutschlands) ist dabei eine Abwehrhaltung der Institution gegenüber bei gleichzeitiger Nähe zu Glaubensfragen typisch.[60] Oft wollen sie ihre Kinder taufen lassen. Und bei der kirchlichen Trauung ist ihnen der Segen häufig genauso wichtig wie der noch zur Kirche gehörenden Partnerin beziehungsweise dem Partner. Wir empfehlen deshalb, mit »restriktiven Maßnahmen« sehr zurückhaltend zu sein und im persönlichen Gespräch die »Richtung« des Gottesdienstes auszuloten.[61] Im Osten Deutschlands stellt sich dafür eine gerade für die Kasualpraxis elementare »Alphabetisierungs- und Symbolisierungsaufgabe« angesichts der weitgehenden Auflösung fundamentaler Symbole und Traditionen, die überhaupt »Anknüpfung« ermöglichen.

5. Nicht ausgrenzende Sprache

Die Sprache darf niemanden ausgrenzen; vielmehr soll in ihr die Gemeinschaft von Männern, Frauen, Jugendlichen und Kindern sowie von unterschiedlichen Gruppierungen in der Kirche ihren angemessenen Ausdruck finden.

Die Forderung nach einer *nicht ausgrenzenden Sprache* ist heute so selbstverständlich wie »liturgie-fern«. Es ist auch oft nicht so einfach, sprachlich glückliche Lösungen zu finden. Es gibt kaum eine Agende, in der das gelingt.[62]
Weil wir einen Gott haben, der niemanden ausgrenzt, sondern grenzenlos liebt, sollen auch wir – auch in unserer Sprache – niemanden ausgrenzen: »Daß die

60. Fremde Heimat Kirche, erste Ergebnisse, EKD, Hannover 1993, S. 54f.
61. In der Trauagende der VELKD (Hannover, neu bearbeitete Ausgabe 1988) ist von *Kann*-Bestimmungen die Rede, wenn es um die Veränderungen für den Gottesdienst »anläßlich einer Eheschließung zwischen einem evangelischen Christen und einem Nichtchristen« geht: An die Stelle der Traufragen *kann* eine Anrede treten; Ringwechsel, Handreichung mit Votum, Segnung oder Segensgebet mit Handauflegung *können* unterbleiben (um die wichtigsten Veränderungsmöglichkeiten zu nennen; ebd., S. 126).
62. Erhard Domay / Hanne Köhler (Hrsg.), der gottesdienst – Liturgische Texte in gerechter Sprache, Gütersloh 1997ff.; dieses vierbändige (bis 2000 abgeschlossene) Werk macht da eine wirkliche Ausnahme und stellt den groß angelegten Versuch (zugleich auf CD-ROM) dar, ein »epochales« Werk als Plädoyer für eine gerechte Sprache zu schaffen.

Sprache des Gottesdienstes gerecht sein soll, bedarf keiner Rechtfertigung – es ist eine schiere Selbstverständlichkeit. Denn selbstverständlich ist das Evangelium allen Menschen gesagt, ausnahmslos allen. Und selbstverständlich muß es so in Sprache und Zeichen gefaßt sein, daß alle, die es hören wollen, es auch hören können ... Alle – Frauen und Männer, Mädchen und Jungen, Alte und Junge – sind von Gott geliebt und angenommen. ... Daß die Verkündigung des befreienden Evangeliums wirklich allen Menschen gerecht wird und niemanden ausschließt, bedeutet auch: daß unsere Verkündigung Gott gerecht wird. Wir tun Gott Unrecht, wenn wir Menschen Unrecht tun. Und wir tun Gott Unrecht, wenn wir Menschen daran hindern, mit ihrem Bild von Gott so umzugehen, daß ihr Glaube darin wachsen und reifen kann.«[63]

In der Umsetzung könnte ein Kriterienkatalog etwa so aussehen:
1. Frauen ausdrücklich benennen, sie als selbständige Personen beschreiben und in ihrer Rollen- und Begabungsvielfalt sichtbar machen,
2. behinderte Menschen nicht auf die Abweichung von meiner Norm festlegen,
3. Menschen anderer Hautfarbe und anderen Glaubens nicht abwerten,
4. jüdische Menschen als Volk Gottes achten,
5. Gott nicht durch den Gebrauch männlicher Bilder einschränken.[64]

Beispiele für Umformulierungen[65]:

Herr, unser Gott ...	>	*Gott, du Quelle des Lebens ...*
Laßt uns zu Brüdern werden, die einander dienen ...	>	*Laßt uns zu Menschen werden, die füreinander da sind ...*
Im Geist brüderlicher Liebe	>	*Im Geist geschwisterlicher Liebe*
Gib, daß wir wieder lernen, wie wir zu deinen Nachfolgern werden.	>	*Gib, daß wir wieder lernen, wie wir dir nachfolgen können.*

63. Ebd., S. 7f.
64. Siehe dazu: Baltruweit / Ruddat, Gemeinde, Bd. 1, S. 37f., und: Frauengerechte Sprache – Spielregeln, Arbeitsblatt der Ev. Frauenarbeit in Deutschland, Frankfurt/Main o.J.
65. Aus: K. Knohl-Hoberg und G. Richter-Junghölter, Sprache als Spiegel kirchlicher Strukturen, in: Aufhören und Anfangen, hrsg. von Eva Renate Schmidt und H.G. Berg, Gelnhausen 1983 (!), S. 148.

6. Ganzheitlich Gottesdienst feiern

> *Liturgisches Handeln und Verhalten bezieht den ganzen Menschen ein; es äußert sich auch leibhaft und sinnlich.*

Über die Einführung dieses Kriteriums in die Erneuerte Agende freuen wir uns besonders. *Ganzheitlich Gottesdienst feiern* ist für uns seit Jahrzehnten eine Selbstverständlichkeit. Dafür steht die Bewegung *Lebendige Liturgie.*[66]

Für uns ist die Erfahrung von Ganzheitlichkeit im Gottesdienst deshalb so wichtig, weil wir einen Vorgeschmack dessen erleben wollen, was einmal kommt. Wir wünschen uns die Erfahrung des Schalom – Gottesdienste »voller Erfahrung, voller Essen und Trinken, Feiern, Heilen, Segnen, Trösten«.[67]

In der Willow-Creek-Bewegung etwa gibt es eine Formel dafür, wie ganzheitlicher Gottesdienst aussehen kann: »hE+uN+kK=mE, will heißen: hochgradige Echtheit plus unmittelbare Nähe plus klare Kommunikation gleich maximale Effizienz.«[68] Der Willow-Creek-Gemeinde geht es um das, »was die Menschen unbedingt angeht« – und darum geht es auch im *Wie*, unter anderem um zeitgemäße Musik und um den »Touch« (um das, was und wie es mich berührt).

»In die Emotion gehen«[69], das, *was* wir zu sagen haben, im *Wie* »inkarnieren«, die Gefühlsebene miterleben lassen, die der Botschaft zugrundeliegt: Das sind elementare Voraussetzungen dafür, die ganzheitliche Ebene befriedigend einzubeziehen.[70]

Die ästhetisch-kommunikative Entwicklung unserer Sensibilität erstreckt sich eben nicht nur auf das, was wir hören, auf Stimmen und Töne, und nicht nur

66. Unsere Bücher »Gemeinde gestaltet Gottesdienst« verstehen sich als Anleitung gerade auch dazu. – Siehe auch: Henning Schröer / Sybille Fritsch-Oppermann (Hrsg.), Lebendige Liturgie, Gütersloh Band 1, 1990, und Band 2, 1992 bzw. Günter Ruddat / Henning Schröer, Lebendige Liturgie – ein Programmwort und seine Geschichte. In: Wolfgang Ratzmann (Hrsg.), Der Kirchentag und seine Liturgien. Auf der Suche nach einem Gottesdienst von morgen, Leipzig 1999. Vgl. im Blick auf die »heilende Dimension« lebendiger Liturgie z. B. Bodo Leinberger (Hrsg.), Getanztes Leben. Heilende Liturgie, Hammersbach 1993.
67. Siehe S. 40f. (Fliege-Zitat); vgl. auch: Baltruweit/Ruddat, Gemeinde, Bd. 1, S. 97.
68. Zitiert nach: Evangelische Zeitung (EZ) vom 1.2.1998, S. 3.
69. Für Thomas Kabel, der »Liturgische Präsenz« lehrt, ist dies eine der typischen Redewendungen (wie auch persönlich und privat. Sein Video und das dazugehörige Buch »Liturgische Präsenz« werden voraussichtlich in Kürze erscheinen. Vgl. auch Helmut Wenz, Körpersprache im Gottesdienst. Theorie und Praxis der Kinesik für Theologie und Kirche, Leipzig (1995) 2. erw. Aufl. 1996.
70. Es nützt nichts, den Gottesdienst mit einem Votum zu beginnen wie »Freuet euch im Herrn – und abermals sage ich euch: Freuet euch!«, wenn ich dies lustlos oder zu ernst tue. Die Freude muß erlebbar werden.

auf das, was wir sehen, auf Bilder und Symbole, sondern auch auf das, was wir riechen und schmecken, auf Gerüche und schmackhafte Genüsse, auf das, was wir (handgreiflich) fühlen. All das führt zu mehr »Ganzheitlichkeit« – das ist immer wieder zu erinnern, zu wiederholen und durchzuarbeiten.
Für die ganzheitliche Erfahrung eines Gottesdienstes sind folgende Dimensionen wichtig:

- ☐ *Die aktuelle Dimension*: Wir müssen versuchen, die Situation zu treffen.
- ☐ *Die Deute-Dimension*: Wir feiern mit den Menschen die Feste ihres Lebens, finden Sprache für das, was geschieht, und stellen sie in den Rahmen alles Lebendigen.
- ☐ *Die Heimat-Dimension*: Wir gestalten den Gottesdienst von der Raumerfahrung über die Musik bis zur Dramaturgie so, daß Menschen Heimat und Identität finden können.
- ☐ *Die Erlebnis- bzw. Unterhaltungsdimension*: Seit der Arbeit von Gerhard Schulze[71] ist offenbar, daß es auch Kirche nicht jenseits der »Erlebnisgesellschaft« gibt. Peter Bubmann versucht, Folgen für die Kirche deutlich zu machen.[72] Er verdeutlicht, wie schon Schleiermacher die Dimension des religiösen Erlebens gesehen und »bearbeitet« hat, und kommt zu der Beobachtung: »Die Verkündigung des Reiches Gottes in Wort und Sakrament geschieht heute ... zwangsläufig im strukturellen Rahmen der Erlebnisgesellschaft. Die milieugebundenen Erlebnisorientierungen sind daher der spezifische Kontext heutiger Evangelisierung, von Theologie und Gemeindearbeit.«[73] Es fängt damit an, diese Tatsache wahrzunehmen, und es müssen Konsequenzen folgen. Es täte uns gut, die Erlebnisdimension des Gottesdienstes wiederzuentdecken.[74]

Für das ganzheitliche Erleben ist auf die Auswahl der Musik und auf die technische Qualität besonders zu achten:

Zwischenspiel: Musik und technische Qualität

Viele setzen sich erfreulicherweise inzwischen dafür ein, unterschiedliche Klangmuster, verschiedene Liedgattungen und auch verschiedene Instrumente im Gottesdienst einzusetzen. Jürgen Fliege: *»Es geht nicht, daß man ein Jahrmarktinstru-*

71. Gerhard Schulze, Die Erlebnisgesellschaft, Kultursoziologie der Gegenwart, Frankfurt/New York 1992.
72. Peter Bubmann, Religion in der Erlebnisgesellschaft – Kirche im Abseits? In: Die Zeichen der Zeit 4/96, S. 144-148.
73. Ebd., S. 148.
74. Auch die »Gegenbewegung« z.B. in Phasen der Stille »als Erlebnis« gehört dazu.

ment, das sich zugegeben seit 1000 Jahren einigermaßen bewährt hat, einfach nur mit Jesusworten und Spiritualität gleichsetzt.« Fliege hat dabei nicht nur die Musik im Visier, sondern er will *»total andere Gottesdienste, total andere Zeremonien ... voller Erfahrung, voller Essen und Trinken, Feiern, Heilen, Segnen, Trösten ...«.*[75] Wir müssen wahrnehmen, daß wir nicht in einer eindimensionalen Kultur leben. Und wenn Kirche mehr sein will als museale Traditionsvermittlung, dann müssen wir offene Ohren für das entwickeln, was die Leute mit ihrem Lebens- und Rhythmusgefühl verbinden – und Ganzheitliches wagen. Dabei werden wir »das Eigentliche« nicht verraten, sondern kommunizieren.

»Popsongs begleiten häufig – beabsichtigt oder zufällig – Krisen- und Glückssituationen«[76], hat Bernd Schwarze herausgearbeitet. Die Bedeutung des Liedes »Candle in the Wind« von Elton John unterstreicht das. »Die Trauer um Lady Di war Ausdruck der religiösen Selbständigkeit vieler Menschen. Blumen Symbole tiefer religiöser Sehnsucht. Menschen suchen sich ihre Bilder, ihre Vorbilder, ihre Prinzessinnen. Die Trauerfeier war eine perfekte Inszenierung, wie sie übrigens schon seit Jahrhunderten vorgezeichnet ist für die Königsfamilie. Selbst die Mitwirkung zeitgenössischer Künstler und Komponisten war in der Zeremonie schon immer eingeplant.«[77] Von solchen Anlässen sollten wir im Blick auf die Musik und für die Gesamtdramaturgie lernen, weil bei dieser Trauerfeier etwas dokumentiert wurde, was für Menschen lebenswichtig ist. So sind wir »an den Menschen dran«, ohne die Theologie abzuschreiben.

»Wir wollten die Kirche nach unseren eigenen Wünschen schmücken, haben die Lieder und die andere Musik selbst ausgesucht«, beschreibt ein Brautpaar seine Vorstellungen für die Trauung.[78]

Als Pastorinnen und Pastoren befinden wir uns in Fragen der Musik bei Kasualien (und überhaupt in Gottesdiensten) oft in einem echten Dilemma. Abgesehen davon, daß es immer noch »Rückzugsgefechte« von Theologen gibt, die das Erklingen des »Ave Maria« zur dogmatischen Frage erklären, ist es eigentlich selbstverständlich, die Kirchenmusikerin oder den Kirchenmusiker als Mitwirkende ernstzunehmen. Oft ist es schwierig, zwischen Kirchenmusikern beziehungsweise Kirchenmusikerinnen, Meinungen anderer Mitarbeiterinnen und Mitarbeiter im Gottesdienst und den eigenen Vorstellungen einen sinnvollen und ehrlichen Kompromiß zu finden, zumal in der »Machtfrage« der Pastor

75. Zitiert nach: epd, 23.5.1996.
76. Bernd Schwarze, Die Religion der Rock- und Popmusik, Stuttgart-Berlin-Köln 1997, S. 257.
77. Aus: Hans Jürgen Hufeisen, Ist Innovation für den Kirchentag notwendig? Vorlage beim Ständigen Ausschuß für Abendmahl, Gottesdienst, Fest und Feier (AGoFF) des Deutschen Evangelischen Kirchentages, Fulda, 23.9.1997.
78. Der Dialog 2/1995, Hannover 1995, S. 7.

oder die Pastorin in der Regel »die Nase vorn« hat, weil er oder sie im Streitfall das letzte Wort für die Gesamtverantwortung des Gottesdienstes hat.
Es spricht aber fast alles dafür, auch die Wünsche der »Kasual-Familien« sehr ernst zu nehmen und sie, wenn möglich, aufzunehmen. Sicher wird es Grenzen geben müssen. Aber die liegen bestimmt nicht bei »So nimm denn meine Hände«. Es ist schon interessant, mit welcher Vehemenz mancherorts dafür gestritten wird, dieses Lied – wenn überhaupt – nur bei Trauungen zu singen, und andernorts mit der gleichen Intensität darum gerungen wird, daß es nur bei Beerdigungen erklingen darf.
Bei der Auswahl der Musik und beim Singen bestimmter Lieder schwingen bei den Aussuchenden in der Regel intensive Erinnerungen und Gefühle mit. Darüber sollten wir uns nicht erheben. Es ist doch schön, wenn die Mitgestaltenden ihr Leben und ihre Situation in den Gottesdienst einbringen, auch wenn uns das manchmal etwas fremd sein mag. Letztlich krankt der Gottesdienst ja oft gerade daran, nicht nah genug bei der Lebenssituation der Menschen zu sein, die ihn besuchen.
Die *technische Qualität* muß nicht Studioqualität erreichen, aber es ist eigentlich selbstverständlich, daß der Eindruck entsteht: Wir beherrschen unser Handwerk. Und dazu gehört, daß wir uns die Dramaturgie, die emotionale Verlaufskurve eines Gottesdienstes genauso anschauen wie das, was wir theologisch sagen wollen. Das WIE ist so wichtig wie das WAS. Nur wenn sich Gottes Zuwendung, nur wenn sich das Evangelium in den Gottesdienst »inkarniert«, können wir mit unserem »Handwerk« zufrieden sein – in dem Wissen, daß das Entscheidende unverfügbar und Geschenk ist. Solche Überlegungen schließen ein, dafür zu sorgen, verständlich zu sein (Mikrophon entsprechend aussteuern und Sprechen üben, für Feed-back sorgen) und das, was wichtig ist (inklusive meiner eigenen Person), »ins rechte Licht zu setzen«. Die Arbeit mit Licht ist unverzichtbar für einen »Gottesdienst der Zukunft«.

7. Unseren Wurzeln treu bleiben

> *Die Christenheit ist bleibend mit Israel*
> *als dem erstberufenen Gottesvolk verbunden.*

Wie würde ich mich verhalten, wenn eine Jüdin oder ein Jude meinen Gottesdienst besuchen würde? Das könnte eine Leitfrage dafür sein, verantwortlich mit Menschen umzugehen, die unsere biblischen Wurzeln repräsentieren. Dazu

ist in letzter Zeit sowohl systematisch-theologisch[79] als auch liturgisch[80] viel gearbeitet worden, mit teilweise ganz konkreten Anweisungen für liturgisches Verhalten: Auch in lebenszyklisch orientierten und in Kasualgottesdiensten haben wir darauf zu achten, Antisemitismen und Antijudaismen zu vermeiden. Wir sind nicht Christinnen und Christen auf Kosten unserer geistlichen und ökumenischen Geschwister.
Das schließt nicht aus, daß wir im Miteinander auch kritische Distanz wahren können. Wie es für uns lebenswichtig war und ist, von unseren jüdischen Geschwistern unsere Lektion zu lernen, so kann es auch für uns die Notwendigkeit geben, in kritischer Solidarität zu mahnen. Gerade wenn wir die ökumenische Dimension ernst nehmen, darf die Treue gegenüber unseren Wurzeln beispielsweise nicht auf Kosten palästinensischer Menschen gehen.[81]

Die Anwendung der Kriterien

Auch wenn in den letzten Jahren im Bereich der VELKD die Agenden zu den vier Grundkasualien als neue Bearbeitungen erschienen sind[82], haben sie doch den Blick für einen menschenfreundlichen Gottesdienst, der dem entfalteten Bild von Situation, ekklesiologischem Sensorium und den Kriterien für lebenszyklische Gottesdienste und für die Kasualpraxis entspricht, nicht so entwickelt, wie das unserer Meinung nach möglich und notwendig wäre. Auch das hat uns

79 Siehe z. B. Friedrich-Wilhelm Marquardt, Von Elend und Heimsuchung der Theologie, München 1988; Das christliche Bekenntnis zu Jesus, dem Juden, Bd. 1 + 2, München 1990 und 1991; Was dürfen wir hoffen, wenn wir hoffen dürften?, Bd. 1 – 3, Gütersloh 1993, 1994, 1996; Eia, wärn wir da – eine theologische Utopie, Gütersloh 1997.

80. Siehe z. B. die Stellungnahme zur Erneuerten Agende vom Ausschuß Christen und Juden der Ev. Kirche von Westfalen, 1993, bzw. deren Hauptvorlage für die Landessynode 1999.

81. Siehe dazu z. B. Mitri Raheb, Ich bin Christ und Palästinenser – Israel, seine Nachbarn und die Bibel, Gütersloh 1994; Deutsches Weltgebetstagskomitee, Dokumentation zum Weltgebetstag 1994 aus Palästina, Düsseldorf 1995; Felicia Langer, Laßt uns wie Menschen leben – Schein und Wirklichkeit in Palästina, Göttingen 1996; Sumaya Farhat-Naser, Thymian und Steine – Eine palästinensische Lebensgeschichte, Basel 1995; Günter Ruddat, Gottesdiensthilfe – Evangelischer Buchpreis 1997: Thymian und Steine von Sumaya Farhat-Naser, Bielefeld 1997; Lobe mit Sarah und Abraham – Gottesdienstentwurf zum Israelsonntag (der die palästinensische Situation mit aufnimmt), in: Dietrich Werner u. a., Sinfonia Oecumenica – Feiern mit den Kirchen der Welt, Gütersloh 1998, S. 814ff.

82. Agende III, Teil 1 – Die Taufe, Hannover 1988; Taufbuch – Vorentwurf einer revidierten Taufagende der Evangelischen Kirche der Union, Berlin 1997; Agende III, Teil 2 – Die Trauung, Hannover 1988; Agende III, Teil 5 – Die Bestattung, Hannover 1996 (die Agende ist ein großer Fortschritt gegenüber ihrem »Vorgänger-Versuch« aus dem Jahr 1987); Agende III, Teil Konfirmation (Entwurf), Hannover 1995 (die umfangreichste – auch zu verschiedenen Gottesdiensten in der Konfirmandenzeit – und die beste von allen, die auch von der EKU übernommen werden soll).

zu unserem Arbeitsbuch angestiftet, um zum ersten Mal seit 1973 (!) wieder den Versuch zu wagen, »Gottesdienst menschlich«[83] menschenfreundlich weiterzuentwickeln und fortzuschreiben.[84]

83. Friedrich Karl Barth, Gerhard Grenz, Peter Horst, Gottesdienst menschlich. Taufe, Konfirmation, Abendmahl, Eheschließung, Beerdigung – Eine Agende, Wuppertal 1973.

84. Wir wollen mit diesem zweiten Band: Taufe, Konfirmation, Trauung, Beerdigung (Gemeinde gestaltet Gottesdienst, Band 2, 1999) an unsere »erste Liturgie-Didaktik« (Gemeinde gestaltet Gottesdienst, Band 1, 1994) anknüpfen. Diesen sich noch mit dem Vorentwurf der Erneuerten Agende auseinandersetzenden ersten Band werden wir nach dem Erscheinen des neuen Gottesdienstbuches der deutschsprachigen evangelischen Christenheit entsprechend überarbeiten. Auf dieser Basis wird voraussichtlich noch ein dritter Band (Gemeinde gestaltet Gottesdienst, Band 3) mit Beispielen für lebenszyklisch orientierte Gottesdienste auf der Basis des Kirchen- oder Gemeindejahres erscheinen.

Kasualgottesdienst auf einen Blick

in ›Fortschreibung‹ der ›Sonntags-Agende‹

A. Mit Leib und Seele ankommen (Eröffnung und Anrufung) *SITUATION*

Glockengeläut
Vorspiel – Einzug
Begrüßung – Wort zur Situation
Eingangslied
Gebet zum Tag (zur Situation)

B. Die Botschaft wahr-nehmen (Verkündigung und Bekenntnis) *DEUTUNG*

Biblische Horizonterweiterung

Biblische Lesung
Lied vor der Predigt
Predigt
Lied (oder Musik zur Meditation)
(Glaubensbekenntnis)
Für-Bitten

(nur bei Beerdigung hier Ortswechsel: mit Einladung zum gemeinsamen Weg)

C. Miteinander ein Leib werden (Abendmahl) *SYMBOL UND RITUAL*

(Lied zur Vorbereitung)
Persönliche Einladung und Symbolische Erinnerung
(vgl. Einsetzungsworte)
Persönliche Segenshandlung (mit Leitspruch – meist Predigttext)
(Lied zum Dank)
Schlußgebet (mit Vaterunser)

D. Mit dem Segen weiter-gehen (Sendung und Segen) *WEITER-GEHEN*

(Lied zum Segen)
Sendung und Segen (für alle)
Nachspiel – Auszug

Zusammensetzen (Feier in der Familie)

Merke!

»10 Gebote« für die Durchführung von Kasualien

1. *Sie verkörpern* für die Kasualgemeinde *»die Kirche«.*
   Seien Sie den Menschen *zugewandt.*
   Achten Sie darauf, daß sich das auch in der Agende niederschlägt.

2. Sorgen Sie für *Transparenz und Plausibilität im Ablauf.*
   Dankbar aufgenommen wird ein schöner *Liederzettel* mit dem Gottesdienstablauf. (Glaubensbekenntnis und Vaterunser abdrucken! – Im Computerzeitalter ist ein persönlich zugeschnittenes Gottesdienstprogramm keine große Belastung.)

3. *Führen Sie sicher* durch den Gottesdienst.
   (So können sich z. B. aufgeregte Brautpaare dem Erlebnis öffnen.)

4. *Nehmen Sie die Menschen ernst.*
   (»Ich suche den Heiligen Geist vor allem bei den andern.«)
   Suchen Sie *Anknüpfungspunkte*, in der Regel auch bei liturgischen Formeln.
   Die Menschen sind für solche »einfachen Menschenfreundlichkeiten« sehr dankbar.
   Unter dieser Voraussetzung lassen sie sich gern sagen, was ihnen wichtig ist.
   Es ist ein Leichtes, sie dann »ins Heilige zu führen«.

5. Seien Sie *verständlich.*
   Vermeiden Sie (zu viele) abstrakte »Sprüche«. Übersetzen Sie sie lieber ins Heute. (Formulieren Sie z. B. die (Tauf-)Fragen so, daß ein normaler Mensch darauf wirklich antworten kann.)

6. Suchen Sie für die *Ansprache* im Normalfall die *narrative Form.*
   Arbeiten Sie mit *Symbolen.* Das bleibt (in Erinnerung).

7. Sprechen Sie die entscheidenden Passagen (Taufhandlung/Traugebet und segen) *auswendig.* Das garantiert die Zugewandtheit und die Verständlichkeit.

8. Sorgen Sie für eine gute *Organisation.*
   Dazu gehört: Eine einfache Organisation (bei Taufen nur *einmal* die Familien nach vorn holen. Gerade bei Taufen mit vielen Familien oder Kindern sind sie das A und O.) Ein Auge für scheinbar Nebensächliches haben (dazu gehört beispielsweise auch, darauf zu achten, daß die Ringe vorhanden sind).

9. Suchen Sie, wo es geht, *partizipative Formen.*
   (Kinder beteiligen: Wasser eingießen, Geschichte zusammen erzählen etc.; Paten formulieren Wünsche, übernehmen Lesungen etc.; Psalm 23 zusammen sprechen). Das macht den Gottesdienst lebendig.

10. Haben Sie keine Angst vor *Fotos/Videos.*
    Sie sind wichtig für die Erinnerung.

Taufe

Der Weg der Taufe: Leben entdecken

Anfänge und Anstöße

Das deutsche Wort »taufen« birgt in sich zwei voneinander abhängige Bedeutungen, die sich je auf ihre Weise meditieren lassen: zum einen »ein- und untertauchen« – sozusagen (selbst)reinigend und ganz(heitlich) in ein neues Element des Lebens, zum anderen »tief machen« – also aktiv und bewußt vertieft werden, sich vertiefen ... in einen neuen Zusammenhang, einen neuen geistlichen Horizont, das Reich, die Welt Gottes.

Dieses doppelt deutliche (tiefsinnige) Angebot der Sprache spiegelt dann auch die für heutiges Verständnis *biblische Ursprungsgeschichte*[1], die Taufe Jesu am Jordan (Mk 1,9-11) und deren ökumenische Horizonterweiterung zum Abschied Jesu und zur Ausgießung des Heiligen Geistes, zu Himmelfahrt und Pfingsten (Mt 28; Apg 2). Dabei nimmt die christliche Gemeinde mit der Taufe Jesu durch Johannes den Täufer, der Umkehr predigte und zur Vergebung der Sünden taufte, einen in vielen Kulturen und Religionen verbreiteten Ritus auf, der den Bogen von der körperlichen zur kultischen Reinheit schlägt: sich durch Eintauchen (Begießen oder Besprengen) beispielsweise in heiligen Flüssen oder Seen, an Brunnen oder Quellen spirituell zu reinigen und damit etwa einen neuen Lebensabschnitt durch das Durchleben eines symbolischen Todes (Wiedergeburt) – oft verbunden mit mancherlei Prüfungen – zu markieren. Auch der Eintritt in die jüdische Religion ist mit einem solchen Tauchbad verbunden.

Im Gegensatz zu den sich wiederholenden rituellen Waschungen wird die christliche Taufe als einmaliger Akt gestaltet[2], der nicht nur im Wort die menschen-

1. Die vor allem im Osten dargestellte apokryphe Erzählung von den beiden Hebammen Salome und Mea (oder Zebel), die Maria bei der Geburt in der Höhle von Bethlehem beistanden und das neugeborene Kind badeten, verlagert die Taufszene in die Kindheit Jesu, in der das Jesuskind sich wie ein Erwachsener bewußt diesem Ritus stellt und zugleich segnet.
2. Das unterscheidet die christliche Taufe auch von der immer wieder diskutierten Nähe zur Reinigungstheologie in der Gemeinschaft am Toten Meer (Qumran) und in der Jüngerschaft des Täufers Johannes.

freundliche »Aufnahme« in die Gemeinschaft der »Kinder Gottes« besiegelt, sondern zugleich im Zeichen des erfrischenden Wassers und der inspirierenden Taube (bzw. des himmlischen Lichtes) auch befreiende »Geistesgegenwart« aufscheinen läßt: »Die Sache Jesu braucht Begeisterte« (Peter Janssens). Auch wenn Jesus nach dem einhelligen biblischen Zeugnis nicht selbst getauft hat, wird doch die in der Apostelgeschichte überlieferte Taufpraxis der Urgemeinde auf den ausdrücklichen Auftrag des Auferstandenen zurückgeführt, sozusagen auf seinen »letzten Willen« beim Abschied, sein Tauftestament (Mt 28,19-20):

»Gegeben wurde mir: die Große Macht im Himmel und auf der Erde!
Darum laßt alle Völker meine Schüler sein!
Tauft sie auf den Namen des Vaters, des Sohnes und des Heiligen Geistes!
Und lehrt sie zu halten: Alles, was ich euch auftrug.
Seht! Ich bin bei euch, jeden Tag, bis diese Zeit vollendet ist.«

(Übersetzung Walter Jens)

Am Anfang war das Bild: Die Taufe Jesu

Die sich rituell entwickelnde Taufpraxis der Alten Kirche und des Mittelalters hat dann vermutlich in die ausmalende Darstellung der Taufe Jesu zurückgewirkt. Die Wasser des Jordan bedecken den meist nackt dargestellten Jesus bis zur Hüfte. Johannes der Täufer steht am Ufer und legt seine Hand auf den Kopf Jesu (erst in späteren Darstellungen gießt Johannes aus einem Krug Wasser über Jesus). Am anderen Ufer stehen Engel mit weißen Tüchern als liturgische Diakone bereit, um den frisch Getauften abzutrocknen und neu einzukleiden. Gelegentlich sind die durch die Kraft der Taufe »ausgetriebenen« und damit »erledigten« Mächte des Chaos oder des Bösen dargestellt: etwa im personifiziert sich von diesem Geschehen abwendenden Jordan (vgl. Ps 114,3) oder in der verendeten Wasserschlange (Drachen; vgl. Ps 74,13). Dies unterstreicht u. a. auch die in Lichtstrahlen herabschwebende Taube als Zeichen der erleuchtenden (inspirierenden) »Geistesgegenwart« Gottes und seines Bundes, gerade dann wenn sie in Erinnerung an die Geschichte Noahs und der Arche das Ende der Sintflut mit einem Ölzweig im Schnabel signalisiert – unter dem Regenbogen ist der Himmel offen.

Weg-Zeichen: Taufe hat verschiedene Zugänge[3]

Der Auftrag Jesu zur Taufe, Menschen »in aller Welt« mit Gottes Augen sehen zu lernen, sie in das Licht Gottes zu stellen und damit in den Geist seiner Liebe eintauchen zu lassen, sich in das Wort Gottes zu vertiefen und so in seinem Namen Leben zu gestalten, hat offensichtlich die *Grunderfahrungen mit der Taufe* als selbstverständliches Handeln der Christenheit von Anfang an geprägt.
Das führte zuerst zu einem Verständnis der Taufe als einer rituell gestalteten Form der *Aufnahme in die Kirche*, als Initiationsritus zum Beginn der Kirchenmitgliedschaft, die sich theologisch in der damit verbundenen Gabe des Heiligen Geistes ausdrückt, die wiederum alle Getauften im »allgemeinen Priester(innen)tum« verbündet.
Zugleich ist die sich an »alle Welt« richtende Taufe (wie die exemplarisch uneingeschränkten Gemeinschaftsmahle Jesu) ein Sakrament gegen jede ekklesiologische Apartheidskultur[4], gegen lokalen und globalen Rassismus, und kann als weltweit fast uneingeschränkt anerkanntes *Sakrament der Ökumene* gelten[5]. Frei nach Augustins Merkspruch »Füge das Wort zum Element, so entsteht das Sakrament«[6] ist die Taufe mit Wasser im bzw. auf den Namen des dreieinigen Gottes die menschenfreundliche, sichtbare und handgreifliche Gestalt des Handelns Gottes an Menschen durch Menschen, darin zugleich auch ein Handeln der Menschen, die ihren Glauben in der Taufe bekennen. Auch wenn die damit verbundene komplexe »Gemengelage« im Verhältnis zwischen Glaube, Bekenntnis und Taufe umstritten ist[7], stimmen doch alle Tauftheologien darin überein, daß einerseits Gott in der Taufe handelt, andererseits die Taufe die immer wieder zu erinnernde Grundlegung der Ethik darstellt. Biblischer Anhaltspunkt: Paulus deutet die Taufe als Symbol der lebenslang nachfolgenden Verbindung mit Jesus (Röm 6,3ff.), seinen Tod durch das Untertauchen aus unserem alten Leben, seine Auferstehung durch das Auftauchen in unserem neuen Leben abzubilden[8] und sich dieses neuen

3. Dieser Abschnitt verdankt sich wesentlich gemeinsam mit Henning Schröer und Harald Schroeter erarbeiteten Seminarpapieren.
4. Vgl. zu diesem Gedanken: Baltruweit/Ruddat, Gemeinde gestaltet Gottesdienst, Band 1, Gütersloh 1994 (im folgenden: Baltruweit/Ruddat, Gemeinde, Band 1), S. 35f.
5. Vgl. im Zusammenhang der Lima-Erklärung den differenzierten Überblick in: Erich Geldbach, Taufe (Ökumenische Studienhefte 5 = Bensheimer Hefte 79), Göttingen 1996.
6. Im Original: accedet verbum ad elementum et fit sacramentum.
7. Vgl. z. B. Karl Barths Tauflehre (zuletzt: Kirchliche Dogmatik IV/4: Die Taufe als Begründung christlichen Lebens, Zürich 1967) mit Ratschows Ansatz (siehe Anmerkung 9).
8. Demgegenüber begründet in Zeiten der Christenverfolgungen die aus einzelnen Mysterienkulten der Antike bekannte Bluttaufe (Initiationsritus) als zweite Taufe der Märtyrer symbolisch steigernde Kraft.

Lebens gegen alle Widerstände durch die reinigende Kraft der Taufe zu vergewissern. Wer so zum »Leib Christi« gehört, kann dann auch »Farbe bekennen« und seine Taufe täglich spirituell »erinnern, wiederholen und durcharbeiten«.

Taufe als *Sakrament der Mission*[9], das darum immer von katechetischen bzw. gemeindepädagogischen Elementen begleitet war, entfaltet dieses »heilige Zeichen« in besonderer Weise zuerst bei der Erwachsenentaufe mit einer vielfältig entwickelten Katechumenenzeit. Bei der später sich schließlich weitgehend durchsetzenden Säuglings- oder Kindertaufe gestaltet sich sozusagen ein generationenübergreifendes Katechumenat (mit dem späteren Ziel Konfirmation) – verbunden mit der vorausgehenden und begleitenden Verpflichtung der Eltern zu einer christlichen Erziehung.

Gleichzeitig werden mit diesen Gestaltungen der Taufe als *Kasualie* unterschiedliche Akzente der jeweiligen Tauftheologie vor Ort betont oder zurückgestellt. In jedem Fall wird eine einmalige Schwelle[10] in der Biographie eines Menschen (und zugleich einer Menschengruppe im weiteren familialen Kontext), sei es die Geburt und/oder das Christ-Werden, markiert, die nicht nur liturgisch, sondern auch seelsorgerlich und diakonisch herausfordert. Die Begehung des riskanten Übergangs von der einen Lebensphase in die andere bedeutet für den Weg der Taufe den symbolisch konzentrierten Abschied von der alten Lebensphase (bei der Säuglingstaufe von der embryonalen Phase, bei der Erwachsenentaufe Abschied von anderen Göttern oder Götzen) und die Zusage der neuen Lebensphase in und mit der Kirche beziehungsweise Gemeinde als »Familie (der Kinder) Gottes«. Diese geht damit zugleich eine gemeindepädagogisch zu entwickelnde Verpflichtung ein, Menschen in jeder Hinsicht zu begleiten und sich unter allen Umständen um sie zu kümmern und zu sorgen.

Dabei nimmt die für diese Lebenssituation als *Fest* der Kirche *und* der Familie bzw. der Lebensgemeinschaft des Täuflings entwickelte Taufe die doppelt fruchtbar zu machende Spannung auf: einmal im besonders festlichen Charakter des Taufgottesdienstes im Raum der Kirche, zum anderen in den Motivationen für das Taufbegehren, die weniger in dem Wunsch nach Kirchenbindung als in der Hochschätzung der Institution Familie im Kontext einer von zunehmender Labilität bedrohten Risikogesellschaft begründet sind.[11] Allerdings ist die Taufbereitschaft seit den sechziger Jahren kontinuierlich gesunken, gleichzei-

9. Vgl. Carl Heinz Ratschow, Die eine christliche Taufe, Gütersloh (1972), 2. Aufl. 1979.
10. Vgl. dazu die Einleitung dieses Buches, S. 14ff., besonders den Abschnitt: Auf den »Schwellen des Lebens« anknüpfen, S. 23ff.
11. Vgl. Christian Grethlein, Taufpraxis heute, Gütersloh 1988, S. 139-142 und Karl-Heinrich Bieritz, Die Taufe als Zeichenhandlung. Überlegungen zu ihren nichtverbalen Elementen, In: ThLZ 112, 1987, S. 785-798.

tig der Anteil der Taufe von Menschen im Alter von mehr als einem Jahr an der Gesamtzahl der Taufen aber beständig gestiegen (1963: 8,3 Prozent; 1983: 18,9 Prozent).
Schließlich ist die Taufe eine *Symbolhandlung*, die neben den zentralen Zeichen Wort und Wasser im Laufe ihrer Geschichte viele weitere begleitende Zeichenhandlungen[12] auf sich gezogen hat, die sich um die Begehung der Taufstätte ranken.

Kunstvoll gestaltete *Taufsteine* gehören in vielen Kirchen zum festen Inventar und stehen im Mittelpunkt der damit verbundenen Symbolhandlungen. Dabei ist die Taufstätte als »Jordan vor der Haustür« oder als Zusammenfluß der vier Paradiesflüsse im Laufe der Geschichte zunehmend symbolisiert worden. Aus den ursprünglichen realen Freiräumen »vor den Toren« (vgl. z. B. Phil; Apg 16) wurde in wortwörtlicher Erinnerung an große Wasserbecken in öffentlichen Bädern oder an große tragbare Wasserbehälter das in der Regel in der Nähe der Kirche (an)gebaute und für Tauchbäder ausgestattete *Baptisterium* (etwa ab dem 4. Jahrhundert). Dabei überschnitten sich in der architektonischen Gestaltung besonders zwei theologische Gedanken: einmal die mit dem Achteck verbundene Symbolik des Osterfestes als dem Beginn des achten Schöpfungstages, der neuen Schöpfung (die Osternacht als der Tauftermin schlechthin), zum anderen die Kreuzform, die an den paulinischen Gedanken (Röm 6) erinnern sollte: Christen sind in den Tod Christi hineingetauft, um als neue Menschen aufzustehen. Mit dem im Laufe der Jahrhunderte zunehmenden Verzicht auf das Eintauchen wurden die Taufsteine immer kleiner, bis hin zu den platzsparenden engelsgleich schwebenden Taufschalen, die im Bedarfsfall an einer Kette heruntergelassen werden konnten, oder den nur noch bei Gelegenheit präsenten und ansonsten beiseitegeräumten Taufttellern. Auch hier ist eine neue Sensibilität angesagt, »sprechende Zeichen« im Gottesdienstraum bewußt zu präsentieren.

12. Vgl. die an alte liturgische Traditionen anknüpfenden Wiederbelebungsversuche in dem Vorentwurf der EKU-Taufagende; siehe unten S. 57ff. Gegenüber einem »Symbolgewitter« bloß aneinandergereihter und gerade nicht ausgewählter und für sich stark gemachter Zeichenhandlungen ist aber auch immer wieder an die elementare und zentrale Meditation des Symbols Wasser zu erinnern.

Merke!

Taufe – ein theologischer Merkzettel

Zur inhaltlichen Auseinandersetzung in Gesprächen und Gruppen dokumentieren wir die aus der Beschäftigung mit unterschiedlichen konfessionellen Positionen erwachsenen und dem ökumenischen Ziel nach mehr Einheit verpflichteten »Zwölf Leitsätze für eine verantwortliche Taufpraxis« von Erich Geldbach[13]:

1. Die Taufe ist ein Ereignis, das den Täufling von einem durch den Tod bestimmten Leben zu einem neuen Leben führt. Sie ist lebensbegleitend; die angemessene Antwort durch die Getauften ist die tägliche »Freude der Buße«. Taufe ist mithin weder eine Routineangelegenheit, noch ein auf Lebenswenden bezogener rite de passage, auch kein bloß punktueller Akt oder eine reine Familienfeier.
2. Die Taufe wird zwar in einer Konfession bzw. Denomination vollzogen, gliedert aber in den universalen Leib Christi ein und hat daher stets ökumenische Bedeutung. Dies sollte bei Tauffeiern deutlich werden, indem bewußt auf ökumenische Gäste geachtet wird oder Vertreter anderer Kirchen eingeladen werden.
3. Die Taufe ist durch Untertauchen in das Wasser ein Gleichzeitigwerden mit und ein Anteilbekommen an Christi Tod als dem allen unseren Werken vorausliegenden Heilsereignis.
4. Die Taufe ist ein notwendiges Zeichen des Heils und wirkt, was sie bezeichnet. Es geschieht ein Herrschaftswechsel von der Macht der Sünde und der Selbstzentriertheit in den Herrschaftsbereich Jesu Christi.
5. Die Taufe beinhaltet ein hohes Risiko, weil sie aus sozialen Bindungen löst und Spott, Verfolgung oder sogar Martyrium zur Folge haben kann.
6. Die Taufe führt zugleich in neue soziale Bindungen, d. h. in die Gemeinde der Getauften, die keine Unterschiede der Person (Rasse, Geschlecht, Alter, Armut, Reichtum, Bildung etc.) kennt, und die für die Getauften und ihr Wachsen im Glauben Verantwortung trägt.
7. Die Taufe lehrt den Täufling, sich und die Mitmenschen mit den Augen Jesu als geliebte Geschöpfe Gottes zu sehen. Daher ist die Taufe der Geistausgießung zugeordnet. Der Geist bewirkt das Verlangen zur Taufe und wirkt in und nach der Taufe.
8. Die Taufe führt zum Bekennen des Glaubens.
9. Der Vollzug der Taufe muß aus sich verständlich sein. Die theologische Erklärung des Täufers, d. h. in der Regel des ordinierten Geistlichen darf kein Ersatz für die Taufhandlung selbst werden. Daher ist mit Wasser nicht zu sparen bzw. das Untertauchen zu pflegen.
10. Die Liturgie sollte bewußt auf jeden einzelnen Täufling zugeschnitten sein.
11. Auf weitere symbolische Handlungen ist zu achten: z. B. Taufe in der Osternacht, ein neues Gewand, Taufkerze, Tauflieder, Taufspruch, in zeitlichen Abständen Tauferinnerung.
12. In Taufgottesdiensten sollte das Abendmahl nicht fehlen, schon gar nicht bei Erwachsenentaufen.

13. Erich Geldbach, Taufe, Göttingen 1996, S. 199f.

Stationen vor Ort

Nicht zufällig spiegelt die Besuchskultur von etwa drei bis vier Begegnungen vor der Taufe das Ritual eines Gottesdienstes, dessen hier in einzelnen Begegnungen umzusetzende menschen- und gemeindefreundliche Stationen für die Gestaltung des Weges der Taufe fruchtbar zu machen sind.

A. Einander kennenlernen (Eröffnung / Mit Leib und Seele ankommen)

In der Regel melden sich junge Eltern (oder Alleinerziehende) bzw. Jugendliche oder Erwachsene mit ihrem Taufbegehren beim Pfarrer oder bei der Pfarrerin. Der *erste Kontakt* (etwa am Telefon oder an der Tür) ist in seinem »unangemeldeten« Charakter nicht zu unterschätzen und sollte nicht gleich mit »Formalia« (Anmeldung zur Taufe) zugedeckt werden, sondern eher zur menschenfreundlichen Begegnung und Erfahrung der Gemeinde (im Gottesdienst) und mit ihren Mitarbeitenden einladen und einer klaren ersten Terminvereinbarung dienen. Eventuell können erste Informationen zur Vorbereitung der Taufe in die Hand gedrückt werden (besser ist es allerdings, diese Informationen zum ersten Besuch mitzubringen und sie dann in Ruhe zu erläutern).
Der *erste Hausbesuch* in der Wohnung des Täuflings zeigt, wer im Mittelpunkt dieses Besuchs steht, wessen persönliche Biographie und Situation deutlicher wahrzunehmen und wessen Lebensraum besser kennenzulernen ist. Außerdem gibt dieses »Heimspiel« in den eigenen vier Wänden einerseits dem Täufling ein Gefühl der Sicherheit und verringert in der Regel sonst wirksame Schwellenängste, die von gelegentlich nicht besonders einladenden Amtszimmern oder kalten Sakristeien noch verstärkt werden. Schließlich ermöglicht der Hausbesuch gerade bei Familien mit kleineren Kindern eine weniger aufwendige und darum entspannte Begegnung (Spiel- und Schlafmöglichkeiten für die Kinder). Dieses sich auch gegenseitig durch Erzählen und Darstellen der Gemeinde (Brief zur Taufe o. ä.) entdeckende *Kennenlernen* kommt mit der aufklärenden Schilderung des auch zeitlich strukturierten Wegs der Taufe zum Ziel, die sich in der Vereinbarung zu einem ersten Nachdenken über das wegweisende Segenswort zur Taufe (Taufspruch) festmachen kann.

B. Vom Taufspruch zur Tauffrage (Verkündigung / Die Botschaft wahrnehmen)

Ausgehend von den möglichen Vorschlägen für einen individuellen Taufspruch (oder andernfalls ausgehend von der jeweils angemessenen Gestalt der möglichen Tauffrage) kann in einer zweiten Gesprächsrunde das jeweilige (Vor-)Verständnis

von Taufe und ihrem (Kon-) Text (am Beispiel der erwarteten oder vor Ort gebräuchlichen Symbole wie Kerze o. ä.) ausgetauscht werden und dabei auch die Frage der personalen (Täufling) oder familialen (Eltern und Paten) *»Ordination«*[14] als basale kirchliche Beauftragung zum Dienst, zum Priestertum aller Getauften ventiliert werden. Hier ist also – wie bei allen anderen Kasualien – eine immer rarer werdende, weil zunehmend tabuisierte Gelegenheit, mit Menschen mit Atem und in Ruhe über das Leben und den Glauben zu sprechen.
Das ist – je nach Möglichkeit – eben auch an der gemeinsamen Gestaltung der Taufe zu bewähren. Hier können neben EG und Bibel speziell gestaltete Materialien[15] zwischen den Besuchen »auf die Sprünge helfen«, um den Rahmen der Liturgie, ihren Weg und ihre Möglichkeiten und Grenzen, die Lieder und Lesungen, die Musik und die Symbolhandlungen zu überdenken und das Gefühl zu verstärken, diese Taufe ist einmalig und steht zugleich im größeren Zusammenhang des Glaubens und Lebens der Kirche. In der Regel ist es eine Hilfe, wenn etwa an dieser Stelle des Weges alle Beteiligten in den Gottesdienst der Gemeinde vor Ort (möglichst mit einer Taufe) eingeladen werden können und so nicht nur schon einmal die Schwellen des Kirchenraumes überschreiten, sondern auch die Atmosphäre eines Gottesdienstes erleben. Das verringert nicht nur mögliche Fremdheitsgefühle, sondern fördert auch das spätere Mitfeiern des Gottesdienstes und nicht zuletzt die angesagte Vorbereitung.

C. Die Taufhandlung im Gottesdienst (Taufe / Miteinander Christi Leib werden)

Spätestens bei dieser Station sollten – wenn irgend möglich – die Patinnen und Paten einbezogen werden. Wenn ein gemeinsamer Gottesdienstbesuch im Vorfeld nicht möglich ist, kann diese Begegnung auch im Pfarrhaus oder an anderen Orten (mit »Ausflug« in den Kirchenraum) stattfinden, um so wirklichkeitsnah den *Raum der Taufe* erleben zu können und nicht nur zu einer Beteiligung Mut zu machen, sondern diese auch vorläufig zu vereinbaren. Dabei kann nur

14. Die in der EKU-Taufagende mit dem Eltern- und Familiensegen verbundene Vorstellung einer »Elternordination« (S. 83) wäre sinnvollerweise nicht nur in einer entsprechenden Segenshandlung auf die Patinnen und Paten auszuweiten, sondern als Teil eines neuen Ordinationsverständnisses, als kirchlich einbindende Beauftragung für das »Leben dieses Menschen«(pro persona et pro tempore – für diese Person auf »begrenzte« Zeit) und im Sinne eines verantwortlichen Taufgedächtnisses der ganzen Gemeinde zu entwickeln (vgl. die Gemeindeverpflichtung im Vorentwurf der EKU).
15. Vgl. z. B. die Kasualdidaktische Grundausstattung zur Taufe, S. 98f. (Für die Hand der Gemeinde). Aber auch »ältere« Gottesdienstprogramme können als Anstöße hilfreich sein.

immer wieder angestiftet werden, den Rahmen für »das Vertraute« (Ordinarium: Was gehört auf jeden Fall zur Taufe?) und »das für uns ganz Besondere« (Proprium: Welches verbale oder nonverbale Element, welche Symbolhandlung soll zum Beispiel im Zusammenhang des Namens oder des Taufspruches, der Kirchenjahreszeit oder der jeweiligen Lebenssituation besonders akzentuiert und herausgestellt werden?) zu entwickeln. Hier ist *Offenheit* nicht nur zu fordern, sondern auch – wie in der Diskussion um die »offenen Formen« der Erneuerten Agende – zu fördern[16]. Dabei wird der liturgisch Verantwortliche immer wieder sensibel darauf achten: Was kann ich zumuten, wo muß ich entlasten? Wer übernimmt was, an welchen Stellen ist noch etwas zu beraten und zu bearbeiten? Was ist noch zu klären und vorzubereiten, mit anderen (z. B. Kirchenmusikerin, Küster) abzusprechen und eventuell zu proben (z. B. Sprech- und Musikprobe)? Hier zeigt sich, was es heißt: »Gemeinde gestaltet Gottesdienst«[17].

D. Die Taufe greift weiter (Sendung / Mit dem Segen weitergehen)

An die Erfahrung des gemeinsamen Gottesdienstes und die unter Umständen in begleitenden Taufelternseminaren zu entdeckenden Möglichkeiten, den Weg der Taufe und speziell den Tauftag zu gestalten, kann über die traditionellen Formen der Erinnerung an die Taufe in Abkündigungen und Gemeindebriefen hinaus etwa in der Weise kreativ angeknüpft werden, indem jeder Täufling mit Namen, Foto und Taufspruch im Bereich der Kirche (wie an einer Gebetwand[18]) im Laufe des Kirchenjahres vergegenwärtigt wird, etwa bis zum jährlich hervorgehobenen Taufgedächtnis[19] beispielsweise in der Osternacht. Darüber hinaus wird das sinnvolle Miteinander-Weitergehen bei Kindern ebenso möglich werden wie bei Erwachsenen, entweder bei kontinuierlichen Veranstaltungen wie Familienfreizeiten (oder Freizeiten für Väter und Kinder o. ä.) oder zeitlich gebundenen Gelegenheiten wie Elternarbeit im Kindergarten, im Zusammenhang der Konfirmandenarbeit oder bei Gemeindefesten. Entscheidend für die weitere Wahr-Nehmung eines einmal begonnenen Kontaktes und damit der nicht

16. Vgl. »Unsere Taufagende« mit ihren verschiedenen Variationen, S. 62ff.
17. Vgl. zur liturgischen Kompetenz der Gemeinde die Anregungen in Baltruweit/Ruddat, Gemeinde, Band 1.
18. Diese von uns zuerst in Brügge/Flandern entdeckte Idee kann ähnliches anstiften, z. B. einen Taufbaum mit individuell erinnernden Holzfischen (mit Name, Bild und Taufdaten) oder ein Taufschiff.
19. Vgl. z. B. auch das ökumenische »Taufgedächtnis nach Lima« in: Sinfonia oecumenica. Feiern mit den Kirchen der Welt. Gütersloh 1998, S. 216ff., u. a. mit der abschließenden Einladung, »zum Wasser vor dem Altar zu gehen, eine Hand in das Wasser zu tauchen, sich mit dem Zeichen des Kreuzes zu bezeichnen, der eigenen Taufe zu gedenken und eine Kerze an der Osterkerze anzuzünden« (S. 232).

nur mit der Taufe verbundenen, aber in ihrem Zusammenhang besonders fundamentalen Aufgabe, Gottesdienst (Taufe) und Gemeindearbeit zu vernetzen[20], ist über die exemplarische (Re-)Präsentation die *Pflege eines kasuellen Gedächtnisses* z. B. in der Seelsorgekartei oder im begleitenden Besuchsdienst der Gemeinde, wo immer wieder »mit einem Griff« Begegnungen über das pastorale Kurzzeitgedächtnis hinaus stichwortartig verfügbar und damit präsent sind.

Im Raum des Gottesdienstes: Das »Taufbuch« der EKU

Gegenüber dem »niederschwelligen« und elementaren Ansatz unserer Taufagende, die in besonderer Weise die lebenszyklische Dimension theologisch profiliert, stellen wir zur Auseinandersetzung mit unserem Entwurf die aktuellste Neukonzeption vor.
Das auf dem Hintergrund der Diskussion um die Erneuerte Agende (EA) – die voraussichtlich zu Ostern 2000 eingeführt werden soll – im Herbst 1996 vorgelegte und bis zum Sommer 1999 zu überarbeitende *»Taufbuch« (Vorentwurf) der EKU*[21] stellt gegenüber den gegenwärtig noch geltenden oder gebräuchlichen Agenden von »Gottesdienst menschlich« (1973) bis zur Taufagende der VELKD (1988) einen neuen Ansatz dar. Zum einen versucht diese Taufagende entsprechend der EA die Grundstruktur des Taufgottesdienstes herauszuarbeiten, die in zwei gleich strukturierten Ausformungen für die Taufe eines Kindes und für die Taufe eines Erwachsenen vorgelegt wird und in der Regel im Gemeindegottesdienst eingebunden sein soll. Zum anderen will dieses »Taufbuch« in besonderer Weise, ausgehend von neutestamentlichen Bildworten zur Deutung der Taufe, den ursprünglichen ökumenischen Reichtum der Taufliturgie und ihrer Zeichenhandlungen wieder zur Geltung bringen – neben klassischen Erinnerungen an Grundtexte des Neuen Testaments und im Bekenntnis der Kirche (vom Nicänum bis zum Lima-Text). Darüber hinaus werden Verschiebungen im Taufalter und das veränderte Verhältnis von Konfirmation und Taufe thematisiert (die volkskirchliche »Hervorhebung der Konfirmation marginalisiert im

20. Vgl. das Schlußkapitel in Baltruweit/Ruddat, Gemeinde, Band 1, S. 223ff., und in diesem Band, S. 254ff. Vgl. exemplarisch Günter Ruddat, »Über sieben Brücken kannst du gehen ...«. Der Kindergottesdienst als Brücke der Generationen. In: Bernd Schlüter/Wolfgang Traub (Hrsg.), Du stellst meine Füße auf weiten Raum. Gütersloh 1994, S. 19ff.

21. Der in Entsprechung zum »Gottesdienstbuch« (Erneuerte Agende) als »Taufbuch« betitelte Vorentwurf einer Revidierten Taufagende (1996) geht auf 1987 einsetzende Vorarbeiten im Bereich des Kirchenbundes in der ehemaligen DDR zurück und löst die letzte EKU-Agende aus den sechziger Jahren ab (1963, davor: 1895). Die Synode der EKU hat im Juni 1999 die Behandlung des »Taufbuchs« zurückgestellt. Unabhängig davon ist im Herbst 1998 eine »Reformierte Liturgie (Entwurf)« vorgelegt worden, die neben der Taufe auch die anderen Kasualien einschließt.

Grunde die Taufe«), bevor als gemeindepädagogisch weiterführend an die altkirchliche Konzeption eines »Taufwegs« mit den »Stationen« der Einladung, Einübung und Reifung angeknüpft wird, der in liturgischer und pastoraler Gestaltung durchbuchstabiert wird. In dieser »gestreckten Handlung« stellt sich dann die möglichst in Bewegung durch den Raum des Gottesdienstes zu verdeutlichende Struktur eines Taufgottesdienstes[22] folgendermaßen dar:

Struktur eines Taufgottesdienstes

a) Eröffnung (im Eingangsbereich)

0 (Empfang an der Kirchentür und Einzug) / Musik zum Eingang
0 Lied der Gemeinde
0 Gruß / Antwort der Gemeinde
Begrüßung / Vorstellung
Taufbefehl (Mt 28,18-20)[23]
Gebet
(Lied der Gemeinde)

b) Verkündigung (im Bereich von Kanzel und Lesepult)

E Schriftlesung[24]
Predigt (Wort zur Taufe)
K *(Anrede und Verpflichtung)* (auch im Sendungsteil)
K (Tauffrage)
Lied der Gemeinde

22. Wird die Taufe in einen Gemeindegottesdienst eingefügt, so kann das im Eingangsteil, vor oder nach der Predigt geschehen; in diesem Fall entfallen die mit 0 bezeichneten Stücke. Eine verkürzte Taufliturgie umfaßt nur die kursiv hervorgehobenen Teile. Die mit K bezeichneten Stücke beziehen sich ausschließlich auf die Taufe eines Kleinkindes, die mit E bezeichneten Stücke auf die Taufe eines Erwachsenen. Eine Kopiervorlage »Erklärungen zur Taufliturgie« für die Hand der Gemeinde liegt vor (Vorentwurf, S. 115-119).
23. In der »Reformierten Liturgie« (s. Anm. 21) als »Einsetzungsworte« ebenfalls vorangestellt (S. 205ff.).
24. Dem im Vorentwurf (s. Anm. 21), S. 19, bewußt vorgenommenen Verzicht auf das sogenannte Kinder-Evangelium (Mk 10,13-16) u. a. wegen des möglichen Mißverständnisses der Taufe als Kindersegnung wird z. B. im Votum der westfälischen Landessynode widersprochen: Die zumindest fakultative Lesung sollte vorgesehen werden, weil dadurch der voraussetzungslose Gabe-Charakter der Taufe unterstrichen wird und Jesu Zuwendung zu den Kindern gerade bei der Säuglingstaufe ein wichtiger Verkündigungsaspekt sei.

c) Taufe (im Bereich des Taufsteins)

K Abwehr des Bösen (früher: Exorzismus) oder
E Absage an das Böse[25]
Glaubensbekenntnis
Gang zur Taufstätte
(Gebet / Meditation an der Taufstätte)
K (Nennung des Namens)
Taufhandlung[26]
(Lied der Gemeinde)
(Bitte um den Heiligen Geist / Epiklese)
Taufvotum mit Handauflegung
(und Salbung)[27]
(Taufspruch)
Zeichenhandlungen in geeigneter Auswahl
(Bezeichnung mit dem Kreuzzeichen)[28]
(Übergabe einer Taufkerze)[29]
(Übergabe eines Taufkleides)[30]
(Hefata-Handlung)[31]

25. Entsprechend in der »Reformierten Liturgie« (s. Anm. 21) vorgeschlagen (S. 219).
26. Durch sicht- und hörbares Übergießen des Kopfes des Täuflings (Superfusion) und nicht nur durch bloße Befeuchtung der Stirn. Die in orthodoxer und baptistischer Tradition übliche Ganzeintauchung wäre noch zu entdecken, kommt aber an der gegenwärtigen Gestaltung von Gottesdiensträumen an ihre Grenzen.
27. Die mit der Handauflegung verbundene »Salbung« (vgl. 2 Kor 1,21f.; 1 Petr 2,9) gehört ebenfalls zu den nachstehend genannten auszuwählenden Zeichenhandlungen und kennzeichnet das allgemeine Priestertum aller Getauften. Der Taufende taucht dabei seinen Daumen in ein z. B. mit duftendem Olivenöl gefülltes Schälchen und zeichnet ein Kreuz auf die Stirn des Täuflings.
28. Dieser an das Bild der »Versiegelung« (vgl. Eph 1,13f.; 2 Tim 2,19) erinnernde Akt kann auch durch die Übergabe eines umzuhängenden Kreuzes als Symbol des Herrschaftswechsels ausgedrückt werden. Vgl. S. 102.
29. Dieses inzwischen auch bei evangelischen Taufen weitgehend gängige Zeichen (vgl. Joh 8,12; Eph 5,8) kann wie das Kreuz dem Taufgedächtnis dienen.
30. Dieses Überkleidetwerden mit Christus (vgl. Kol 3,10; Gal 3,27-28) kann den Bogen des Lebens spannen: vom »ersten« bis zum »letzten« Hemd. An die Stelle eines Gewandes (vgl. das Konfirmationsgewand in manchen Kirchen der Ökumene) kann besonders bei Erwachsenen auch ein entsprechender weißer stolaähnlicher Schal treten. Vgl. S. 105, Anm. 9.
31. Die damit verbundene Berührung von Mund und Ohr (vgl. Mk 7,24) weist in vielen Kirchen der Ökumene auf die mit der Taufe verbundene neue Befähigung hin, die Augen und den Mund aufzumachen, Farbe zu bekennen, wenn es Zeit ist und Not wendet.

d) Sendung (vom Altar aus)[32]

Tauferklärung / Willkommensgruß[33] / Anrede an die Gemeinde
K (Anrede und Verpflichtung) (wenn nicht nach der Taufpredigt)
K (Segnung der Eltern und Geschwister)[34]
(Lied der Gemeinde)
0 Dank und Fürbitte
0 Vaterunser
0 Segen
Musik zum Ausgang

Ein Vorgeschmack auf die Taufe: Die Kindersegnung

Auch im Vorentwurf der EKU[35] wird die weithin umstrittene »Segnung von Kindern, die noch nicht getauft sind« und eine »Gottesdienstliche Danksagung nach der Geburt eines Kindes« zur Diskussion gestellt. Statt gelegentlich überzogener liturgisierter Formen der Danksagung oder Segnung (mit dem ambivalenten Hinweis auf die Notwendigkeit eines Taufaufschubs) ist eher eine niederschwellige *Form des »ersten« Segens* im Raum der Kirche zu befürworten und zu gestalten, zu dem das neugeborene Kind mit seiner »Familie« ausdrücklich eingeladen wird, nachdem vorher ein Hausbesuch zur Geburt stattgefunden hat. Etwa folgende einfache Form[36] legt sich nahe:

Begrüßung zu Beginn des Gottesdienstes
(mit Vorstellung des Kindes und seiner Eltern)

Dankgebet (der Eltern) etwa nach der biblischen Lesung (beispielsweise das Kinderevangelium, Mk 10)
oder nach dem Glaubensbekenntnis im Zusammenhang der »Abkündigungen«:

32. An dieser Stelle wäre es liturgisch eigentlich am sinnvollsten, das neue Gemeindeglied in einer Abendmahlsfeier einzuverleiben und die neue Gemeinschaft zu feiern.
33. Hier wäre nicht nur an das Überreichen der Taufurkunde zu denken, sondern Phantasie für ein unverwechselbares Willkommensgeschenk der Gemeinde zu entwickeln.
34. Die Patinnen und Paten sollten hier nicht vergessen werden.
35. Siehe EKU-Vorentwurf, 1996, S. 85 (Modelle. S. 87-91) und S. 86. Aus: Gottes Segen und die Segenshandlungen der Kirche. Ein Votum des Theologischen Ausschusses der Arnoldshainer Konferenz, Neukirchen-Vluyn 1995, S. 66-68 bzw. S. 83-85. Siehe auch eine ausführlichere Agende zur Kindersegnung in Hans-Jürgen Kalberlah und Dietrich Kuessner (Hrsg.), Arbeitsvorlagen für Segenshandlungen, Braunschweig 1997.
36. Ähnlich bietet die »Reformierte Liturgie« (a.a.O.) drei verschiedene Formen zu »Dank und Fürbitte anläßlich der Geburt eines Kindes« (S. 263ff.).

Laßt uns Gott danken, daß er uns diese Tochter/diesen Sohn geschenkt hat:
Gott, du Schöpfer allen Lebens,
wir preisen dich mit allen Sinnen für das Wunder der Geburt
und danken dir aus ganzem Herzen für das Leben dieses Kindes.
Nimm unseren Dank und unser Lob an,
wie du uns in Christus angenommen hast. Amen.[37]

Oder: Guter Gott, hier ist unser Kind, dein Geschöpf.
Es ist da. Es lebt, weil wir uns lieben.
Du hast es uns anvertraut,
und in der Kraft unserer Liebe wollen wir es begleiten.
Dies wünschen wir unserem Kind vor allem:
daß es gerne lebt und Freunde findet bei den Menschen.
Wir werden ihm die Lasten des Lebens nicht ersparen können.
Mach uns in unserer Liebe stark,
wir suchen Menschen mit offenen Herzen,
mit aufmerksamen Augen, mit sorgsamen Händen,
daß wir ihnen unser Kind anvertrauen und sie es mit uns begleiten.
Dies erbitten wir von deinem Segen.[38]

Anschließend Segenshandlung für Kind und Eltern und Geschwister am Altar; (namentliche) Einbeziehung in das Fürbittengebet und evtl. in die Verabschiedung (Sendung und Segen).

37. Bearbeitete Fassung eines Gebets von Philipp Neßling im Vorentwurf der EKU, S. 90.
38. Gebet von Philipp Neßling im Vorentwurf der EKU, S. 91.

Die Taufe gestalten

Unsere Taufagende

Vor dem Gottesdienst muß überlegt werden: Ist die Kirche so gestaltet, daß für den Gottesdienst eine freundliche Atmosphäre entstehen kann? Wie fühlen sich die Tauffamilien in der Kirche zu Hause und nicht verloren? Wie kann ich behutsam und liebevoll mit ihnen umgehen, so daß sie im WIE meines Auftretens etwas von dem WAS der einladenden und frohmachenden Botschaft Gottes erfahren? »Unsere Taufagende« bildet zusammen mit »Unsere Tauferinnerungsagende« und »Taufe im Sonntagsgottesdienst« ein Ganzes. Einzelne Teile können alternativ verwendet und in den Agenden »hin- und hergetauscht« werden.

Vorspiel

Begrüßung

in persönlichem Ton, mit Vorstellung der Kinder, damit sie von allen »in ihrer Einzigartigkeit« wahrgenommen werden können. Zu den Namen der Kinder kann (z. B. in »Auseinandersetzung« mit dem Taufspruch) eine Geschichte erzählt werden.[39]

Als Dankgebet sprechen alle zusammen

Psalm 23

Vor dem gemeinsam gesprochenen Psalm kann auch ein Gebet stehen, z. B.:

Gott,
wir freuen uns, daß wir hier sein dürfen –
hier in deinem Haus –
wir sind hier –
und du bist hier –
schenk uns eine Stunde der Begegnung
zwischen uns und mit dir.

39. siehe auch die Hinweise auf S. 79ff.

Schenk deine Nähe besonders N.N. –
laß uns alle darauf vertrauen:
N.N. ist dein Kind
und kann auf deine Nähe bauen,
dein Kind –
du wirst es nie verlassen,
was auch immer geschehen mag.
So segne du diese Stunde.
Amen.

oder:

Lieber Gott,
wir danken dir für diesen Tag,
... daß wir hier sein dürfen
zusammen in deinem Namen.
Schenk uns eine Stunde,
in der wir ganz viel von dir spüren,
deinen Segen
und deine Kraft,
soviel,
daß wir davon leben können.
So sei du mit uns
und verbinde uns zu deiner Gemeinde.
Amen.

oder:

Gott, du Grund unseres Lebens,
wir kommen hier zusammen zum Zeichen,
daß wir dir unsere Kinder anvertrauen.
Denn sie sollen für ihr Leben einen festen Grund haben.
Sei du mitten unter uns in dieser Stunde
und laß diesen Gottesdienst zum Fest werden.
Amen.

Lied

Danke-Tauflied (siehe S. 95)

Taufevangelium

Es kann durch jemanden aus der Familie gelesen oder auch von der Pastorin bzw.

dem Pastor »als Grundlage des Zusammenseins« frei eingeführt bzw. frei paraphrasiert werden.

Jesus Christus spricht:
Mir ist alle Vollmacht gegeben im Himmel und auf Erden.
Darum geht zu allen Völkern dieser Erde und macht die Menschen zu meinen Jüngern.
Tauft sie im (auf den) Namen Gottes, des Vaters und des Sohnes und des Heiligen Geistes.
Und lehrt sie all das halten, was ich Euch aufgetragen habe.
Denn siehe: Ich bin bei Euch jeden Tag bis an das Ende der Welt.
(Mt 28,18-20)

Ansprache

Die Ansprache knüpft an der Situation der Menschen an, die kommen. Geschichten oder ein gemeinsames Kommunikationsgeschehen helfen »erdverbunden« zu »verorten«, was wir theologisch zu sagen haben. Wenn viele Kinder da sind, können sie an dieser Stelle nach vorn kommen und an der Predigt beteiligt werden.
Mit den Kindern zusammen kann z. B. das Kinderevangelium (Mk 10,13-16) erzählt werden. Ein Leporello (siehe das Beispiel aus der Kindergottesdienstzeitschrift »Meine Welt« Nr. III/98, oder: E. Kaufmann-Verlag, Best.-Nr. 8001), das nach und nach immer weiter aufgeklappt und entfaltet wird, bildet das Gerüst für die Erzählung der Kinder, die im Altarraum um das Bild herum sitzen. Von der anleitenden Person wird frei ergänzt, was aus theologischer Sicht dazu zu sagen ist.

Oder es wird (z. B. mit Handpuppen) die Geschichte vom kleinen Bären und dem kleinen Tiger erzählt (»O wie schön ist Panama«[40]). Die wichtigsten »Stationen« werden theologisch beleuchtet:
- *der Wunsch, daß Eltern und Kinder, Kinder und Kinder Freunde bleiben, »die sich vor nichts fürchten müssen« (Was müssen wir fürchten, was nicht?);*
- *die (Lebens-)Reise der Begegnungen (Lebensqualität);*
- *die Wegweiser, die wir zur Orientierung brauchen;*
- *die Aussicht, die wir immer wieder brauchen – die Perspektive, mit der wir unser Leben anders und neu sehen (das Evangelium);*
- *das Glück, das Tiger und Bär finden (die Erfahrung des Segens).*

Lied

Kind, du bist uns anvertraut

40. Janosch, O wie schön ist Panama, Weinheim/Basel 1978.

Seit Jahrzehnten das *Themenlied, mit einfacher »alter« Melodie und aktuellem Text. Weil es unverständlicherweise nicht in das neue Gesangbuch aufgenommen worden ist, drucken wir es auf S. 95 ab. Außerdem haben wir Autoren gewonnen und mit ihnen zusammen versucht, neue Lieder zum Thema zu entwickeln (siehe S. 92ff.).*

Statt Tauffrage

Eigentlich ist die Tauffrage schon dadurch beantwortet, daß die Familien ihre Kinder zur Taufe bringen. Deshalb schlagen wir »statt Tauffrage« eine Einleitung zum Glaubensbekenntnis vor.
Ein Beispiel für eine mögliche Einführung (falls die Geschichte in der Ansprache nicht schon im Mittelpunkt stand):
Wir kennen die Geschichte aus der Bibel, in der Kinder zu Jesus kommen wollten. Erwachsene – seine eigenen Mitarbeiter sogar – versuchten sie daran zu hindern. (Wir alle sollten uns immer wieder fragen, wo wir versuchen, Menschen daran zu hindern, zu Jesus zu kommen.)
Wir wissen, was Jesus ihnen gesagt hat,
und daß er uns sagt:
Hindert sie nicht!
Und dann hat er sie gesegnet.
Und den Erwachsenen hat er gesagt:
Nur so – wie die Kinder – könnt ihr Gottes Welt erleben.

Sie, liebe Eltern und Paten,
haben die Geschichte für Ihre Kinder wirklich werden lassen:
Sie haben N.N. zur Taufe gebracht,
damit er/sie das persönliche JA Gottes erfährt.
Sie wissen,
daß der Weg damit nicht zu Ende ist.
Sie wollen ihr Kind begleiten
und ernst nehmen,
daß es ab heute zur christlichen Gemeinde gehört.

Bekenntnis

Tauffrage

Einleitung wie oben, dann:
Vielleicht ist es gut, sich immer wieder einmal die Frage zu stellen:
Wo hindern wir N.N., Jesus und seine Welt zu finden,
die so wichtig für N.N. werden kann?

Und wo können wir Schritte gemeinsam gehen –
Sie als Familie
und auch mit uns als Gemeinde?

Alternative Einleitung:
N.N. ist in ihrem/seinem Leben nicht allein.
Besonders die Eltern, aber auch die Paten begleiten sie/ihn.
Sie gehören zusammen.
N.N. ist angewiesen zu erfahren und zu begreifen,
daß Gott Ja zu ihr/ihm gesagt hat,
daß Gott sie/ihn angenommen hat.
Sie/Er ist angewiesen zu erfahren und zu begreifen,
nach welchen Maßstäben
und in welchen Zusammenhängen sie/er leben kann
und ihr/sein Leben einen guten Sinn hat.

So frage ich Sie nun, liebe Eltern und Paten:
Wollt Ihr,
daß das Euch anvertraute Kind
Teil unserer Gemeinde und der weltweiten Kirche wird?
Wollt Ihr versuchen,
Eurem Kind die Menschenfreundlichkeit Gottes nahezubringen,
so antwortet: Ja, mit Gottes Hilfe.

oder:

Wollen Sie das Ihre dazu beitragen,
daß in Ihrem Kind,
das Sie in der Taufe Jesus Christus anvertrauen,
Glauben wachsen kann
und daß es in der Gemeinde Jesu Christi bleibt,
in die es hineingetauft ist,
so antwortet: Ja, mit Gottes Hilfe.

Glaubensbekenntnis

Als Zeichen dafür, daß alle Getauften – auch die, die jetzt in die Gemeinschaft der Christen »hineingetauft« werden – in die Geschichte der Menschen um Jesus gehören, sprechen alle gemeinsam das Glaubensbekenntnis – z. B. das, das bei der Vollversammlung des Ökumenischen Rates der Kirchen in Canberra 1991 mit den Kindern zusammen gesprochen wurde.

Alternative für die Einleitung:
N.N. ist nicht allein hier:
Ihre/Seine Freundinnen und Freunde,
Eltern und Paten,
Familien ... sind hier,
Menschen, die N.N. begleiten wollen.
Wir stehen hier für die christliche Gemeinde,
das heißt: für die Menschen, die sich an diesem MEHR orientieren *(S. 75)*
und darauf vertrauen,
daß sie daraus ihre Lebenskraft, ihr Leben schöpfen –
und in unsere Gemeinschaft wird N.N. heute aufgenommen.
Als Teil dieser weltweiten Gemeinschaft
sprechen wir jetzt das Bekenntnis der Christenheit –
und nehmen dabei N.N. in unsere Mitte.

Glaubensbekenntnis

(das Apostolische – oder z. B. das aus Canberra von 1991[41]*)*

Eine/r: Wir glauben an Gott,
der uns liebt und der will, daß wir uns alle lieben.
Alle: Das ist Gott.
Eine/r: Wir glauben an Jesus,
der sich den Kindern zuwandte und sie in seine Arme nahm.
Er wollte eine Welt, in der alle Menschen in Frieden zusammenleben.
Alle: Das ist Jesus Christus.
Eine/r: Wir glauben an den Heiligen Geist,
der mit uns am Werk ist, bis alles gut und wahr ist.
Alle: Das ist der Heilige Geist.
Eine/r: Wir können die Kirche sein,
die die Menschen an Gott erinnert, weil wir einander lieben.
Alle: Das glauben wir. Amen.

Taufhandlung

Kinder schöpfen Wasser in den Taufstein. Die Familie (bzw. jede Familie für sich) kommt an den Taufstein. Die »Symbole« der Taufe werden (mindestens auf dem Gottesdienstzettel) gedeutet.

41. Abgedruckt z. B. in Sinfonia Oecumenica. Feiern mit den Kirchen der Welt, Gütersloh/Basel 1998, S. 242.

Taufakt

Mit dem Taufwasser wird alles weggespült, was uns jemals von Gott trennen könnte:
N.N., ich taufe dich im (auf den) Namen Gottes,
des Vaters und des Sohnes und des Heiligen Geistes. Amen.

Zeichen des Kreuzes

Mit dem Zeichen des Kreuzes wird die Stirn des Täuflings nach der Taufe gezeichnet:
Nimm hin das Zeichen des Kreuzes.
Du gehörst jetzt zu Jesus Christus.

Taufspruch

Der Taufspruch soll das getaufte Kind ein Leben lang begleiten als Wort der Liebe Gottes.
Er wird dem Kind von einer Patin/einem Familienangehörigen oder vom Pastor/von der Pastorin zugesprochen.

Segen

Der Segen bekräftigt das und spricht dem Kind Gottes Ja persönlich zu (unter Handauflegung frei zugesprochen – evtl. unter Einbeziehen des Taufspruches):

Im Namen der christlichen Gemeinde lege ich dir die Hand auf
zum Zeichen dafür,
daß Gott mit dir sein will
und dich behüten will
auf allen deinen Wegen.
Bei ihm gehst du nicht verloren,
wohin auch immer du gehst.
Gott segne dich.
Sein Friede sei mit dir. Amen.

oder:

Gott segne dein Leben.
Gottes Liebe begleite dich
auf allen deinen Wegen.
Friede sei mit dir. Amen.

zusätzlich evtl. der Segen für die Eltern (und Paten):
Gott segne auch Euch, N.N. und N.N. (...),
er schenke Euch Augen für gewährtes Glück,

Tapferkeit nach versagten Träumen
und eine glückliche Hand für die Begleitung von N.N. –
Friede sei mit Euch. Amen.

Taufkerze

Die Taufkerze, die die Neu-Getauften bekommen, steht dafür, daß Jesus Christus, das Licht der Welt, das Kind immer begleiten will:

Wir geben N.N. die Taufkerze mit auf den Weg.
Sie ist ein Symbol dafür,
daß es niemals ganz finster werden soll im Leben von N.N.,
jedenfalls nicht so finster,
daß N.N. sich verliert.
Jesus Christus,
das Licht der Welt,
steht dafür.
(Und deshalb entzünden wir das Licht
an der Osterkerze.)

Lied

Lobe den Herren, den mächtigen König der Ehren (EG 316/317)
(Das ist neben »Danke« das zweite Lied, das wahrscheinlich alle kennen.)
Manchmal ist es auch möglich, im Vorbereitungsgespräch mit den Eltern und Paten gemeinsam Lieder auszusuchen und mit ihnen z. B. an deren Konfirmandenzeit anzuknüpfen.

Kollektenansage

Der Zweck kann im Vorbereitungsgespräch gemeinsam überlegt werden.

Gebet

Mit manchen Tauffamilien ist es möglich, Wünsche für das Kind/die Kinder zu sammeln und sie z. B. als Früchte an einen »Lebensbaum« zu hängen.

Gott,
wir haben N.N. getauft
und damit unsere Hoffnung ausgedrückt,
daß du sie/ihn segnest.
Erweise du an ihr/ihm deine Güte.
Sei wie ein/e Freund/in zu ihr/ihm.

Führe sie/ihn auf rechter Straße
um deines Namens willen.
In Gefahren beschütze sie/ihn.
In Angst begleite sie/ihn.

Laß sie/ihn so aufwachsen,
daß sie/er sich am Leben freuen
und anderen Freude bereiten kann.
Und gib du den/uns Eltern und Paten
Augen für gewährtes Glück
und Tapferkeit nach versagten Träumen.

Segne du Familie N.N.,
daß sie liebevoll zusammen leben kann
in deinem Sinn.

Vaterunser

Sendung

Geht nun und feiert Euer Fest weiter.
Es soll Euch Freude geben und Hoffnung,
auch für Euren Weg in den Alltag.
Nehmt Gottes Segen mit auf Euren Weg.

Segen

Nachspiel

Fotos am Taufstein und/oder am Altar und Überreichen der Urkunden

Fotos (auch Video) sind wichtig, weil sie für die Tauferinnerung ein wesentliches Moment darstellen. Sie sind ›Ikonen des 20. Jahrhunderts‹[42]*. Fotos nach dem Gottesdienst zu machen, kann sogar für die Tauffamilien einleuchtend sein, weil sie sich dann in Ruhe »positionieren« können. Videoaufnahmen während des Gottesdienstes grundsätzlich zu verbieten, halten wir für problematisch, weil sie den Gottesdienst bei fester Installation kaum stören. Sie sind ehrlich und verraten, wie präsent ich als Liturgin bzw. Liturg im Gottesdienst wirklich bin. Ich muß mich darauf gefaßt machen, noch öfter »im Hause der Tauffamilie gehört und gesehen« zu werden. Werden meine Worte weiter tragen? Bin ich den Menschen wirklich zugewandt – und nicht nur meinem Ringbuch?*

42. Jürgen Fliege, Kirchenbeben, Düsseldorf/München 1997, S. 86.

Taufe im Gemeindegottesdienst

Baustein

In der *Begrüßung* können die Täuflinge und ihre Familien schon einmal angesprochen oder vorgestellt werden.

Zu *Beginn der Taufhandlung* (in der Regel nach der Bibellesung und einem einleitenden Lied zur Eröffnung der Taufe) können die Kinder, die getauft werden, noch einmal ausführlicher vorgestellt werden. Zu den Namen der Kinder kann (z. B. in »Auseinandersetzung« mit dem Taufspruch) eine Geschichte erzählt werden.

Dann wird das *Taufevangelium* gelesen.

Es kann sich eine kurze *Auslegung* anschließen.

Es folgen die *Tauffrage* an Eltern und Paten (wenn sie gestellt werden soll; siehe dazu S. 66) und das *Bekenntnis.*

Die Familien kommen (einzeln) zum Taufstein (auch die Kinder, die in der Kirche sind – sie schöpfen das Wasser in den Taufstein).
Es folgt die *Taufhandlung* mit
Taufformel,
Zeichen des Kreuzes,
Zusprechen des Taufspruchs,
Segen und
Übergabe des Taufkerze, evtl. Gebet.

Mit einem *Lied* zum Abschluß der Taufliturgie geht es im Gottesdienst weiter.

Ein Beispiel

Heute heißen wir N.N. ganz herzlich in unserer christlichen Gemeinschaft willkommen!
Hier können einige persönliche Daten eingetragen werden.
Taufe ist ein Zeichen dafür:
Gott nimmt uns an, so wie wir sind,
bevor wir überhaupt irgend etwas geleistet haben.
Bei ihm brauchen wir nichts vorzuweisen.
Gott hat uns lieb, so wie wir sind,

und trägt uns durch das Leben.
Das ist eine wunderschöne Zusage.
Wenn wir heute N.N. taufen, zeigt das, daß Sie (die Eltern) dieser Zusage vertrauen.
Ihnen ist diese Zusage wichtig.
Ihnen ist wichtig, von welchem Geist wir uns bestimmen lassen.
Ihnen ist wichtig, daß Gottes Segen auf Ihrem Haus liegt.
Nun sind wir hier und wollen das alles besiegeln.
Besiegeln mit der Frage an Sie, liebe Eltern, liebe Paten,
mit der Frage, die Sie ja für sich schon beantwortet haben:
Wollen Sie, daß N.N. Teil unserer Kirche wird?
Wollen Sie versuchen,
N.N. die Menschenfreundlichkeit Gottes nahezubringen,
und zwar so,
daß N.N. selbst aus dem Vertrauen zu dieser Menschenfreundlichkeit
leben lernen kann,
so sprechen Sie:
Ja, mit Gottes Hilfe. *(...)*

Wir alle wollen Ihren Wunsch mit dem Taufevangelium besiegeln,
dem Grund, den uns Jesus Christus für die Taufe gegeben hat –
und wir sprechen es gemeinsam *(bitte abdrucken)*:

Jesus Christus spricht:
Mir ist alle Vollmacht gegeben im Himmel und auf Erden.
Darum geht zu allen Völkern dieser Erde und macht die Menschen zu meinen Jüngern. Tauft sie im Namen Gottes, des Vaters und des Sohnes und des Heiligen Geistes.
Und lehrt sie all das halten, was ich Euch aufgetragen habe.
Denn siehe: Ich bin bei Euch jeden Tag bis an das Ende der Welt. (Mt 28,18-20)

Vielleicht haben wir es gerade gespürt:
Wir als Gemeinde sind herausgefordert.
Wir sind aufgefordert,
Menschen in unserer Gemeinschaft herzlich zu empfangen
und uns darüber zu freuen,
daß sie mit dem Segen Gottes leben wollen.
Wir haben eine Verantwortung gegenüber dem Wort,
das wir gemeinsam gesprochen haben.
Wenn N.N.s Eltern wünschen, daß N.N. ein Kind unserer Kirche wird,

ist das auch eine Frage an uns,
wie ernst wir die Menschenfreundlichkeit Gottes nehmen
und wie erkennbar unser Vertrauen ist.

Das Bekenntnis ist (wie die Tauffrage) ein Akt der Vergewisserung,
in dem sich dieses Vertrauen festigen kann.
Wir bekennen *(siehe S. 67):*

Nun schreiten wir zur Tat *(Die Tauffamilie kommt nach vorn.):*
Wir gießen das Wasser ein,
zum Zeichen, daß alles weggespült wird, was uns von Gott trennt. *(...)*

N.N., nun taufe ich dich im (auf den) Namen Gottes,
des Vaters, des Sohnes und des Heiligen Geistes. Amen.
(Die Stirn des Täuflings wird dabei dreimal mit Wasser benetzt.)

Nimm hin das Zeichen des Kreuzes: Du gehörst jetzt zu Jesus Christus. *(...)*

Dein Taufspruch will dich in deinem Leben begleiten: ...

(Handauflegung:)
Gott segne dein Leben.
Gottes Liebe begleite dich auf allen deinen Wegen.
Friede sei mit dir.

Die Taufkerze ist ein Zeichen dafür,
daß – wie dunkel es auch immer werden mag in N.N.s Leben,
sie/er immer ein Licht sieht.
(Die Kerze wird der Patin bzw. dem Paten gegeben.)

Ein Gebet bzw. Segenswort für die Eltern und Paten folgt (siehe S. 68f.).

Wasserspiele

Baustein

rund um den Taufspruch:
Gott hat seinen Engeln befohlen,
daß sie Dich behüten auf allen Deinen Wegen. (Ps 91,11)

Ich habe heute einen Krug Wasser mitgebracht,
Wasser – Lebenssymbol, deshalb geschieht wohl auch die Taufe mit Wasser.
Wasser des Lebens ...

Leben – Lebenszeit –
Lebenserfahrung – Lebensfülle –
etwas davon wollen wir jetzt spielerisch erfahren:

Dieses Wasser (im Krug) ... soll jetzt da hinein (in das Rundgefäß) ...
Nicht ich allein mache das, sondern wir zusammen –
und es wird wohl so sein, daß der eine ziemlich viel einschüttet –
so wie sich manche sehr viel irgendwo einbringen, eventuell auch dominant und so weiter,
andere vielleicht wenig, aber trotzdem füllen sie das Ganze mit –
und tragen eventuell dabei ganz Wichtiges bei –
(ich will das Ganze jetzt nicht symbolisch überfrachten ...) –
jedenfalls kommt dann ja irgendwann – vielleicht so nach zwei Runden – die Frage: Wann läuft das Ding über?
In dem Moment sollten wir die »Erfahrung der Langsamkeit« ins Spiel bringen – und mal ausprobieren, wie lange es möglich ist, immer noch etwas hineinzuschütten, ohne daß es überläuft – Alles klar?

Aktion[43]

(Aus: Torsten Kröncke/Bettina Praßler-Kröncke, Gemeinschaft und Vergebung, in: Erhard Domay (Hrsg.), Gottesdienstpraxis, Serie B: Taufe, Gütersloh 1997.)

Ja, nun ist es passiert ...

Wir unterschiedlichen Menschen
mit unterschiedlichen Gaben und Biographien haben alle etwas zusammengetan –

43. Nach einer Idee von Pablo Sosa, Argentinien.

und was liegt näher an so einem Tag,
als das mal als Symbol zu nehmen für das, was wir hier machen:
Wir haben uns um N.N. herum »versammelt« – wegen N.N. sind wir gekommen.
Und es wäre doch schön,
wenn etwas von dem, was wir spielerisch eben erlebt haben,
wenn etwas davon N.N. in ihrem/seinem Leben erfährt
(hat sie/er ja zum Teil auch schon erfahren):
Da sind Menschen, die tun ihre Gaben zusammen,
damit es EINEM Menschen besonders gut geht: N.N.

Das Wasser hier im Glas kann ein Zeichen für diese Gaben sein.
Es ist kostbar, was da zusammenkommt. Und diese Fülle, auch die Spannung ...

Und natürlich dann die Situationen, wo »das Faß zum Überlaufen kommt«,
kann man ja unterschiedlich interpretieren:
Ich möchte es heute mal so tun:
Ich wünsche N.N., daß sie/er etwas von diesem Überfluß erfährt,
von diesem MEHR, von der Fülle, die überfließt ...
Ich möchte es mal so beschreiben:
Wir leben doch letztlich von diesem Mehr –
von diesem MEHR ALS WIR SIND UND HABEN.
Und das ist jetzt natürlich die Stelle, wo ich den Taufspruch einführe:
Gott hat seinen Engeln befohlen,
daß sie Dich behüten
auf allen Deinen Wegen. (Psalm 91,11)

Die Rede von Engeln – das ist ja ein Versuch, das zu fassen,
was für uns manchmal lebenswichtig ist.
Deswegen reden wir auch von Schutzengeln –
hat N.N. bestimmt auch schon gehabt und gebraucht ...
Dieses Behüten, wohin es mit N.N. auch gehen mag,
auch wenn wir nichts mehr tun können ...
das ist ja auch so ein wichtiger Wunsch, der sich mit Taufe verbindet:
Taufe als Zeichen dafür, daß Gott N.N. nie verlassen wird, wohin N.N. auch geht.
Dazu wird N.N. Engel brauchen.

Engel sind ein Symbol,
ein Ausdruck für dieses MEHR ALS WIR SIND UND HABEN.

Und weil wir eine Antenne dafür haben,
eine Antenne für solche (Engel-)Erfahrungen,

deswegen machen wir das hier ja alles – und zeigen mit der Taufe:
Wir sind nicht alles – wir können uns nicht alles selber machen.
Das Wichtigste im Leben bekommen wir geschenkt –
und zwar das, was zwischen allem Berechenbaren liegt,
was »zwischen den Zeilen« existiert,
was hinter dem Erklingen von diesen schwarzen Punkten, den Noten liegt,
und trotzdem da ist und letztlich darüber entscheidet,
ob das Zum-Klingen-Bringen eines Stückes gelingt oder nicht – dieses MEHR,
was in den Lücken sichtbar wird
und zum Herzen der Lebenswirklichkeit gehört ...
Ja, solche »Lückenbüßer« nannte man früher ganz selbstverständlich Engel –
und meinte damit die unfaßbaren Dreh- und Angelpunkte dieser Welt,
die unser Leben beflügeln,
daß es manchmal so leicht wird, als ob es zu fliegen beginnt ...
Der Taufspruch für N.N. weist ihr/sein Leben in diese Richtung.
Damit und davon soll auch sie/er leben!

Dieses MEHR hat mit uns zu tun.
Wir haben schließlich dieses Gefäß zusammen gefüllt.
Wir – Engel?
Zu uns selbst fällt uns oft ja eher etwas anderes ein als eine Engel-Existenz –
wir sind doch mindestens »angeknackste«, wenn nicht »kaputte« Typen.
Aber darum geht es nicht!
Eine Sensibilität und eine Ausrichtung unseres Lebens – eine solche Orientierung! – ist natürlich für so ein Dasein von »kaputten Engeln« wichtig.
Auch deshalb feiern wir ja Taufe, weil wir uns zu dieser Orientierung bekennen –
aber zum Engel wird man dann unverhofft und ehe man sich's versieht.
Vielleicht erinnern wir uns einmal an solche Situationen,
wo wir selbst es jemand anderem leichter gemacht haben (...).
Auch wenn uns selbst das mal so gegangen ist,
war es vielleicht nicht einmal unbedingt unser Wille,
Gutes für eine Person zu wollen (das ist natürlich auch wichtig ...),
es war mit ziemlicher Sicherheit dieses MEHR, das uns plötzlich bestimmte ...
Und wenn das dann so kommt, dann werden auch wir – glaube ich – glücklich.

Ja, die Engel, die zeichenhaft die LIEBE (Gottes) verkörpern, auf die Erde bringen, faßbar machen –
diese Erfahrung wünschen wir N.N.
ganz oft in ihrem/seinem Leben.

Ein kleines Lied erzählt davon:

Hände wie deine

Text: Rolf Krenzer, 2. Strophe: Fritz Baltruweit; Musik: Fritz Baltruweit 1994

Originalversion: Fritz Baltruweit, Meine Lieder, S. 137

Ich wünsch dir, N.N.,
Menschen, die sacht
einfach für dich da sind –
was dein Herz fröhlich macht ...
und manchmal fällt dir ein:
Das muß ein Engel gewesen sein.

Hände wie deine, wie du sein Gesicht.
Und er kommt von Gott –
und du weißt es noch nicht
und wirst nie sicher sein.
Das kann ein Engel gewesen sein.

Baustein

Karlchen
Ansprache mit einem Teddybär

Ihr Kinder habt heute alle euer Lieblingskuscheltier mitgebracht. Ich sehe da einen Dino ...
... und was habt ihr noch?
(Die Kuscheltiere sollten in die Handlung einbezogen werden, wenn Kinder sie mitgebracht haben.)

Ich hab auch mein Kuscheltier mitgebracht.
Hier ist es. Es ist ein Bär. Der Bär heißt Karlchen.
Wie heißen denn eure Tiere? ...

So ein Kuscheltier-Bär ist einfach toll.

- ☐ Ich kann mit ihm schmusen ..., ihn in den Arm nehmen ...
- ☐ Oder ich kann mir Karlchen auf den Bauch legen, ihn streicheln oder auch mal an ihm herumzerren ...
- ☐ Ich kann Karlchen auch ins Ohr beißen oder seine Nase in den Mund nehmen.
- ☐ Ich kann ihm zuhören ... und er weiß nicht immer alles besser.
- ☐ Ich kann ihm was erzählen, was ich alles erlebt habe – schöne und traurige Dinge.
  Und er sitzt nur da, schaut mich mit seinen großen Augen an und hört zu.
- ☐ Ich kann ihn auch in den Arm nehmen, ihn vollweinen, bis er ganz naß ist.
- ☐ Er ist geduldig (wenn der Bär aus dem Bett fällt, wenn ich wütend bin, schimpfe, ihn in die Ecke schmeiße ...)
- ☐ und immer da (auch wenn ich Angst habe oder aus einem schlimmen Traum aufwache).

Karlchen ist einfach toll!
Jeder Mensch braucht Karlchen und Co.
Jeder braucht einen, der zu ihm hält, der immer da ist,
mit dem man immer reden kann.

Heute, wo wir Taufe feiern, macht Gott N.N. (und ...) ein Angebot:
Er sagt: Ich will zu dir halten (zu jedem von euch Täuflingen),
so wie Karlchen.

Natürlich ist Karlchen nicht Gott und Gott nicht Karlchen.
Aber Gott ist in vielen Dingen so wie Karlchen.
Er sagt:
Ich bin bei dir,
ich halte zu dir,
ich bin bei dir bis ans Ende der Welt.

Ich wünsche N.N. und uns allen hier,
daß wir immer mal wieder daran denken:
Gott hält zu mir. Amen.

Lisa Bremer[44]

Baustein

Taufe als Namenstag

In »unserer Taufagende« und an anderen Stellen dieses Buches haben wir schon angedeutet, wie wichtig es ist, wenn Menschen (nicht nur im Gottesdienst) in einem tiefen Sinne »begrüßt« und vielleicht sogar leibhaftig »vorgestellt« und vorgezeigt werden. Erst mit dem Namen (des Täuflings, der Familie – entsprechend bei den anderen Kasualien) werden Menschen ansprechbar und können Beziehungen aufgenommen werden. Der bei der Taufe (hoffentlich) mehrfach genannte Name, den die Eltern ja längst im Kontext der Geburt gewählt und amtlich in der Geburtsurkunde (im Stammbuch) festgelegt haben, kann zugleich eine öffentliche Erinnerung daran spiegeln, was es bedeutet, einen Namen zu wählen[45], der uns nicht nur ein Leben begleitet und wie unsere Stimme, unsere Augen und Hände (und später unsere Schrift) uns unverwechselbar macht, sondern der auch – wie in Zeiten der alten Kirche – einen »Machtwechsel« markiert: Der in der Taufe genannte Name und das Gott ans Herz gelegte Menschenkind werden damit aus der elterlichen oder anderer menschlicher Verfügungsgewalt entnommen und zugleich als unendlich wertvolle »Leihgabe« (Geschenk) neu anvertraut.
Taufe ist keine Namensgebung, aber doch so etwas wie eine zweite Namensgebung, in der – wie es im Englischen noch heute üblich ist – der »christian name« (das Wort für »Vorname«) herausgestellt werden kann: der Bezug des Namens zu

44. In Anlehnung an eine Vorlage von Christian Kollath: Alfred – oder: Einer, der zu mir hält, in: E. Domay (Hrsg.), Taufe. Gottesdienstpraxis, Serie B, Gütersloh 1993, S. 92-94.

45. Die aktuellen »Hitlisten« der Vornamen veröffentlicht jährlich die Gesellschaft für deutsche Sprache (GfdS) in Wiesbaden und spiegelt damit die jeweils zeitgenössische Orientierung an Namen aus Sport und Showbusiness, an familiären Vorbildern oder an Größen aus Politik, Kultur und Wissenschaft.

Christus und der Christenheit. Dabei kann an die alte Tradition der Patinnen und Paten, deren Namen oft in die Namensgebung (an zweiter oder dritter Stelle o. ä.) einbezogen wurden, und der vielerorts auch im protestantischen Bereich[46] verbreiteten Namenspatrone angeknüpft werden. Wer in diesem Sinne »auf den Namen« (im Namen)[47] Gottes getauft wird, bekommt sozusagen zu seinem Vor- und Nachnamen noch einen grenzenlosen Familiennamen zusätzlich geschenkt: Du gehörst jetzt zur Familie der »Kinder Gottes«. Dein Name macht dich zum Teil der weltweiten christlichen Kirche, mit deinem Namen bist du erkennbar und unverwechselbar. Darum ist es nicht nur eine Frage an die Eltern, welchen Namen sie für ihr Kind aussuchen, sondern auch eine Frage, wie die Gemeinde beispielsweise im Taufgottesdienst mit diesem Namen umgeht. Von daher läßt sich etwa – jenseits der Abkündigungen und des Gemeindebriefes[48] – folgende gottesdienstliche Praxis der Gemeinde im Umgang mit dem Namen des Täuflings entwickeln:

Begrüßung

Hier werden nicht nur der Täufling, sondern auch die Familie (inklusive der möglicherweise vorhandenen Geschwister – das ist gerade bei Kindern wichtig) und die Patinnen und Paten namentlich begrüßt: Eine liebevolle Geste kann bei gewisser Vertrautheit mit den Taufkindern sich dahingehend ausdrücken, das Kind wirklich hochzuhalten und der ganzen Gemeinde vorzuzeigen. Es ist durchaus nicht nur im Familien- und Kindergottesdienst möglich, auch einmal gemeinsam den Täufling zu begrüßen – etwa: »Guten Morgen, (Name des Täuflings)«.

»Ich habe dich bei deinem Namen gerufen« – die kleine Namenspredigt

Eine kleine Erzählung zum Namen des Täuflings kann zusätzlich den »Raum« öffnen, dieses unverwechselbare Menschenkind in der Tradition des Glaubens wahrzunehmen, es »geistesgegenwärtig« in den Horizont eines exemplarischen Lebens oder gegenwärtiger Kultur zu stellen und in der Gemeinde bekanntzumachen. Eine derartige Einleitung zum Beginn der Taufhandlung wird von dem bzw. den (Vor-)Namen ausgehen und dazu eine kleine Geschichte erzählen, die von der Bedeutung des Namens über eine mögliche »Legende« (Lebensbild) eines Namens-

46. Auch die Kinder der Familie Luther erhielten noch gebräuchliche Heiligennamen: Hans, Elisabeth, Magdalena, Martin, Paul und Margaretha.
47. Die damit verbundene Variation der Tauformel zu »Ich taufe dich auf den Namen Gottes ...« ist nicht nur in diesem Zusammenhang naheliegend, sondern stellt einen anderen Gedanken als den des priesterlich stellvertretenden Handelns in den Vordergrund. Die Formulierung »im Namen« betont besonders die Vollmacht, daß im Akt der Taufe Gott selbst handelt.
48. Im Kasualgespräch sollte jeweils (auf)geklärt werden, inwieweit der Veröffentlichung von (welchen?) Daten zugestimmt wird. Hier hat sich eine zunehmende Sensibilität entwickelt.

patrons oder einer Namenspatronin o. ä. bis hin zu einer mutmachenden Verknüpfung (auseinander- und zusammensetzen!) mit dem Taufspruch führen kann. Dabei können mit Hilfe von Namen erschließenden Nachschlagewerken o. ä.[49] Etymologien (Hintergründe und Ursprünge) angedeutet und entdeckt werden, die nicht nur bei biblischen oder kirchengeschichtlichen Gestalten zum Tragen kommen, sondern auch einmal geschlechterübergreifend (von »Nicole« beispielsweise führt der Weg zu »Nikolaus«) meditiert werden und einen (manchmal durchaus augenzwinkernden) Moment der Menschenfreundlichkeit apostrophieren. Wie es für Kinder immer wieder wichtig ist, einbezogen zu werden und eingebunden zu sein, so »genießen« das – in der Regel – gerade auch die Tauffamilien, wenn sie vorher darauf eingestimmt worden sind und solche Momente in besonderer Weise als »ihre« Präsenz erleben. Gleichzeitig eignet sich eine derartige Geschichte auch als ein kleines Geschenk des Pfarrers bzw. der Pfarrerin, das etwa der Taufurkunde oder dem Taufgeschenk der Gemeinde beigelegt – oder noch besser: zum Besuch nach der Taufe mitgebracht wird.

Taufkerze

Auch eine für das jeweilige Taufkind persönlich gestaltete Kerze (etwa als einladender Gruß des Kindergottesdienstes an das neue Gemeindeglied) sollte mit dem Namen versehen werden und gegebenenfalls mit einem Lied der Kinder aus dem Kindergottesdienst überreicht werden.

Tauflied

Bei dem bekannten Spiritual »Er hält die ganze Welt in seiner Hand« (im EG nur Hessen-Nassau/Kurhessen-Waldeck 619, sonst z. B. in: Mein Liederbuch für heute und morgen 1, D 18) läßt sich einsetzen: Er hält die (Name) und den (Name) in seiner Hand; entsprechend bei der Familienstrophe:

Er hält den Vater und die Mutter in seiner Hand,
er hält den Bruder und die Schwester in seiner Hand,
er hält (z. B. »die kleine (Name)« – statt: »das süße kleine Baby«) in seiner Hand,
er hält die Welt in seiner Hand.

49. Vgl. z. B. Ernst Wasserzieher / Paul Melchers, Hans und Grete. 2500 Vornamen erklärt, Dümmler, Bonn 18. neubearb. Aufl. 1972; Hans Bahlow, Deutsches Namenlexikon. Familien- und Vornamen nach Ursprung und Sinn erklärt, st 65, Suhrkamp, Frankfurt/M. (1967) 5. Aufl. 1980; Friedrich W. Weitershaus, Das neue Vornamenbuch. Herkunft und Erklärung von über 8000 Namen, Mosaik, München 1978; vgl. auch: Biblische Namen für unser Kind. Über hundert Vornamen und ihre Bedeutung, Dt. Bibelgesellschaft, Stuttgart 1997. – Speziell zu einzelnen Vornamen die beiden Reihen: Ernst Emrich (Hrsg), (Namensbüchlein z. B.) Günter. Heiteres & Unterhaltsames, Wissenswertes & Kurioses zum Namen, Styria, Graz/Wien/Köln 1997; bzw. Thomas Poppe (Hrsg.), Das persönliche Buch für [z. B.] Günther. Das persönliche Geburtstagsbuch, München 1985.

Ähnliches läßt sich auch bei dem Lied »Kind, du bist uns anvertraut«[50] denken: So kann etwa »Kind« durch den einsilbigen Namen oder, bei mehrsilbigen Namen, »Kind, du bist« durch »(Name) ist« ersetzt werden.

Taufgeschenk

Neben der klassischen Kinderbibel[51], einem Erzählbuch des Glaubens[52] oder einem besonderen Gebetbuch[53] bietet sich gerade bei biblischen oder kirchengeschichtlichen Vornamen ein spezielles Bilderbuch zum Namen[54] an. Nicht unwichtig ist es, auch ältere Geschwister entsprechend mit einem kleinen Geschenk[55] als »Auftrag« zu bedenken. So können auch Geschenke zur Taufe einbezogen werden – beispielsweise haben Patinnen die orthodoxe Tradition, den Täufling nach der Taufe in ein großes Tuch einzuwickeln, an der alle handgreiflich beteiligt sind, so variiert, daß sie in das (spätere) Tragetuch »groß« den Namen eingestickt haben. Hier ist nicht nur Phantasie gefragt, sondern auch immer wieder anzustiften und einzubinden.

Fürbitte und Segen

Auch hier sollten wie bei der Begrüßung noch einmal die Menschen, um die es geht, speziell ins Gebet genommen und in den Segen besonders eingeschlossen werden.

Das Taufdatum (der Tauftag) neben dem »Namenstag« und dem »Geburtstag«

In ähnlicher Weise wie zum Namen können auch als weitere besondere Anknüpfungspunkte und Anlässe des persönlichen Erinnerns und Entdeckens ent-

50. In fast allen Regionalteilen des EG. Hier abgedruckt auf S. 95. (Bd. 1, S. 145 mit Noten und Akkorden).
51. Z. B. mit den beliebten Bildern von Kees de Kort, Meine Bilderbibel, Dt. Bibelgesellschaft, Stuttgart 1990 (z. T. auch als Poster fürs Kinderzimmer) oder Irmgard Weth, Neukirchener Kinder-Bibel, Neukirchen-Vluyn 11. Aufl. 1998.
52. Z. B. für Kinder ab 5 Jahren: Erzähl mir vom Glauben. Ein Katechismus für Kinder, Gütersloh/Lahr 5. überarb. Aufl. 1993, mit Beilage für Eltern und Erzieher. Dazu kleine Bilderbüchlein als »Auszüge«: Was wir in der Kirche entdecken, Wenn wir Taufe feiern, 1988, und Karl Foitzik u. a. (Hrsg.), Vorlesebuch Erzähl mir vom Glauben, Gütersloh/Lahr 2. Aufl. 1991.
53. Z. B. Detlev Block, Gut, daß du da bist. Gebete für Kinder, Lahr 1974, oder Lydia Laucht (Hrsg.), Heute ist ein schöner Tag! Kindergebete, GTB 1314, Gütersloh 1996.
54. Vgl. z. B. in der von Regine Schindler für 4- bis 8jährige Kinder herausgegebenen Bilderbuchreihe »Religion für kleine Leute« (Kaufmann, Lahr) den Band: Martinus teilt den Mantel, 6. Aufl. 1993.
55. Vgl. aus der in Anm. 53 genannten Reihe z. B. die Bände: Steffis Bruder wird getauft bzw. Benjamin sucht den lieben Gott, oder die Bilderbücher von Kees de Kort im Kleinformat (Dt. Bibelgesellschaft, Stuttgart; Mengenpreis 2,50 DM) zur ggf. thematisierten biblischen Geschichte (oder speziell: Ein Afrikaner wird getauft).

sprechend meditative und narrative Gedanken zum Datum der Taufe oder der Geburt einleitend herausgestellt werden. Damit kann unter Umständen auch das Bewußtsein für spezielle Gedenktage[56] entwickelt werden – ganz abgesehen davon, ob sich in der Gemeinde und in der Familie so etwas wie eine gemeinschaftliche und persönliche Tauferinnerung gestalten läßt (hier kann beispielsweise die Taufkerze, ein Gruß zum Tauftag o. ä. von symbolischer Bedeutung sein). Gebete über der Tageszeitung[57] (des Tauf – oder Geburtstages) eröffnen weitere Möglichkeiten der Gestaltung.

Baustein

Weil du mich liebhast ... – Tauferinnerung mit Kindern[58]

Tauferinnerungsgottesdienste haben in den letzten Jahren in vielen Gemeinden ihren festen Platz gefunden. Tauferinnerung ohne Kinder ist (in volkskirchlichen Verhältnissen) kaum denkbar. Die beste Tauferinnerung ist das Miterleben einer Taufe. Deshalb soll hier um die Tauffeier herum in einem Familiengottesdienst als Skizze angedeutet werden, was vielerorts geschehen könnte.

Voraussetzungen

Ein Einladungsschreiben – mit Antwortkarten (um ein ungefähres Bild von den zu erwartenden Gästen zu bekommen) steht am Anfang. Die Familien, die die Einladung wahr-nehmen, kommen dann häufig mit hohen Erwartungen. Die Pastorin bzw. der Pastor stehen mit ihrer Spiritualität, die sie in den Gottesdienst einbringen, für die Kirche. Von dem Gelingen der Begegnung, besonders von dem Miteinander-vertraut-Werden in der »Eingangsliturgie« hängt ab, ob die Theologie (die im Gottesdienst Gestalt gewinnt) die Adressaten erreicht. Deshalb sind entscheidende Dimensionen für solche Gottesdienste: die Raumgestaltung, das, was zu sehen ist, die Sprache, die Gefühle, die Gerüche – und vor allem: daß alles mit Liebe gemacht ist. – Schön wäre es, wenn der Gottesdienst in eine Art (Gemeinde-)Fest übergeht.

56. Vgl. z. B. Hiltgart L. Keller, Reclams Lexikon der Heiligen und der biblischen Gestalten. Legende und Darstellung in der bildenden Kunst, Stuttgart 3. Aufl. 1975; Jörg Erb, Geduld und Glaube der Heiligen. Die Gestalten des evangelischen Namenskalenders, Stauda, Kassel 1965, oder jährlich: Kurt Rommel, Unvergessen – Gedenktage 1998, Quell, Stuttgart 1997 und ff.
57. Martin Weltenburger (Hrsg.), Das persönliche Geburtstagsbuch: [z. B.] 1. Februar, München 1983.
58. Siehe auch: Dietrich Werner, Fritz Baltruweit u.a., Sinfonia oecumenica. Feiern mit den Kindern der Welt, Gütersloh 1998, S. 234ff.

Begrüßung

Herzlich willkommen in der ... -Kirche!
Schön, daß Sie gekommen sind, daß Ihr gekommen seid!
Wir wollen heute ein Fest feiern. Es beginnt mit diesem Gottesdienst – aber nachher geht es noch weiter.
Wir wollen ... *(Nennen der Namen)* taufen –
und wir alle können noch einmal ein bißchen von dem erleben,
was bei unserer eigenen Taufe geschehen ist.
So wollen wir etwas von dem erfahren,
was Gott uns für unser ganzes Leben verspricht
und was sich in der Tauffeier sozusagen verdichtet:
Was als Zeichen für die Geschichte Gottes mit uns geschieht.
Er sagt uns nämlich: Ich bin mit dir. Ich hab dich lieb.
Ich werde dich nie verlorengehen lassen.
Und das ist Grund für ein Fest!
Hinweise auf die Gestaltung des Tages

Ich lade Sie und Euch nun ein, mit mir zusammen einen Satz zu sprechen,
der wichtig für uns ist, für den heutigen Tag, für diesen Gottesdienst.
Wir machen dazu auch Bewegungen.
Ich spreche (und mache) es einmal vor:
Wir feiern diesen Gottesdienst
im Namen Gottes,
der uns schützt wie ein Dach *(Hände überm Kopf)*,
der uns trägt wie ein fester Boden *(mit Füßen auftreten)*
und der uns nah ist wie liebe Menschen *(einander an den Händen fassen)*.
Amen.

Lied

Danke -Tauflied (siehe S. 95)

(Wechsel-)Gebet
(G = Gemeinde, S = Sprecher/in, L = Liturg/in)

G: Geborgen ist mein Leben in Gott.
Er hält mich in seiner Hand.

S: Manchmal habe ich Angst ...
wenn ich allein bin.
Wer ist da, der mich tröstet?

G: Geborgen ist mein Leben in Gott.
Er hält mich in seiner Hand.

S: Manchmal bin ich traurig.
Oft weiß ich nicht, warum ...
Wer ist da, der mich in den Arm nimmt?

G: Geborgen ist mein Leben in Gott.
Er hält mich in seiner Hand.

S: Manchmal habe ich das Gefühl,
daß mich keiner mag.
Oft mag ich mich selbst nicht.
Wer ist da, der mich verstehen will?

G: Geborgen ist mein Leben in Gott.
Er hält mich in seiner Hand.

S: Manchmal bin ich feige.
Ich traue mich nicht, den Mund aufzumachen.
Ich habe nicht den Mut, das Richtige zu tun.
Wer ist da, der mir hilft?

G: Geborgen ist mein Leben in Gott.
Er hält mich in seiner Hand.

S: Manchmal habe ich Angst vor dem Sterben.
Ich versuche mir, das vorzustellen.
Wer ist da, der mich in meiner Angst begleitet?

G: Geborgen ist mein Leben in Gott.
Er hält mich in seiner Hand.

L: Guter Gott,
Du bist jetzt bei uns,
wenn wir Gottesdienst feiern.
Laß uns spüren,
daß wir zu dir gehören. Amen.

Lied

Wenn einer sagt, ich mag dich, du (Kindermutmachlied); z. B. in EG Baden/Pfalz/Elsaß 655 oder: Mein Liederbuch für heute und morgen 1, C 15.

Predigtteil

»Ihr seid wichtig – Ihr habt Zukunft«
Die Namen aller Kinder werden aufgeschrieben, die Namensschilder an eine große Tafel geheftet. Es folgt ein kurzes Nachdenken über all die Namen. Ein Bibelspruch wird über sie geheftet: »Freut Euch, daß Eure Namen bei Gott aufgeschrieben sind« (Lk 10,20*).*

Lied

Ja, Gott hat alle Kinder lieb – er kennt alle ihre Namen, hält uns alle in seiner Hand. In: Menschenskinderlieder, Beratungsstelle für Gestaltung, Frankfurt/Main 1987, Nr. 20

Die Namen der Kinder, die in dem Gottesdienst getauft werden, werden in einer anderen Farbe mitten unter die Namensschilder geheftet. Die Kinder werden der Gemeinde vorgestellt, und stellvertretend für alle werden die Namen erklärt. Es wird deutlich: Diese vielen Namen, die für Menschen stehen, die etwas vom Leben erwarten – nicht nur für sich, sondern auch gemeinsam –, sind bei Gott gut aufgehoben. Er schenkt ihnen eine Zukunft.
Und dafür steht eine (»Fest«-)Geschichte.
Entweder wird mit den Kindern zusammen das Kinderevangelium erzählt (Mk 10,13-16). Ein Leporello (E. Kaufmann-Verlag, Best.-Nr. 8001), das nach und nach immer weiter aufgeklappt und entfaltet wird, bildet das Gerüst für die Erzählung der Kinder, die im Altarraum um das Bild herum sitzen. Von der anleitenden Person wird frei ergänzt, was aus theologischer Sicht dazu zu sagen ist.
Oder es wird (z. B. mit Handpuppen) die Geschichte vom kleinen Bären und dem kleinen Tiger erzählt (Janosch, »O wie schön ist Panama«[59]). Die wichtigsten »Stationen« werden theologisch beleuchtet:

- ☐ *der Wunsch, daß Eltern und Kinder, Kinder und Kinder Freunde bleiben, »die sich vor nichts fürchten müssen« (Was müssen wir fürchten, was nicht?);*
- ☐ *die (Lebens-)Reise der Begegnungen (Lebensqualität);*
- ☐ *die Wegweiser, die wir zur Orientierung brauchen;*
- ☐ *die Aussicht, die wir immer wieder brauchen – die Perspektive, mit der wir unser Leben anders und neu sehen (das Evangelium);*
- ☐ *das Glück, das Tiger und Bär finden (die Erfahrung des Segens).*

Lied

Gott hält die ganze Welt in seiner Hand (EG Hessen-Nassau/Kurhessen-Waldeck 619 und Mein Liederbuch 1, D 18)

59. Janosch, O wie schön ist Panama, Weinheim/Basel 1978.

oder Das wünsch ich sehr (z. B. EG-Niedersachsen/Bremen 608 bzw. Mein Kanonbuch 56)

Taufe/Tauferinnerung

Die Kinder kommen mit ihren (mitgebrachten) Taufkerzen nach vorn. Sie zünden sie an der Osterkerze an. Sie stellen sich »um die Bibel« herum auf. Das Taufevangelium (Mt 28,18-20) wird verlesen. Nach der Lesung werden die Kerzen um den Taufstein herum gestellt. Als Zeichen dafür, daß alle Getauften – auch die, die jetzt in die Gemeinschaft der Christen »hineingetauft« werden – in die Geschichte der Menschen um Jesus gehören, sprechen alle gemeinsam das Glaubensbekenntnis – z. B. das, das bei der Vollversammlung des Ökumenischen Rates der Kirchen in Canberra 1991 mit den Kindern zusammen gesprochen wurde:

Glaubensbekenntnis
(L = Liturg/in, G = Gemeinde)

L: Wir glauben an Gott,
der uns liebt und der will, daß wir uns alle lieben.
G: Das ist Gott.
L: Wir glauben an Jesus,
der sich den Kindern zuwandte und sie in seine Arme nahm.
Er wollte eine Welt, in der alle Menschen in Frieden zusammenleben.
G: Das ist Jesus Christus.
L: Wir glauben an den Heiligen Geist,
der mit uns am Werk ist, bis alles gut und wahr ist.
G: Das ist der Heilige Geist.
L: Wir können die Kirche sein,
die die Menschen an Gott erinnert, weil wir einander lieben.
G: Das glauben wir. Amen.

Taufhandlung

Kinder schöpfen Wasser in den Taufstein und schmücken ihn mit Blumen. Einige Blumen(köpfe) werden in das Wasser gesetzt. Die Symbole der Taufe/um die Taufe herum werden (mindestens auf dem Gottesdienstzettel) gedeutet:

- ☐ *Mit dem Taufwasser wird alles weggespült, was uns jemals von Gott trennen könnte.*
- ☐ *Das Zeichen des Kreuzes (mit dem die Stirn der Täuflinge nach der Taufe bezeichnet wird), sagt uns: Du gehörst zu Jesus Christus.*
- ☐ *Der Taufspruch soll das getaufte Kind ein Leben lang begleiten als Wort der Liebe Gottes.*

- ☐ *Der Segen bekräftigt das und spricht dem Kind Gottes Ja persönlich zu.*
- ☐ *Die Taufkerze, die die Neugetauften bekommen, steht dafür, daß Jesus Christus, das Licht der Welt, das Kind immer begleiten will.*

Lied

Gottes Liebe ist wie ein großes Zelt (Fritz Baltruweit, Meine Lieder 41)

Segnung der Kinder

Das Lied wird nach dem Ansingen bzw. der ersten Strophe unterbrochen. Jemand hält einen großen Stab, an dem (oben, beispielsweise an einer Fahrradfelge) viele Bänder befestigt sind. Eltern werden gebeten, die Enden der Bänder zu halten. Es entsteht eine Zeltform, unter der sich die Kinder versammeln können. Das Kreuzeszeichen – mit Wasser – und der Segen wird bei den Kindern, die aus Anlaß der Tauferinnerung gekommen wird, unter dem Zelt wiederholt bzw. neu zugesprochen:

Der Gott, der dich liebhat, gehe vor dir her,
um dir den richtigen Weg zu zeigen.
Der Gott, der dich liebhat, sei hinter dir,
um für dich dazusein, wenn du dich verlaufen hast.
Der Gott, der dich liebhat, sei unter dir,
um dich aufzufangen, wenn du fällst.
Der Gott, der dich liebhat, sei um dich herum,
um dich in seine Arme zu nehmen, wenn dir kalt wird.
Der Gott, der dich liebhat, segne dich. Amen.

Gebet

Guter Gott,
wir danken dir,
daß du uns in diesem Gottesdienst so viele Zeichen dafür gegeben hast,
daß du bei uns bist.
Für die Kinder, die wir getauft haben,
aber auch für die, die wir gesegnet haben,
bitten wir dich:
Behüte und beschütze sie auf allen ihren Wegen.

Sei du ihnen und auch ihren Geschwistern ein Licht,
das nie verlischt,
das sie auch erahnen, wenn es für sie dunkel ist.

Gott,
schenk uns,

daß wir uns immer wieder an das erinnern,
was du uns in der Taufe zusagst:
daß ich dein Kind bin ...
du hast mich lieb –
du läßt mich nicht verlorengehen.

Gott,
laß deine Kinder so aufwachsen,
daß sie sich am Leben freuen können
und anderen Freude bereiten.
Und gib du uns/den Eltern und Paten,
den Verwandten und Freunden Augen für gewährtes Glück
und Tapferkeit nach versagten Träumen.

Vaterunser

Sendung

Hinweise auf das Fest und/oder:
Geht nun und feiert das Tauffest weiter.
Es soll Euch Freude geben und Hoffnung,
auch für Euren Weg in den Alltag.
Nehmt Gottes Segen mit auf Euren Weg:

Segen *(anschließend Fotos)*

(in Anlehnung an Ideen und Texte von Peggy Kersten, Ulrich Walter und Micaela Strunk-Rohrbeck [60])

Baustein

Taufsprüche – Zur Auswahl von Segensworten

Wer sich auf die Suche macht nach einem unverwechselbaren Segensspruch von der Taufe bis zur Beerdigung, für den sind verschiedene Zugänge möglich: von dem individuellen Durchblättern einer Lutherbibel mit ihren fettgedruckten klassischen Merksprüchen von vorn nach hinten über das gemeinschaftliche Nachdenken im Familien- oder Freundeskreis bis hin zur Beratung durch angebotene gedruckte Hilfen[61]. Hier bewährt sich in besonderer Weise eine gemeindebezoge-

60. Gott kennt alle unsere Namen. In: E.Domay (Hrsg.), Gottesdienstpraxis Serie B – Taufe, Gütersloh 1997, S. 79-88.
61. Vgl. z. B. Friedrich Delius, Taufsprüche – ausgewählt und erklärt, Agentur des Rauhen Hauses, Hamburg 1989ff., oder Biblische Segens- und Gebetsworte, Dt. Bibelgesellschaft, Stuttgart 1997.

ne Veröffentlichung »Auf dem Weg der Taufe usw.« o. ä.[62], die mit einem Anschreiben (persönliche Briefform) in die Vorbereitung und Durchführung der jeweiligen Kasualie einführt und einstimmt und speziell den betreffenden Gottesdienst vorstellt. Dazu gehört als konzentrierendes Wort der situativen und kasuellen Horizonterweiterung ein Segenswort (in der Regel ein Wort aus der Bibel), das dann auch auf die Gestaltung des Gottesdienstes (von der Liedauswahl bis hin zur Predigt) beispielsweise als gemeinsam im Gespräch zu bedenkender Predigttext bestimmenden Einfluß nehmen wird.

Insofern signalisieren die Auswahl des Segensspruches und das gemeinsame Gespräch darüber eine nicht zu unterschätzende Möglichkeit, mit Leib und Seele nicht nur anzukommen, sondern auch vorzukommen, miteinander die Botschaft wahrzunehmen und mit dem Segen weiterzugehen (vgl. die Struktur des Gottesdienstes).

Als erkenntnisleitende Hilfen können neben sorgsam (vor allem für die Betroffenen befreiend und nicht zwanghaft) zu behandelnden familiären und persönlichen Traditionen (z. B. Taufspruch der Paten für das Taufkind, Konfirmationsspruch, ausgewählt von den älteren Geschwistern, Trauspruch der Eltern oder Großeltern für die [Enkel-]Tochter und deren Mann, Konfirmationsspruch oder Lieblingsspruch des Verstorbenen für die Beerdigung usw.) auch jahreszyklische Konkretionen treten wie Jahreslosung oder Monatsspruch[63], Wochenspruch oder -psalm[64] oder Tageslosung[65] oder gar die jeweilige Kirchentagslosung. Ausführliche Spruchsammlungen zu den einzelnen Kasualien liegen nicht nur gedruckt, sondern auch auf CD-ROM[66] vor, aus denen dann ohne weiteres ausgewählt und vervielfältigt werden kann. Gleichzeitig können solche kreativ aufgemachten Auswahlen (z. B. als Spruchkartensammlung) in der Gruppenarbeit eingesetzt werden und immer wieder neue Gesprächsanlässe bieten. Deshalb können wir uns hier auf eine kleine exemplarische Auswahl (ebenfalls als Kopiervorlage) beschränken:

62. Vgl. das vor Ort auch für die anderen Kasualien zu entwickelnde Beispiel unserer Kopiervorlage: Heft für Brautpaare, S. 190ff.
63. Vgl. dazu etwa die jährlich erscheinenden Hilfen: die jeweils neu betitelte »Deutung der Jahreslosung und der Monatssprüche« (Calwer, Stuttgart) oder das von der Arbeitsgemeinschaft der Ev. Jugend (aej) seit 1987 herausgegebene kreative »Bibel AnDenken« (mit Bibelarbeiten, Andachtsentwürfen, Texten, Liedern und Grafiken), Missionshandlung Hermannsburg / Hannover.
64. Vgl. dazu Thomas Grebe / Barbi Kohlhage (Hrsg.), Auf der Suche nach dir, Gott. Andachten zu den Wochenpsalmen, Gütersloh 2000.
65. Vgl. die jetzt zum 269. Mal von der Herrnhuter Brüdergemeine herausgegebenen Texte »Die täglichen Losungen und Lehrtexte der Brüdergemeine für das Jahr 1999«, F. Reinhardt / Hänssler, Basel/Neuhausen 1999, und die unterschiedlich dazu aufgelegten Andachtsbücher.
66. Erhard Domay / Hanne Köhler (Hrsg.): der gottesdienst. Liturgische Texte in gerechter Sprache, Band 2: Das Abendmahl / Die Kasualien, Gütersloh 1998 (Buch und CD-ROM): Biblische Segensworte zur Taufe (S. 135ff.), Konfirmation (S. 226ff.), Trauung / Segnung von Lebensbündnissen (S. 300ff.), Beerdigung (S. 392ff.).

Kopiere

Taufsprüche

Gott spricht: Ich will dich segnen – und du sollst ein Segen sein. *Gen 12,2*

Fürchte dich nicht, denn ich bin mit dir und will dich segnen. *Gen 26,24b*

Dein Leben lang habe Gott vor Augen. *Tob 4,6*

Behüte mich wie einen Augapfel im Auge, beschirme mich unter dem Schatten deiner Flügel. *Ps 17,8*

Gott, deine Güte reicht, soweit der Himmel ist und deine Wahrheit, soweit die Wolken gehen. *Ps 36,6*

Bei dir ist die Quelle des Lebens, und in deinem Lichte sehen wir das Licht. *Ps 36,10*

Gott hat seinen Engeln befohlen, daß sie dich behüten auf all deinen Wegen. *Ps 91,11*

Danket dem Herrn, denn er ist freundlich und seine Güte wäret ewiglich. *Ps 106,1*

Meine Hilfe kommt vom Herrn, der Himmel und Erde gemacht hat.
Er wird deinen Fuß nicht gleiten lassen, und der dich behütet, schläft nicht. *Ps 121,2f.*

Von allen Seiten umgibst du mich und hältst deine Hand über mir. *Ps 139,5*

Ich danke dir dafür, daß ich wunderbar gemacht bin; wunderbar sind deine Werke; das erkennt meine Seele. *Ps 139,14*

Fürchte dich nicht, denn ich habe dich erlöst; ich habe dich bei deinem Namen gerufen; du bist mein. *Jes 43,1b*

Ich will euch trösten, wie einen seine Mutter tröstet. *Jes 66,13*

Selig sind, die Frieden stiften, denn sie werden Gottes Kinder heißen. *Mt 5,9*

Siehe, ich bin bei euch alle Tage bis an das Ende der Welt. *Mt 28,20b*

Freuet euch, daß eure Namen im Himmel geschrieben sind. *Lk 10,20*

Laßt die Kinder zu mir kommen und hindert sie nicht, denn solchen gehört das Reich Gottes. *Lk 18,16*

Ich bin das Licht der Welt.
Wer mir nachfolgt, der wird nicht wandeln in der Finsternis, sondern wird das ewige Leben haben. *Joh 8,12*

Ich bin der Weg und die Wahrheit und das Leben. *Joh 14,6a*

Neue Lieder und Psalmen zur Taufe

Du sagst Ja zu mir

Text: Hans-Jürgen Netz; Musik: Fritz Baltruweit;

2. Mit Herzen, Mund und Händen sing ich mein Lied für Dich – sing ich und stampfe mit dem Fuß, stampfe mit dem Fuß.
3. Mit Herzen, Mund und Händen sing ich mein Lied für Dich – sing ich und springe in die Luft, springe in die Luft.
4. Mit Herzen, Mund und Händen sing ich mein Lied für Dich – sing ich und drehe mich im Kreis, drehe mich im Kreis.
5. Mit Herzen, Mund und Händen sing ich mein Lied für Dich – sing ich und tanze durch die Welt, tanze durch die Welt.
6. Mit Herzen, Mund und Händen sing ich mein Lied für Dich – sing ich und wackel mit dem Po, wackel mit dem Po.
7. Mit Herzen, Mund und Händen sing ich mein Lied für Dich – sing ich und pfeife auch dazu, pfeife auch dazu.

Einer läßt dich nie allein[67]

Text: Janina Schmiedel; Musik: Fritz Baltruweit

Auf deiner Lebensreise

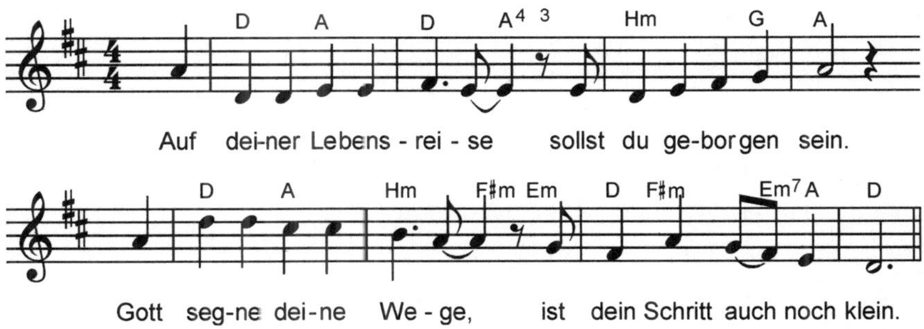

Text: Eugen Eckert; Musik: Fritz Baltruweit
(auch singbar nach EG 207 »Nun schreib ins Buch des Lebens«)

67. Auf der CD zu diesem Buch Hanns Dieter Hüsch / Studiogruppe Baltruweit, Jeder Tag ist ein Geschenk – Lebensreise, tvd-Verlag Düsseldorf 1999.

2. Wir wollen dich begleiten,
so gut uns das gelingt.
Gott gebe, daß Vertrauen
tief in dein Herz eindringt.

3. Dann wirst du nie verzagen
vor Angst, aus Traurigkeit –
im Leben gibt es Krisen
und manchmal schwere Zeit.

4. Und es gibt Wunderbares,
Momente voller Glück –
in Freude und in Leiden
wächst du, Kind, Stück um Stück.

5. Geh deine Wege mutig,
du schaffst, was vor dir liegt.
Gott schenke dir den Glauben,
daß stets das Leben siegt.

6. Auf deiner Lebensreise
bleibst du, Kind, nicht allein.
Getauft bist du, hast Freunde:
Du wirst geboren sein.

Kind, du bist uns anvertraut[68] (EG BYT 576)

Text: Friedrich Karl Barth/Peter Horst; Melodie: EG 206
Aus: Friedrich Karl Barth/Gerhard Grenz/Peter Horst (Hrsg.), Gottesdienst menschlich, Peter Hammer Verlag, Wuppertal, Gesamtausgabe 1990.

Kampf und Krieg zerreißt die Welt, einer drückt den andern nieder.
Dabei zählen Macht und Geld, Klugheit und gesunde Glieder.
Mut und Freiheit, das sind Gaben, die wir bitter nötig haben.

Freunde wollen wir dir sein, sollst des Friedens Brücken bauen.
Denke nicht, du stehst allein, kannst der Macht der Liebe trauen.
Taufen dich (Bist getauft) in Jesu Namen. Er ist unsre Hoffnung. Amen.

68. Alternative Formulierung bei einer Taufe von Erwachsenen: Mensch, du bist uns anvertraut.

Danke-Tauflied

(vgl. EG 334)

Danke, ein Kind ist uns gegeben,
danke, Gott, das ist wunderbar,
danke für so viel neues Leben –
Träume wurden wahr.

Danke, daß wir dies Glück erfahren,
danke für deine Freundlichkeit,
danke – du wirst das Kind bewahren
jetzt und alle Zeit.

Danke, wir dürfen Wege teilen,
danke, wir gehen nicht allein.
Danke, Wegwunden sollen heilen –
du wirst bei uns sein.

Danke, Gott, daß du Leben segnest,
danke, daß du uns Menschen liebst.
Danke, daß du uns neu begegnest
im Kind, das du gibst.

Text: Eugen Eckert © beim Autor (singbar zur Melodie EG 334 »Danke«)

Lieber Gott, ich danke dir

(EG HS 624/NE 592 / WÜ 645)

Text: Marianne Schmidt; Musik: Fritz Baltruweit 1982
© tvd-Verlag, Düsseldorf

2. Daß ich mit dir sprechen kann, und du hörst mir zu,
lieber Gott, ich freue mich, danke, danke, du.

3. Lieber Gott, ich danke dir, daß du bei mir bist,
daß du alle Menschen liebst und mich nicht vergißt.

Hinweise

Das wünsch ich sehr	EG NB 608 / OE 630; Mein Kanonbuch, Nr. 56
Er hält die ganze Welt in seiner Hand	EG HS 619; Mein Liederbuch 1, D 18
Wie schön, daß du geboren bist	in: Rolf Zuckowski, Musik für dich. Hamburg o.J.
Liebes Kind, dein Weg beginnt	M. G. Schneider, 7 Leben möcht ich haben, 1975, 11
Die ersten Schritte, die du gehst	M. G. Schneider, 7 Leben möcht ich haben, 1975, 11

Psalm 126: Was macht, daß ich so fröhlich bin[69]

Ich bin vergnügt
erlöst
befreit
Gott nahm in seine Hände
Meine Zeit
Mein Fühlen Denken
Hören Sagen
Mein Triumphieren
Und Verzagen
Das Elend
Und die Zärtlichkeit

Was macht daß ich so fröhlich bin
In meinem kleinen Reich
Ich sing und tanze her und hin
Vom Kindbett bis zur Leich

Was macht daß ich so furchtlos bin
An vielen dunklen Tagen
Es kommt ein Geist in meinen Sinn
Will mich durchs Leben tragen

Was macht daß ich so unbeschwert
Und mich kein Trübsinn hält
Weil mich mein Gott das Lachen lehrt
Wohl über alle Welt

Hanns Dieter Hüsch

(Aus: Hanns Dieter Hüsch / Uwe Seidel: Ich stehe unter Gottes Schutz. Psalmen für Alletage. tvd-Verlag, Düsseldorf [1996], 3. Aufl. 1997, S. 140.)

69. Wie Anm. 65.

ich wurde nicht gefragt – geburt[70]

ich wurde nicht gefragt
bei meiner zeugung
und die mich zeugten
wurden auch nicht gefragt
bei ihrer zeugung
niemand wurde gefragt
ausser dem Einen

und der sagte
ja

ich wurde nicht gefragt
bei meiner geburt
und die mich gebar
wurde auch nicht gefragt
bei ihrer geburt
niemand wurde gefragt
ausser dem Einen

und der sagte
ja

Kurt Marti

(Aus: Kurt Marti, Geduld und Revolte. Die Gedichte am Rand, Radius-Verlag, Stuttgart 1995 [Biblischer Bezugstext: Joh 1,14].)

70. Wie Anm. 65.

Kasualdidaktische Grundausstattung zur Taufe[71]

1. Für die Hand der Gemeinde

1.1 Zur Einladung und Vorbereitung

Alfred und Regine Schindler, Unser Kind ist getauft – ein Weg beginnt, Lahr (1983) 7. Aufl. 1992.
Vgl. dazu das Bilderbuch der Reihe »Religion für kleine Leute« für 4- bis 8jährige Kinder: Regine Schindler / Sita Jucker, Steffis Bruder wird getauft, Lahr (1980) 3. Aufl. 1993.

Wolfgang Dorp / Ernst Edelmann, Ich habe dich bei deinem Namen gerufen. Taufe und Patenamt erklärt, Fundus-Tb. 50, Hamburg 1989.
Ein Geschenkheft für Patinnen und Paten.

Friedrich Delius, Taufsprüche ausgewählt und erklärt, Hamburg (1989) überarb. Aufl. 1990.

Hans-Jürgen Milchner, Lasset die Kinder zu mir kommen. Gedanken und Einladung zur Taufe, Hamburg 1991.
Glückwunsch zur Geburt und Einladung zur Taufe.

Christoph von Lowtzow, Die Taufe Ihres Kindes, Stuttgart 1992.

Rainer Starck, ... bei deinem Namen gerufen. Zum Verständnis der Taufe, Gelnhausen 1992.
Geschenkheft z. B. für noch nicht getaufte Konfirmandinnen und Konfirmanden.

Peter Klever, Ins Leben gerufen. Eine Hilfe zur Vorbereitung und Mitgestaltung des Taufgottesdienstes, Lahr (1992) 2. Aufl. 1995.

Luth. Kirchenamt (Hrsg.), Einladung zur Taufe. Eine Handreichung der VELKD, Stuttgart (1977) überarbeitete und neu gestaltete Ausgabe 1993 (Staffelpreise).
Verteilheft im Rahmen des Konzepts »Einladung zur Taufe – Einladung zum Leben«.

Andrea Kallweit, Die Feier der Taufe, Falken-Tb. 60173, Niedernhausen/Ts. 1997.

1.2 Zur Erinnerung[72] *und Begleitung*

Erzähl mir vom Glauben. Ein Katechismus für Kinder, Hrsg. Arbeitsgruppe Kinderkatechismus der VELKD, Gütersloh/Lahr 1984. Mit einem Begleitheft: Hinweise für Eltern und Erzieher.
dazu: (Mini-Bilderbuch) Wenn wir Taufe feiern, 1988 (Auszug aus dem Kinderkatechismus)
und: Vorlesebuch Erzähl mir vom Glauben, Hrsg. Karl Foitzik u. a., 2. Aufl. 1991.

Dietrich Hellmund (Hrsg.), Taufe – Festtag in Familie und Kirche. Ein Erinnerungsalbum, Stuttgart (1985) 5. Aufl. 1993 (Ev. Ausgabe).

Renate Günzel-Horatz, Wo bleibt nur die Kerze? Ein Erzählbuch zur Taufe, Düsseldorf 1986.

Hans Freudenberg, Taufe – Wasser zum Leben. Ein Erinnerungs- und Gestaltungsbuch, Göttingen (1990) 2. Aufl. 1993.

Christine Kowalczyk, Ich bin getauft. Erinnerungen an die Taufe, Hamburg 1992. (Staffelpreise)

71. Vgl. die allgemeinen Hinweise zur Kasualdidaktischen Ausstattung, S. 259-266.
72. Vgl. die Hinweise zu Gedenkscheinen und Symbolgeschenken, S. 264.

Claudia Ewald-Freudenberger (Hrsg.), Taufe. Mein Erinnerungsalbum, Augsburg/Stuttgart 1996.
Anita Christians-Albrecht, Sechs Taufbriefe der Gemeinde zur Begleitung von Kindern und Eltern, Gera 1996.
Als Faltblätter gestaltete Briefe vom »Glückwunsch zur Geburt« bis zum Gruß zum 3. Tauftag (mit praktischen Anregungen, Liedern und Gebeten), u. a. auch als Einstieg in das aus Norwegen stammende und für Deutschland überarbeitete tripp trapp-Programm (19 Aktivitätspakete, die mit dem Kinde wachsen – von 3 Monaten bis zu 6 Jahren – als Hilfe zur christlichen Erziehung in der Familie).
Heike Hilgendiek (Hrsg.), Kind, du bist uns anvertraut. Ein Geschenk zu Geburt und Taufe., Gütersloh 1998.

2. Für die Gottesdienstwerkstatt in der Gemeinde

2.1 Handwerkszeug für jede Mitarbeiterin und jeden Mitarbeiter

Gottfried Forck, Im Blickpunkt: Taufe, Berlin 1985.
Fritz Baltruweit / Günter Ruddat: Taufe, Konfirmation, Trauung, Beerdigung, Gütersloh 1999.

2.2 Gottesdienstordnung/Agende

Agende für Ev.-Luth. Kirchen und Gemeinden Bd. III: Die Amtshandlungen. Teil 1: Die Taufe, hrsg. von der Kirchenleitung der VELKD, Hannover (1988) 2. akt. Aufl. 1999.
Vorentwurf einer Revidierten Taufagende – Taufbuch – der Evangelischen Kirche der Union (EKU), Berlin 1997 (z. Zt. Revision bis 1998/99; für die noch geltende Agende siehe S. 261).

2.3 Grundlagen zur Gestaltung von Taufgottesdiensten (und Taufpraxis)

Herbert Breit / Manfred Seitz (Hrsg.), Taufe, Stuttgart 1976 (Nachdruck 1994).
Horst Nitschke (Hrsg.), Taufe (Gottesdienstpraxis Serie B), Gütersloh 1984.
Gerhild und Wilhelm Böhm, Taufe. Quelle des Lebens. Gedanken, Texte, Gebete, Lieder, Bilder, Geschichten, methodische Anregungen und Tonbilder zum Taufsakrament, München 1987.
Taufendes Handeln der Gemeinde – bei der Taufe, in Mutter- und Kind-Gruppen, durch Tauf-Eltern-Seminare, im Kindergarten, im Kinder- bzw. Familiengottesdienst, in der Konfirmandenarbeit, für junge Erwachsene (ku-praxis 24), Gütersloh 1988.
Reiner Blank / Christian Grethlein (Hrsg.), Einladung zur Taufe – Einladung zum Leben. Teil 1: Konzept für einen tauforientierten Gemeindeaufbau, entwickelt im Gemeindekolleg der VELKD, Stuttgart 1993; Teil 2: Praxismodelle für 6-14jährige Kinder und Jugendliche, 1995.
Erhard Domay (Hrsg.), Taufe (Gottesdienstpraxis Serie B), Gütersloh 1993.
Mit einer theologisch-homiletischen Einführung von Christian Grethlein: Unterwegs zu einer Neuentdeckung der Taufe.
Joachim Dietermann, Taufe für Große und Kleine (Materialheft 71), Frankfurt/Main 1994 . (Bezug: Beratungsstelle für Gestaltung, Eschersheimer Landstr. 565, 60431 Frankfurt/Main)
Gerhard Mellinghoff (Hrsg.), Die Taufe. Entwürfe, Erfahrungen, Predigten, Gebete (Dienst am Wort 53), Göttingen 1994.
Ernst-Ludwig Fellechner / Helmut Votava (Hrsg.), Praxishilfe Taufe, Nidderau 1995.
Hans G. Maser / Johannes Opp, Erwachsene taufen.Vorbereiten – Feiern – Erinnern, Gütersloh 1995.
Pierre Stutz, Taufgottesdienste. Den Weg zur Quelle finden, Luzern 1994.
8 Gottesdienstmodelle orientiert an den Seligpreisungen laden zur Mitgestaltung ein.

Erhard Domay (Hrsg.), Taufe. Gottesdienste – Predigten – Szenen – Liturgische Stücke (Gottesdienstpraxis Serie B), Gütersloh 1997.
Mit einer pastoralsoziologischen Einführung von Karl-F. Daiber.
Hans-Hermann Pompe / Hans Achim Wellnitz / Rolf Zwick (Hrsg.), Wasser und Leben.
Taufe im Leben der Gemeinde (Bausteine Gemeindeaufbau Bd. 3), Neukirchen-Vluyn 1997.
Begleitbuch für Taufkurse; dazu: Teilnehmerheft. 1998, 6 DM (Staffelpreise).
Georg Ottmar (Hrsg.), Mit Kindern Taufe und Abendmahl feiern, Gütersloh 1998.
Swen Schönheit, Taufseminare – eine missionarische Gelegenheit. Studienbrief Gemeindeaufbau A 54, Hrsg. AG Missionarische Dienste, Stuttgart 1998 (Beilage zur Zeitschrift: Brennpunkt: Gemeinde) Vgl. von den älteren Studienbriefen z. B. Gerhard Hennig, Die christliche Taufe. Studienbrief A 19 (1986) und Gerhard Martin, Taufe – und was dann? Studienbrief A 24 (1987).

3. Liturgiewissenschaftliche Vertiefung (für Leute, die es genauer wissen wollen)

Vgl. die einschlägigen Abschnitte in der auf den Seiten 261ff. angeführten Literatur.

Leiturgia. Handbuch des ev. Gottesdienstes, Hrsg. K. F. Müller und W. Blankenburg. Bd. 5: Der Taufgottesdienst, Kassel 1970.
Robert Leuenberger, Taufe in der Krise. Feststellungen – Fragen – Konsequenzen – Modelle, Stuttgart 1973.
Paul Michael Zulehner, Heirat, Geburt, Tod. Eine Pastoral zu den Lebenswenden, Wien (1976) 5. Aufl. 1987.
Georg Kugler / Herbert Lindner, Trauung und Taufe. Zeichen der Hoffnung – Begründung und Modelle, München 1977.
Dieter Emeis, Die Taufe, in: Hans-Dieter Bastian u. a., Taufe, Trauung und Begräbnis. Ein Didaktischer Leitfaden zum kirchlichen Handeln, München/Mainz 1978, S. 15-66.
Rainer Volp, Die Taufe, in: Peter C. Bloth (Hrsg.), Handbuch der Praktischen Theologie Band 3, Gütersloh 1983, S. 150-168.
Taufe, Eucharistie und Amt. Konvergenzerklärungen der Kommission für Glaube und Kirchenverfassung des ÖRK, Paderborn/Frankfurt a. M. (1982) 7. Aufl. 1984 (»Lima-Text«).
Christian Grethlein, Taufpraxis heute. Praktisch-theologische Überlegungen zu einer theologisch verantworteten Gestaltung der Taufpraxis im Raum der EKD, Gütersloh 1988.
Uwe Steffen, Taufe. Ursprung und Sinn des christlichen Einweihungsritus, Stuttgart (1988) 2. Aufl. 1992.
Rudolf Roosen, Taufe lebendig. Taufsymbolik neu verstehen, Hannover 1990.
August Jilek, Die Taufe (Geschichte und Gestalt des Gottesdienstes), S. 294-332 und
Christian Bunners, Die Taufe (Die Praxis der Kasualgottesdienste), S. 916-924; in: Handbuch der Liturgik, Leipzig/Göttingen 1995.

Konfirmation

Der Weg der Konfirmation: Glauben entdecken

Anfänge: Von der Taufe zu Firmung und Konfirmation

Das mit der Konfirmation verbundene aus dem Lateinischen stammende Wort »konfirmieren« birgt in sich zwei Ebenen, die sich je auf ihre Weise meditieren lassen: zum einen »miteinander befestigen, bestätigen« – sozusagen der gegenseitig unterzeichnete Vertrag der Zugehörigkeit zu einer neuen Gemeinschaft (mit Augenzwinkern gesprochen: Kirche als gemeinsam gegründete »Firma«, für die wir dann auch haften), zum anderen sich im jeweiligen Zusammenhang des Lebens »bestärken, ermutigen« (lassen) – das darin inbegriffene »(ver-)sichernde« Moment spiegelt zugleich die auch im lateinischen Sprachgebrauch anzutreffende Bedeutung einer »tröstenden Beruhigung« des ganzen Lebens. Wer also auf diesem doppelt deutlichen Hintergrund katholisch gefirmt oder evangelisch konfirmiert wird, von dem kann in gewisser Weise erwartet werden, daß er »firm« ist, gut beschlagen in Sachen des Glaubens, glaubwürdig, was dann auch mit Brief und Siegel (also mit Urkunde) bestätigt wird.
Dabei steht im Hintergrund die schon in der Alten Kirche im Zusammenhang mit der Taufe geübte *»Versiegelung«* (consignatio) oder die ähnlich gelagerte – als »Schwellenritus« beim Betreten des heiligen Bereichs dem Täufling oder sich selbst »beigebrachte« – »Bekreuzigung« (obsignatio), eine Art Exorzismus. Anhalt für diese Praxis, aber keine Begründung für die »Konfirmation« ist das *biblische Bildwort* aus dem Epheserbrief (Eph 1,3.13-14):

»Gelobt sei Gott, der Vater unseres Herrn Jesus Christus, der uns gesegnet hat mit allem geistlichen Segen im Himmel durch Christus. ...
In ihm seid auch ihr, die ihr das Wort der Wahrheit gehört habt,
nämlich das Evangelium von eurer Seligkeit –
in ihm seid auch ihr, als ihr gläubig wurdet,
versiegelt worden mit dem heiligen Geist, der verheißen ist,
welcher ist das Unterpfand unseres Erbes, zu unserer Erlösung,
daß wir sein Eigentum würden zum Lob seiner Herrlichkeit.«[1]

1. Vgl. 2 Tim 2,19 und oben S. 59 (Anm. 28).

Aus der sich in der Alten Kirche zunehmend verbreitenden Praxis der Kindertaufe entwickelte sich im Mittelalter als Abspaltung der Handauflegung und der Salbung aus dem Ritual der Taufe das Sakrament der *Firmung* (sacramentum confirmationis)[2], das als Erinnerung und Bekräftigung der Taufe für Kinder (nicht vor dem 7. Lebensjahr) und Jugendliche auf dem Weg zum erwachsenen Christsein zu verstehen ist. Auch die reformatorischen Kirchen haben trotz aller Kritik an der Firmung von Luther[3] über Melanchthon bis Calvin zwar sehr zögerlich[4], aber doch nach kurzer Zeit – Zwingli angeregt von Erasmus und in der Auseinandersetzung mit den Täufern besonders dann Martin Bucer (1491-1551), der »Vater der Konfirmation« – den entsprechenden Weg von der (katholischen) Firmung zur vieldeutigen (evangelischen) *Konfirmation*[5] beschritten:

Weg-Zeichen: Die An-Gebote der Konfirmation

Im Gefolge der Reformation wurde in den evangelischen Kirchen die überkommene Firmung dann zwar nicht als Sakrament angesehen, aber doch u. a. nach dem mehr oder minder deutlichen Scheitern der Idee eines nachgeholten Taufunterrichts in der Familie mit der allgemeinen Verbreitung der Konfirmation im Zeitalter von Pietismus und Aufklärung (zwischen 1720 und 1835) eine vergleichbare Feier eingeführt, die mit der ersten Zulassung zum Abendmahl (vgl. katholische Erstkommunion) verbunden wurde.

Die damit signalisierte, dreifache Begründung und *Verknüpfung der Konfirmation mit Taufe, Firmung und Abendmahl* hat zugleich eine ekklesiologische »Gemengelage« (oder ein »Ritengefüge«) geschaffen, die sich in den historischen wie gegenwärtigen Konzeptionen der Konfirmation spiegelt und ihr jeweiliges Verständnis gefährdet oder profiliert. Die nachgeholte *Bestätigung der Taufe*[6] wird gleichzeitig

2. Dieses Sakrament spendet der Bischof den Heranwachsenden, die als Kinder getauft wurden, nach einer Handauflegung durch eine Stirnsalbung. Dabei wird dieser Akt etwa mit der in der orthodoxen Tradition nach der Taufe geübten Myron-Salbung (Öl) identifiziert. Vgl. Georg Kretschmar, Art. Firmung, in: TRE 11, 1983, S. 192-204.
3. Luther schwankte der »Firmelung« gegenüber zwischen schroffer Ablehnung (»Lügentand«) und der Akzeptanz, wenn man wisse, »daß Gott nichts davon gesagt hat« (vgl. WA 10 II, 282, 15ff.).
4. Vgl. Bjarne Hareide, Die Konfirmation in der Reformationszeit. Eine Untersuchung der lutherischen Konfirmation in Deutschland 1520-1585, Göttingen 1971, S. 296-300.
5. Vgl. den Überblick bei Karl Dienst, Art. Konfirmation I. Historisch, in: TRE 19, 1990, S. 437-445. Für eine Auseinandersetzung mit den Konzeptionen des 20. Jahrhunderts vgl. den Sammelband Christof Bäumler / Henning Luther (Hrsg.), Konfirmandenunterricht und Konfirmation, München 1982: vom Konzept »KU als Erziehung« Friedrich Niebergalls bis zum »Konfirmierenden Handeln« in den Kirchen der DDR.
6. Auch wer als Jugendlicher oder Erwachsener nicht getauft ist, kann sich zur Konfirmation anmelden und die Taufe (und in altersentsprechender Form Tauf- und Konfirmandenunterricht) bei dieser Gelegenheit nachholen.

zum christlichen Ritus der »Mündigkeit«, zu einem *Initiationsritus* der aktiven Aufnahme in die christliche Gemeinschaft, mit der dann auch kirchliche *Rechte* (wie Zulassung zum Abendmahl, zum Patenamt und neuerdings die zunehmend diskutierte und konsequent umgesetzte Wahlberechtigung und -befähigung) verbunden sind: Die Diskussion um den jeweiligen Charakter von Bekenntnis und Versprechen im Konfirmationsgottesdienst markiert Anspruch und Wirklichkeit einer mit der Konfirmation verbundenen *»Ordination«* (Beauftragung und Verpflichtung) zum Christsein. Zugleich ist die Konfirmation feierlicher *Abschluß einer ein- bis zweijährigen Unterrichtszeit* (trotz aller Unterschiedlichkeit der Modelle[7]), die in ein lebensnahes und zeitgemäßes Verständnis des christlichen Glaubens und der Praxis der Gemeinde einführen soll.

Dabei sollen und können sich die Jugendlichen mit ihren Fragen einbringen, sich persönlich mit dem christlichen Glauben auseinandersetzen und das Christsein wie die Wirklichkeit der Gemeinde vor Ort und im weltweiten Zusammenhang durch praktische Tätigkeit (z. B. durch die sogenannten Gemeindepraktika) kennenlernen. Erlebnis- und handlungsorientierte, kreative und spielerische Methoden und Gemeinschaftsformen sollen den Jugendlichen eine abwechslungsreiche Beteiligung ermöglichen (dieser »Unterricht« soll Spaß machen), zu dem darum auch miteinander gestaltete Freizeiten und Gottesdienste gehören, die ganz nebenbei den zunehmend entdeckten Zusammenhang der Konfirmanden«arbeit« mit der Jugendarbeit fördern und damit auf Abstand zu Konzeptionen gehen, die weitgehend nur an Schule und Unterricht anknüpfen. Diese Tendenz wird u. a. noch durch die zunehmende Ausweitung der Schulzeit (Ganztagsschule) verstärkt und führt auch angesichts der weitgehend »verplanten« Kindheit und Jugend zu neuen Formen an Wochenenden und in den Ferien. Das für solche Konzepte notwendige Spektrum von haupt- und ehrenamtlichen Mitarbeitenden[8] gestaltet sich zugleich zu einer beziehungsreichen personalen Probe, ob der christliche Glaube und die damit verbundene Lebenspraxis jungen Leuten authentisch und elementar, verständlich und annehmbar vor- und dargestellt werden kann. Die kommunikativen Ebenen der Begegnung sind dann oft auch entscheidend dafür, welche Einstellung Menschen während ihres späteren Lebens zu ihrer Kirche gewinnen. Nicht wenige finden gerade durch die Konfirmandenzeit den Zugang zu

7. Vgl. für die vergangenen 25 Jahre die beiden jeweils epochal umfassend informierenden Werke: Comenius-Institut (Hrsg.), Handbuch für die Konfirmandenarbeit, Gütersloh 1984, und Handbuch für die Arbeit mit Konfirmandinnen und Konfirmanden, Gütersloh 1998.
8. Dabei führt ähnlich wie im Zusammenhang des Gottesdienstes eine vorwärts weisende Praxis von der Einsamkeit des Theologen zur Gemeinsamkeit des Teams mit gemeindepädagogisch-diakonischen Mitarbeitenden, frisch konfirmierten und erfahrenen Jugendlichen und engagierten Erwachsenen (Eltern).

aktiver Mitarbeit vom Kindergottesdienst bis zur Jugendarbeit, an die sie später – nach Zeiten der lebensweltlichen Orientierung und Etablierung – auch immer wieder anknüpfen können.

Das *Fest* der Konfirmation ist aber nicht nur der markante Zielpunkt dieser Zeit und zugleich auch Zwischenstation auf dem Weg des christlichen Lebens und Glaubens, sondern auch ein ausgeprägtes *Familienfest*[9], ein unter Umständen letztes Fest der noch existierenden Drei-Generationen-Großfamilie. Diese Ausrichtung tritt gelegentlich in Konkurrenz zum Subjekt-Charakter der Konfirmation als dem besonderen Tag des Jugendlichen, der eigentlich im Mittelpunkt steht. Dabei ist die Wahrnehmung des Konfirmationsgottesdienstes (besonders in den Momenten Segen, Dank und Fürbitte) signifikantes Indiz für die Eindrücklichkeit von Kirche und Gemeinde, wenn die Konfirmanden (und ihre Angehörigen) daran mitgewirkt haben und wenn sie etwas mitnehmen, an das sie sich ein Leben lang erinnern können. Das geht deutlich über die Auswahl des persönlichen Segensspruchs hinaus, der in der Regel in anspruchsvoll gestalteten Konfirmationsscheinen (Urkunden) festgehalten wird[10].

Auch wenn sich die *Verknüpfung der Konfirmation mit dem Abendmahl* inzwischen in der Gemeindepraxis zugunsten eines (zumindest pädagogisch sinnvoll) vorgezogenen »learning by doing« während der Unterrichtszeit bzw. auf dem vorlaufenden Weg in und mit der Gemeinde (Thema: Abendmahl mit Kindern) gelockert, wenn nicht sogar an vielen Orten gelöst hat, so bleibt doch die Zeit um die Konfirmation herum für viele Familien (unter Umständen nach langer Zeit) ein besonderer Anlaß, gemeinsam zum Abendmahl zu gehen. Darauf ist sensibel einzugehen und im Kontext einer integralen Praxis frühzeitig einzuladen und vorzubereiten.

9. Siehe dazu die Ausführungen zur Konfirmation am Ende der Kindheit, S. 25.
10. So hat z. B. eine westfälische Gemeinde die aus dem Kontext des Kirchentages oder z. B. auch der Thomasmesse bekannte »Auszeichnung« der Mitarbeitenden durch eine rote Stola aufgenommen, die die Konfirmandinnen und Konfirmanden als »Jesus-Fan-Schal« (so der Ortspfarrer) über die Konfirmation hinaus begleiten soll.
11. Im Auftrag des Rates der EKD hrsg. vom Kirchenamt der EKD, Gütersloh 1998.
12. Vgl. die entsprechend überschriebenen Vorarbeiten im Rahmenkonzept des Kirchenbundes der DDR (1973/1975; vgl. Rahmenplan 1977) und in der Synodalvorlage der Ev. Kirche von Westfalen (1972).
13. A.a.o, S. 51-62.

Merke!

Konfirmandenarbeit und Konfirmation – ein theologischer Merkzettel

Auf dem Hintergrund des Schwerpunktthemas »Aufwachsen in schwieriger Zeit – Kinder in Gemeinde und Gesellschaft« hat die Synode der EKD in Halle/Saale 1994 gefordert: »Insgesamt ist eine Neubesinnung über das Verständnis der Konfirmation geboten. Sie darf nicht nur punktuelles Ereignis sein, bei dem die Aufnahme in die ›Gemeinde der Erwachsenen‹ vollzogen wird.« Damit verbundene Fragen versucht die Orientierungshilfe »Glauben entdecken. Konfirmandenarbeit und Konfirmation im Wandel«[11] ausgehend von der Entwicklung in den unterschiedlichen Kontexten der ehemaligen DDR und der alten Bundesrepublik für die Situation des vereinigten Deutschland fruchtbar zu machen, indem kontext-übergreifende Aspekte des Konfirmationsverständnisses (vorrangig: Konfirmation als fünffache Kasualie im Lebenslauf: 1. für Jugendliche und ihre Bezugsgruppe, 2. für Eltern, 3. für Verwandtschaft und ihr Umfeld, 4. für die Kirchengemeinde und 5. als Kasualie, die Öffentlichkeit besitzt) und des damit verbundenen Verhältnisses von (geglaubter und sichtbarer) Kirche und (erlebtem) Gottesdienst in Richtung eines sich öffnenden »konfirmierenden Handelns der Gemeinde«[12] entwickelt werden.

Die abschließenden »Perspektiven der Arbeit mit Konfirmandinnen und Konfirmanden«[13] stellen wir – ohne die weiteren Ausführungen der Thesen – zur Diskussion:

1. Die Kirche schuldet ihren jungen Mitgliedern die verständige Klarheit des Glaubens und den überzeugenden Aufweis der »Wohltaten Christi« (P. Melanchthon).
2. Die Kirche hat die positiven Erfahrungen und Erwartungen der Kinder und Jugendlichen ebenso wie ihre Enttäuschungen und Absagen mit Ernst zur Kenntnis zu nehmen.
3. Jugendliche haben in der Altersphase der Konfirmandenzeit erhebliche Aufgaben zu bewältigen.
4. Die Jugendlichen bringen zwar wenig konkretes Vorwissen mit, aber elementare religiöse Vorstellungen und Erfahrungen sind vorhanden.
5. Die Konfirmandenarbeit stellt vor hohe pädagogische Anforderungen. Sie kann nur gelingen, wenn die jungen Menschen als Partnerinnen und Partner am Unterricht selbst beteiligt sind.
6. Die Betrachtung von Konfirmandenunterricht und Konfirmation lediglich unter pädagogischen Kategorien oder gar nur didaktisch-me-

thodischen Gesichtspunkten reicht nicht aus. Die Konfirmandenarbeit braucht ein elementares theologisches Profil[14].

7. Die Konfirmandinnen und Konfirmanden sollen die Lebensbezüge der Gemeinde kennenlernen und dort Menschen begegnen, die ihren Glauben leben und darüber Rechenschaft abgeben können.
8. Die Gemeinde muß den Konfirmandinnen und Konfirmanden offene Räume anbieten und auf sie zugehen.
9. Die Konfirmandinnen und Konfirmanden sind selbst Gemeinde.
10. Die Konfirmandenarbeit muß mit der Jugendarbeit vernetzt werden.
11. In neuen Begegnungen zwischen den Generationen in der Gemeinde und in der Jugendarbeit sind die Erfahrungen der Konfirmandenzeit zu erproben und zu erweitern.
12. Zusammengefaßt: Es kommt in der Konfirmandenarbeit auf eine Verbindung unterschiedlicher Bezugsfelder an.

Stationen vor Ort

Über eine spezielle Besuchskultur hinaus im Zusammenhang der Anmeldung zum Konfirmandenunterricht (KU) oder in der Nähe des Termins der Konfirmation und ebenso über eine kontinuierliche Ansprache, Einladung und Einbindung der Eltern in den Prozeß der »Konfirmation«[15] ist der lebenszyklische Zusammenhang im Kontext des jeweiligen Gemeindekonzeptes (Gemeinde als unterschiedlich bewohnte »Heimat auf Zeit«) in sieben Stationen idealtypisch zu gestalten:

A. Konfirmandenarbeit und Konfirmation beginnt vor der Konfirmandenzeit

1. Station: Geburt und Kindheit in der Familie / Kindergarten

Hier spannt sich der Bogen von der in den Segen einbindenden »Begrüßung« eines neugeborenen Kindes und seiner Angehörigen gerade auch im Gottesdienst über die Wahrnehmung seiner Geburtstage (ggf. auch Tauftage) bis hin zur gemeinsamen Gestaltung von Krabbel- und sogenannten Familien- und Freizeit-

14. Bei diesem Profil geht es um ein elementares Verstehen der Lebensbezüge des Glaubens, um eine elementare Struktur des christlichen Glaubens und um eine elementare Erschließung der beiden Sakramente Taufe und Abendmahl.
15. Vgl. dazu auch den Abschnitt: Die liturgische Dimension der Konfirmandenzeit entfalten, S. 126.

gottesdiensten. Taufe und Tauferinnerung kann im Kontext des Kindergartens einladend mit einer (nicht vereinnahmenden und zutiefst ökumenischen) Segnung aller Kinder etwa zu Anfang oder Ende des Kindergartenjahres verbunden werden.

2. Station: Arbeit mit Kindern in der Gemeinde

Erlebnis- und handlungsorientierte Projekte wie Kinderbibeltage oder -wochen, in Kindergruppen, im Kindergottesdienst oder in der Christenlehre können beiläufig verstärkende Gelegenheiten darstellen, das Leben der Gemeinde zu entdecken und damit auch zur Taufe bzw. zur Tauferinnerung einzuladen.

3. Station: Nachbarschaft von Schule und Gemeinde (Schulgottesdienst / Religionsunterricht)

Vom Gottesdienst zur Einschulung in die Grundschule – gestaltet als ökumenische Segensfeier – bis hin zum Übergang in die weiterführenden Schulen (Abschied und Neuanfang) spannt sich dieser Lebensabschnitt vor der eigentlichen Konfirmandenzeit.

B. Konfirmandenarbeit und Konfirmation als Gottesdienst (Gemeindefest)

4. Station: Die Konfirmandenzeit (im engeren Sinne)

Wie in der Grundstruktur der Erneuerten Agende sollten hier im Vorfeld getaufte und verstärkt nichtgetaufte Kinder und Jugendliche in aller Offenheit aufgesucht und angesprochen werden, um miteinander Zeit zu gestalten, in der die Konfirmandinnen und Konfirmanden in ihrer unverwechselbaren Situation »mit Leib und Seele ankommen« können, ihren Horizont erweitern, also »die Botschaft wahr-nehmen«, »miteinander ein Leib werden« und erleben, was es heißt: Vergebung zu erfahren und Leben so zu teilen, daß (nicht nur) sie »mit dem Segen weiter-gehen« können, »geschickt« für Gott und die Welt.

C. Konfirmandenarbeit und Konfirmation wachsen über sich hinaus

5. Station: Jugendarbeit

Hier sind insbesondere »Gesten der Verknüpfung« gefragt, die kontinuierlich an Taufe und Konfirmation erinnern. Über die klassischen und kreativen Gottesdienste mit Jugendlichen hinaus wäre etwa das persönliche Datum des 18. Geburtstags zu entdecken oder – vielfach schon gestaltet, aber nicht mit einer

Segnung verbunden – das Ende der Schulzeit, die Entlassung aus der Schule: eine zu wenig beachtete Gelegenheit.

6. Station: Arbeit mit Erwachsenen

Die hier in der Regel lebenszyklisch zu verortende Trauung, die Zeit der Taufe oder der Konfirmation der eigenen Kinder oder die nachfolgenden Silber-Gottesdienste zum Gedächtnis an Konfirmation und Trauung können Anstöße geben zu einem weiteren »gestreckten Verbund« von Taufe und Konfirmation (Ehe- und Taufseminare, Elternarbeit und Konfirmandenunterricht für Erwachsene o. ä.). Die sogenannten runden Geburtstage können sich dabei zu besonderen Gelegenheiten der Erinnerung und Segnung, des Dankes und der Bitte vor Gott und den Menschen gestalten.

7. Station: Arbeit mit alten Menschen

Hier können die in der 6. Station genannten Anstöße weitergeführt werden und spätestens hier in eine lebensvolle Auseinandersetzung mit Themen wie Krankheit, Sterben und Tod münden.

Im Raum des Gottesdienstes: Das »Konfirmationsbuch« der VELKD

Ein »Gottesdienstbuch zum konfirmierenden Handeln der Kirche« will die 1995 im Entwurf vorgelegte und wesentlich von Michael Meyer-Blanck und Rainer Starck konzipierte Konfirmationsagende der VELKD sein, die die bisherige Agende mit den Formularen für »Vorstellung der Konfirmanden (Prüfung)« und »Konfirmation (Einsegnung)« ablöst. Dieser voraussichtlich wie »Gottesdienstbuch« (EA) und »Taufbuch« (EKU) einmal als »Konfirmationsbuch« firmierende Entwurf erfährt inzwischen auch in den Kirchen der EKU eine Revision und wird damit möglicherweise nach der Erneuerten Agende die erste gemeinsam verantwortete evangelische Agende zu einer Kasualie im Bereich der deutschen Kirchen, die ein wiedererkennbares liturgisches Profil der disparaten bis vielschichtigen Konfirmationspraxis entgegenstellt. Ausgehend vom leider hier nur »an jungen Menschen« realisierten Ansatz[16] eines sich auf das ganze Leben beziehenden »konfirmierenden Handelns« (im Sinne von »Glauben stärken«) knüpft die Konfirmandenzeit[17] an-

16. Die Stationsgottesdienste eines so verstandenen »konfirmierenden Handelns« könnten ohne weiteres im Sinne einer lebenszyklischen Konzeption bis in die Kindergartenzeit hinein »gestreckt« werden.
17. Dementsprechend fehlt der Vorschlag für die Gestaltung einer Konfirmationsfeier für Erwachsene.

gesichts der Kindertaufe als nachgeholter Katechumenenzeit an die Taufe an oder stellt sich für die nicht getauften Konfirmanden als Weg zur Taufe dar. Dabei wird die Konfirmandenzeit im ganzen als »Konfirmation« verstanden, die mit einem Gottesdienst festlich abgeschlossen wird. Dem Verständnis der Konfirmation als einem »gestreckten Vorgang« entspricht der Versuch der Agende, acht unterschiedlich gottesdienstlich gestaltete Stationen auf dem Weg der Konfirmandinnen und Konfirmanden aufzuzeigen, die jeweils neben ausgeführten Liturgien Erläuterungen zur Aufgabe der einzelnen Station in der konkreten Situation, Hinweise zur Vorbereitung und Gestaltung, liturgische Texte zur Auswahl, Liedvorschläge und thematisch akzentuierte Praxisbeispiele[18] enthalten.

1. Gottesdienst zu Beginn der Konfirmandenzeit (Einführung der Konfirmanden)
Der an und für sich positive Gedanke einer gegenseitigen Vorstellung von Konfirmandinnen und Konfirmanden (und deren Eltern) auf der einen Seite und der Gemeinde auf der anderen Seite gerät sprachlich zum kontraproduktiven Gegenüber, wenn die »Neuen« nicht als Gemeindeglieder, sondern als von außen Hinzukommende begrüßt werden. Die Legitimität distanzierter Kirchlichkeit im volkskirchlichen Kontext scheint noch nicht hinreichend bedacht.

2. Taufe in der Konfirmandenzeit[19] *(im KU als Tauferinnerung für die anderen vorbereitet)*
Der Entwurf hält theologisch angemessen viele Möglichkeiten offen, da sich in der Wahl des Termins auch zugleich die jeweilige Interpretation des Verhältnisses von Taufe und Konfirmation spiegelt: zu Beginn der Konfirmandenzeit, kurz vor der Konfirmation, im Zusammenhang der Konfirmation, im Rahmen eines vorgezogenen ersten Konfirmandenjahres. Gleichwohl bleibt zu fragen, ob nicht ein möglichst weit vorgezogener und fester Tauftermin (Epiphanias / Osternacht / Pfingstnacht) auch das u. U. ausgrenzende Verhältnis von fehlender Taufe bei einer Auseinandersetzung mit dem Abendmahl während der Konfirmandenzeit zu lösen vermag.

3. Abendmahlsgottesdienst während der Konfirmandenzeit (im KU gründlich vorbereitet)
Die hier durchgehaltene, ängstlich anmutende Trennung zwischen (eher konservativer) Abendmahlsfeier im Gemeindegottesdienst bzw. (eher innovati-

18. Integrationspädagogische Überlegungen zur Konfirmation sogenannter behinderter Menschen fehlen.
19. Angesichts der zumindest für die Kirchen der EKU gleichzeitigen Revision des Konfirmationsbuchs der VELKD und des praktisch-theologisch schon weiterentwickelten Taufbuchs der EKU sollte Kompatibilität hier zu erreichen sein (vgl. z. B. der im VELKD-Formular hier – im Gegensatz zum Beichtgottesdienst – auch nicht fakultativ genannte Exorzismus (Absage an das Böse).

ver[20]) Gestaltung in der Konfirmandengruppe führt zu dem etwas skurrilen Vorschlag, gezielt bestimmte Gemeindeglieder zur Abendmahlsfeier in der Gruppe einzuladen.

4. Beichtgottesdienst in der Konfirmandenzeit (nicht nur am Vortag der Konfirmation)
Hier entfernt sich der Entwurf am weitesten von der volkskirchlichen Realität, wenn ein stark die Liturgien bestimmender moralisch getönter Sündenbegriff die Jugendlichen die Beichte nur mühsam als Entlastung von Erfahrungen mit Beziehungen erleben läßt, die auf schuld- oder auch rätselhafte Weise mißlungen sind. Angemessene Möglichkeiten zeigen dagegen die als »Beichte in offener Form« vorgestellten Zeichenhandlungen wie Schattenrisse beschreiben und beleuchten, Steine in den Weg legen und wegräumen, Schuldbriefe versiegeln und verbrennen. Allerdings fehlt sowohl hier als auch im Taufbuch der EKU eine weitergehende symboldidaktische Auseinandersetzung.

5. Vorstellungsgottesdienst (Einblick in die Konfirmandenarbeit)
Der Sprachgebrauch »Vorstellungsgottesdienst« ist in Beziehung zur 1. Station problematisch, wenn nicht deutlich markiert wird: Es geht um die Vorstellung der gemeinsamen Konfirmandenarbeit, um eine gottesdienstliche Bilanz der Konfirmandenzeit, eine Art liturgisches »Gesellenstück«.

6. Konfirmation[21] (festlicher Abschluß der Konfirmandenzeit mit den konstitutiven Elementen: Bekenntnis, Fürbitte und Segnung – nach Möglichkeit mit Abendmahl)

20. Vgl. zum Beispiel die ansprechende »Abendmahlsbetrachtung mit Einsetzungsworten« (Konfirmationsbuch, S. 121): »Als Jesus mit seinen engsten Freunden, den Jüngern, zusammensaß am letzten gemeinsamen Abend, da nahm er Brot und Wein und teilte es an sie aus – wie es jeder jüdische Hausvater tat und tut am Passah-Fest, dem Fest der Befreiung. Nichts Außergewöhnliches. Außer den Worten aus Jesu Mund, die die Handlung begleiteten. Er sprach von seinem Tod: Mein Leib – für euch! Mein Blut – für euch! Sie fühlten, wie schwer Befreiung ist, und sie hatten Angst. Schreckliche Angst. Kreuz und Tod nahmen dann noch den letzten Mut, das letzte bißchen Hoffnung. Sie sahen keine Möglichkeit mehr. Alles umsonst. Blieb nur noch eins: Zurück in die alten Verhältnisse. Auf dem Rückweg erlebten zwei von ihnen in Emmaus, wie einer ihnen das Brot brach und den Becher mit der Frucht des Weinstocks gab. Sie erkannten Jesus. Sie sahen: Er lebt. Der, in dem Gott zum Anfassen nahe ist, ist lebendig. In Brot und Wein ist er da. Und seine Gegenwart eröffnet neues Leben.«
21. Gegenüber dem »niederschwelligen« und elementaren Ansatz unserer Konfirmationsagende, die in besonderer Weise die lebenszyklische Dimension theologisch profiliert, stellen wir zur weiteren Auseinandersetzung mit unserem Entwurf die hier vorliegende aktuelle Konzeption vor.

Zur Übersicht[22] über die vorgeschlagene Liturgie:

Eröffnung und Anrufung
Musik zum Einzug
Gruß
Lied / Psalm (möglichst im Wechsel)
Gloria Patri
Kyrie (neu oder entfaltet) / Gloria
Gebet des Tages

Verkündigung
Lesung (Epistel oder AT)
Zwischengesang / Lied
Lesung (Evangelium)
(Lied / Chor / Musik)
Predigt
Lied

Bekenntnis und Segnung
Hinführung
(von den Konfirmandinnen und Konfirmanden formuliertes Bekenntnis)[23]
Apostolisches Glaubensbekenntnis
Frage oder Erklärung
Bittlied um den Heiligen Geist
Vaterunser (oder in der Abendmahlsliturgie)
Segensgebet
Segnung (Einsegnung durch Handauflegung in Gruppen)
(Lied)
Anrede (an Konfirmandengruppe, evtl. Paten und/oder Eltern)
Lied

Abendmahl

Sendung
Dankgebet mit Fürbitten (Beteiligung von Eltern, Jugendlichen usw.)

22. Vgl. a.a.O. S. 170ff.
23. In dieser Doppelung von persönlichem und kirchlich approbiertem Bekenntnis verbirgt sich u. U. eine gegenseitig herabsetzende Einschätzung der jeweiligen Bekenntnisse (von traditionell nicht ausreichend bis nicht wirklich jugendgerecht). Warum genügt nicht das eine oder andere Bekenntnis? Warum nicht gerade bei der Konfirmation eine liturgisch wie pädagogisch naheliegende Kombination von Bekenntnis und Meditation (also keine Hinführung, sondern eher eine auslegende Paraphrase)?

Entlassung
Segen
Musik zum Auszug

7. Abendandacht (mit Abendmahl) am Konfirmationstag
Der hochkirchliche Charakter der hier vorgeschlagenen Liturgie läuft unseres Erachtens der überzeugenden Idee eines gemeinsamen (darum eher niederschwelligen) besinnlichen Ausklangs des Festtages und des Familienfestes entgegen. Eher sollte als Abschluß eine einfache Abendandacht gestaltet werden, die am Schluß eines solchen Festtages noch einmal zur Besinnung führt und dabei eventuell Teile des Einsegnungsgottesdienstes noch einmal aufnimmt. Wenn am Vorabend der Konfirmation das Abendmahl noch nicht gefeiert worden ist, wäre dafür hier ein angemessener Ort, diesen Gottesdienst als Abendmahl zu gestalten.

8. Gedächtnis der Konfirmation (nach 25, 50, 60 und mehr Jahren)[24]

Die Jugendfeier – ein Vorgeschmack auf die Konfirmation?

Das Ende der DDR war nicht das Ende der *Jugendweihe*[25]. In den fünfziger Jahren eingeführt, hat sie sich als Passageritus im Bewußtsein der Konfessionslosen festgesetzt: gegenwärtige Teilnahmeverhältnisse in Ostdeutschland circa 50 Prozent Jugendweihe, 15-18 Prozent Konfirmation[26]. Eine aktuell diskutierte und praktizierte Antwort in den ostdeutschen Kirchen heißt für Jugendliche, die zwar religiös interessiert sind, für die eine Konfirmation aber nicht in Frage kommt: *Jugendfeier*[27]. Ein dritter Weg neben dem »Königsweg« der Konfirmation?

24. Allerdings geht der Entwurf vor allem von der Situation Goldene Konfirmation aus. Hier wären Anregungen zu den unterschiedlichen Lebensaltern gefragt. Siehe unten, S. 135ff.
25. Vgl. zur Geschichte der Jugendweihe und zur Reaktion der Kirche mit dem Konzept des »Konfirmierenden Handelns« (a.a.O. S. 106) umfassend: Christian Fischer, Wir haben Euer Gelöbnis vernommen, Leipzig 1998, oder die kurze Problemskizze von Franz-Heinrich Beyer, Wem gehört das Ritual? Die Jugendweihe im Wandel der Gesellschaft, in: Glaube und Lernen 13, 1998, Heft 1, S. 59-66.
26. Nach den Angaben von Beyer, a.a.O. S. 64.
27. Hier kommen zwei Bewegungen zusammen: einerseits die Reflexionen Godwin Lämmermanns (Konfirmation und Jugendweihe. Zur Gegenwart und Zukunft eines sozialen Passageritus, in: PT 29, 1994, S. 134-147), der mit der Abschaffung bzw. Überführung des KU in eine die Lebensphase begleitende Jugendarbeit die Konfirmation als eine Art christliche Jugendweihe gestalten will, als »Einsegnung in Subjekthaftigkeit« und als »öffentliche Darstellung und Proklamation der Tatsache, daß die KonfirmandInnen (KonfirmantInnen) als eigenständige, unverwechselbare Personen zu gelten haben« (S. 145: Mit ›KonfirmantInnen‹ im Gegenüber zu ›KonfirmandInnen‹ will er die Subjektwerdung im Sinne einer ›Selbstinitiation‹ andeuten. Andererseits der u. a. auf dem Hintergrund einer Analyse der »postkommunistischen Jugendweihe« von Ehrhardt Neubert gemachte

»Eine Jugendweihe, die keine ist.
Manche verspotten sie als ›Konfirmation light‹, andere kritisieren sie als verwaschenes Ritual. Doch einige evangelische Pfarrer werden nicht müde, die *Jugendfeier* als Mittelweg zwischen Jugendweihe und Konfirmation auszubauen. Ostersonntag ist ein großer Tag für Pfarrer Karl-Heinz Schmidt und Kreisjugendpfarrer Johannes Lewek, die im anhaltinischen Städtchen Bernburg zum ersten Mal diese Alternative zu Konfirmation und Jugendweihe ausprobieren. Nichtkonfessionellen Jugendlichen, die in ihren Familien keine Berührung mit dem christlichen Glauben bekommen haben, möchten sie einen ›Passageritus‹ anbieten, eine Feier für den Schritt in einen neuen Lebensabschnitt. Sie reagieren damit auf die nahezu vollständige Entkirchlichung in ihrer 36.000-Einwohner-Stadt. So verzeichnen die Bernburger evangelischen Gemeinden gerade noch 15 Konfirmanden. Schulklassenweise gehen die 13- bis 14jährigen zur Jugendweihe, die in verschiedenen Versionen von der Interessenvereinigung Jugendarbeit und Jugendweihe e. V. sowie vom Humanistischen Verband angeboten wird. ›Und viele, vor allem Bürgerliche, machen gar nichts‹, beobachtet Pfarrer Schmidt. Mit vier Jugendlichen haben Schmidt und Lewek den ersten Vorbereitungskurs für die kirchliche Jugendfeier begonnen. In Jugendklubs und über die evangelische Jugendarbeit hatten sie diese Idee verbreitet, das magere Echo war ›ernüchternd‹. (...) Dennoch begannen sie im vergangenen Oktober dem Kurs mit einem Kennenlerntag. (...) Jeweils an einem Samstag im Monat folgten ein Nachmittag über Zukunftsperspektiven und den christlichen Hintergrund des Weihnachtsfestes. Im Januar führte ein Rundgang durch die Kirchen der Stadt und in einen Dritte-Welt-Laden. Hauptereignis des Vorbereitungsprogramms war Anfang März ein gemeinsames Wochenende ... ›Wir wollen nicht missionieren‹, erläutert Pfarrer Schmidt. ›Unser Ziel kann nicht sein, daß sich die Jugendlichen nächstes Jahr taufen lassen.‹ Er sieht das Angebot dann auch eher in der Nähe der offenen Jugendarbeit angesiedelt. (...) Als die Bernburger Pläne im Herbst bekannt wurden, fanden sie in der Kirche ein geteiltes Echo. Kritik an dieser ›Konfirmation light‹ äußerte etwa der Wittenberger Theologe Friedrich Schorlemmer. Und der Soziologe Hartmut Griese hält den Versuch, konfessionslose Jugendlichen auf diesem Weg für christliche Inhalte zu interessieren, für aussichtslos: ›Die Kirche versucht, auf einen Zug aufzuspringen, der abgefahren ist.‹(...) Hans-Joachim Kiderlen, Konsi-

Vorschlag, von seiten der Kirche eine dritte Form von Passageritus neben Konfirmation und Jugendweihe anzubieten: eine »Jugendsegnung« oder ein »Evangelisches Jugendfest« (Die postkommunistische Jugendweihe – Herausforderung für kirchliches Handeln, in: Zur Konfessionslosigkeit in (Ost-)Deutschland, Berlin 1994, S. 33-86). Vgl. die Diskussion bei M. Meyer-Blank in H. J. Milchner (Hrsg.), Konfirmation, Göttingen 1998, S. 30-33. Vgl. die aktuelle Positionsbestimmung: Jugendliche begleiten und gewinnen. 12 Thesen des Rates der EKD zu Jugendweihe/Jugendfeier und ihrem Verhältnis zur Konfirmation, Hannover 1999.

storialpräsident der Kirchenprovinz Sachsen, sieht in dem Bernburger Ansatz ›einen ernsthaft unternommenen Versuch‹. Die schwache Resonanz erkläre sich dadurch, daß die Veranstalter nicht an eine Schule angebunden seien, aus der man eine geschlossene Gruppe, vielleicht sogar einen ganzen Jahrgang für eine Alternative zur Jugendweihe gewinnen könnte. Das Angebot einer kirchlichen Jugendfeier würde sich nach Ansicht Kiderlens jedoch erübrigen, wenn die Kirche den Konfirmationsunterricht für Nichtkonfessionelle öffnen würde. ›Der Unterricht ist allerorten noch zu binnenkirchlich.‹(...) Seit zwei Jahren existiert auch bei den Katholiken ein Alternativversuch zur Kommunion. Der Erfurter Dompfarrer Reinhard Hauke hat eine *›Feier zur Lebenswende‹* für 13- bis 14jährige entwickelt, an deren zweiter Auflage an einem Samstagnachmittag im kommenden Mai 20 nichtkonfessionelle Jugendliche teilnehmen. Seit Oktober bereiten sie sich darauf vor. (...) Über ein katholisches Gymnasium, das auch von Nichtkatholiken besucht wird, sowie durch Mund-zu-Mund-Propaganda hat Hauke sein Projekt bekannt gemacht. Von Oktober bis Mai gibt es monatliche Treffen, dazu vor Weihnachten und in der unmittelbaren Vorbereitungszeit im April weitere Termine. Nach einem Kennenlernen im Oktober folgten zwei Nachmittage im Dom sowie in anderen Erfurter Kirchen, bei denen Hauke christliche Traditionen und Glaubensinhalte erklärte. An diesen Führungen nahmen auch zahlreiche Eltern teil. Nach Weihnachten galten drei Termine der Schwellensituation, in der sich die Jugendlichen befanden: Zunächst blickten sie zurück in die eigene Kindheit, wobei sie aufgefordert waren, ein Foto oder einen Gegenstand mit einer besonderen persönlichen Bedeutung mitzubringen; im zweiten Schritt blickten sie nach vorne, äußerten Wünsche für das künftige Leben, den Beruf, die Menschen, mit denen sie zu tun haben werden; schließlich ging es einen Tag um Nöte und Zukunft der Welt, Gefahren wurden benannt und Utopien entwickelt. Praktisch umgesetzt wird das in einem karitativen Tag, bei dem die Jugendlichen eine Suppenküche für Obdachlose organisieren. Diese drei Gedankenschritte strukturieren auch die ›Feier zur Lebenswende‹, die im Dom stattfindet. Musikalische Beiträge der Jugendlichen oder der Eltern sind erwünscht. Eine Stunde soll die Zeremonie dauern, am Ende erbittet Pfarrer Hauke den Segen für die Jugendlichen. ›Ich bin als Pfarrer auch für Nichtgetaufte zuständig‹, erklärt Hauke sein Engagement, für das er Rükkendeckung von Bischof Joachim Wanke bekommen hat. (...) So unterschiedlich die Versuche in Bernburg und Erfurt sind, in einem gleichen sie sich: Sie basieren auf der ostdeutschen Wirklichkeit. Das bescheidene Ziel: Es geht darum, Jugendliche zu begleiten. Das ist eine originär kirchliche Aufgabe ...«[28]

28. Aus: Art. »Eine Jugendweihe, die keine ist« von Johannes Wendland, Dt. Allg. Sonntagsblatt, Nr. 11 vom 12.3.1999, S. 25.

Die Konfirmation gestalten

Unsere Konfirmationsagende

Abendmahlsgottesdienst am Vorabend der Konfirmation

Vorspiel

Begrüßung

Herzlich willkommen in der ...-Kirche am Abend vor Eurem großen Tag!
Seid Ihr schon aufgeregt? Sind Sie schon aufgeregt?
Der Abend vor der Konfirmation hat etwas für sich:
Dieses Sichtreffen in der Kirche ist so etwas wie die Ruhe vor dem Sturm.
Und so können wir ganz in Ruhe mit dem Konfirmationsgottesdienst beginnen – und morgen an Eurem großen Tag dann weiterfeiern.

Vorstellung des Gottesdienstprogramms
Sagen, wer die Mitwirkenden sind, wer den Gottesdienst vorbereitet hat

Wir stimmen uns ein, indem wir uns unsere Kehle freisingen
für das, was vor uns liegt.

Einsingen einiger Lieder

Gebet

Gott, wir sind zusammengekommen,
weil wir einen wichtigen Schritt im Leben tun.
Wir sind aufgeregt und freuen uns auf das, was vor uns liegt.
Es ist gut, daß du diesen Schritt mit uns gehen willst.
Denn du schenkst unserem Leben seine Tiefe.
So wollen wir uns für dich öffnen,
für die Gemeinschaft mit dir und unter uns,
für dein Wort,
für die Lieder, die wir singen,
für die Gebete, die wir dir zusprechen,

für das Abendmahl, das wir feiern.
Schenk uns einen guten Abend und morgen einen guten Tag.
Begleite uns mit deinem Segen.

Wir sprechen gemeinsam Worte aus Psalm 139:
Gott, du erforschst mich und kennst mich.
Ich sitze oder stehe auf – du weißt es.
Du verstehst meine Gedanken von ferne.
Ich gehe oder liege – du bist um mich und siehst alle meine Wege.
Von allen Seiten umgibst du mich und hältst Deine Hand über mir.
Erforsche mich, Gott, und erkenne mein Herz;
prüfe mich und erkenne, wie ich's meine.
Und sieh, ob ich auf bösem Wege bin, und leite mich auf den guten Weg.
Amen.

Lied

Wir haben Gottes Spuren festgestellt (EG RWL 648 oder:
Mein Liederbuch für heute und morgen 1, B 80, tvd-Verlag, Düsseldorf)

Beitrag von Konfirmandinnen/Konfirmanden oder Eltern,
evtl. von Mitarbeiterinnen/Mitarbeitern

z. B. Rückblick auf die gemeinsame Zeit
z. B. Meine/Unsere Zukunft
z. B. Wo wir Gott begegnet sind
(Gespräch zwischen einer Konfirmandin und einer, die – vielleicht – Konfirmandin werden will)
z. B. Ist Glaube Privatsache?

Gespräch zwischen einer Konfirmandin und einer, die (vielleicht) Konfirmandin werden will:

(A: Andrea – S: Sabine)

S: Sag mal, Andrea, ich stehe jetzt doch auch vor der Frage, ob ich zum Konfer gehen soll oder nicht. Wie war das denn bei Dir?

A: Ich habe mir diese Frage nie gestellt – denn ich hatte von Anfang an Interesse am Konfer.

S: Meinst Du denn, es hat sich für Dich gelohnt?

A: Für mich hat es sich gelohnt – Und ich rate Dir, da auch hinzugehen.

S: Habe ich denn außer dem Geld auch noch andere Vorteile?

A: Klar! Denn ich weiß jetzt, was das Ganze auf sich hat – mit Gott und Jesus. Ich verstehe jetzt die Zusammenhänge viel besser. Wenn ich z. B. die Glocken höre, bring ich das automatisch mit Gott und meinem Glauben in Verbindung. Und wenn ich daran denke, dann ist Gott auf irgendeine Weise in meiner Nähe.

S: Was? Glaubst Du wirklich, daß er da ist?

A: Nein, ich glaube nicht, daß er wie ein Mensch neben mir steht, sondern daß er in den Gedanken da ist.
Irgendwie war er in der ganzen Konferzeit bei uns, weil wir uns mit ihm beschäftigt haben.

S: Was habt'n Ihr gemacht, daß er immer bei Dir war?

A: Also: Beim Thema Taufe sind wir ihm begegnet.

S: Wieso Taufe?

A: Also, das ist so: Taufe bedeutet den ersten Schritt in die christliche Gemeinde. Da hat meine Geschichte mit Gott angefangen.
Oder – die Schöpfung zum Beispiel.

S: Bei der Schöpfung auch noch?

A: Aber natürlich. Mit der Schöpfung fing doch alles an! Und dann kam die Geschichte Gottes mit seinem Volk, so wie es in der Bibel steht.

S: Was steht denn da noch so drin?

A: Och, z. B. die Zehn Gebote. Oder die Prophetenbücher oder die Evangelien. Sie berichten von Jesus, damit *wir* ihm begegnen können.

S: Wo ist er Dir denn noch begegnet?

A: Besonders bei den Andachten im Konfer oder in der Kirche.
Schließlich bringt Gott uns zu einer Gemeinschaft zusammen.
Und christliche Gemeinschaft bedeutet, daß Gott mit dabei ist.

S: Hat das denn auch was mit dem Abendmahl zu tun? Da sind se doch alle zusammen ...

A: Ja, da besonders. *Diese* Begegnung mit Gott finde ich am faszinierendsten. Denn Jesus geht durch Brot und Wein in uns hinein.

S: Und wann haben wir ihn dann in uns?

A: Eigentlich immer – nur beim Abendmahl wird es uns besonders deutlich.

S: Ist er denn dann auch in unserer Umwelt um uns herum?

A: Gott ist überall.

Kurzpredigt

die das Thema und die Situation aufnimmt

Lied

Suchet zuerst Gottes Reich in dieser Welt ... (EG 182)

Einleitung der Beichte

Warum wir jetzt beichten
Wir haben eine fast zweijährige gemeinsame Geschichte hinter uns.
Sie haben mit Ihren Kindern eine viel längere Geschichte hinter sich –
und Ihr auch – besonders mit Euren Eltern,
aber auch mit Euren Geschwistern, Freundinnen und Freunden.

Die Kindheit geht zu Ende –
und wir blicken auf das gemeinsam Erlebte zurück –
auf all das Schöne, wofür wir dankbar sein können *(Pause)*,
auch auf viel gut Gemeintes, was schiefgegangen ist,
auf enttäuschte Hoffnungen und versagte Träume *(längere Pause)*.
Jetzt ist Raum in der Stille, all das vor Gott zu bringen –
wir tun das in der Gewißheit: Bei ihm ist all das gut aufgehoben.

Stille

Wir sprechen gemeinsam:
Gott, ich möchte gut sein.
Ich habe es versucht – oft ist es mir nicht gelungen.
Wir wollten miteinander sprechen – und haben zu oft geschwiegen.
Wir wollten einander glücklich machen – und haben gestritten.
Ich wollte an dich denken – und habe es vergessen.
Ich wollte Deinen Willen tun – aber ich habe versagt.
Nun bin ich hier – und du bist hier, hier bei uns.
Deshalb sage ich dir: Das tut mir leid. Verzeih mir!
Du willst, daß wir auf dein Wort hören.
Du willst, daß wir miteinander reden und zueinander finden.
Du willst, daß wir einander glücklich machen.
Gott, zeige uns den Weg. Amen.

Zuspruch

Im Namen der christlichen Gemeinde sage ich Euch:
Der barmherzige Gott vergibt Euch das, was Euch leid tut.
Fangt nochmal von vorn an. Versucht es noch einmal.
Euch sind Eure Sünden vergeben
im Namen Gottes, des Vaters und des Sohnes und des Heiligen Geistes.
Amen.

Lied

Gott, in deinen Händen wünsch ich mir mein Haus (siehe S. 142)

Hier eventuell:
Taufe[29]

Einleitung
Taufbefehl (Konfirmand/in)
Tauffrage: Willst Du getauft werden?
Willst Du im Glauben wachsen,
Jesus auf der Spur bleiben
und in der Gemeinde leben,
so sprich: Ja, mit Gottes Hilfe.
Taufhandlung
Zeichen des Kreuzes: Du gehörst (jetzt) zu Jesus Christus.
Taufspruch
Taufkerze
Segen

Abendmahl

Lied

Komm, sag es allen weiter (EG 225)

Hinführung zum Abendmahl

(Konfirmandinnen/Konfirmanden)

29. Vgl. zur Taufe: Baltruweit / Ruddat, Gemeinde, Bd. 1, S. 144f.

Gebet

Gott,
wir danken dir, daß wir alles, was wir erlebt haben,
alles, was wir sind und haben,
an deinen Tisch mitbringen können –
und du schenkst uns deine Liebe, so wie wir sind.
Wir danken dir, daß wir dich erleben
als Freund, als Freundin, die uns liebhat
und etwas mit uns vorhat.
So komm zu uns
und gehe in uns ein
mit Brot und Wein –
verbinde uns zu Menschen, die von dir her leben,
und stärke uns für den Tag, der vor uns liegt. Amen.

Wir hören die Worte, die das Abendmahl zum Abendmahl werden lassen:

Einsetzungsworte

Vaterunser

(als Tischgebet)

Austeilung

(dazu Musik)

(Die Behutsamkeit der Austeilung wie auch der Einladungsworte ist ganz entscheidend!)

Dank

Gott, wir danken dir, du Gastgeber des Lebens.
Wir danken dir für Brot und Wein.
Gestärkt laß uns leben im Zeichen deiner Liebe. Amen.

... wie es morgen weitergeht: Abkündigungen

Sendung/Segen

Lied zur Nacht

Der Mond ist aufgegangen (EG 482)

(Ein-)Segnungsgottesdienst

Vorspiel

Begrüßung

Herzlich willkommen in der ...-Kirche!
Nun ist es soweit – aufgeregt seht Ihr Konfis dem entgegen, was kommt.
Ich begrüße Sie alle herzlich zum Einsegnungsgottesdienst der Konfirmation.
Gestern abend haben wir Abendmahl gefeiert, uns gestärkt.
Nun wollen wir Euch begleiten,
wenn Ihr den Segen für Euren Lebensweg empfangt, der vor Euch liegt:
Wir – das sind die Eltern und Paten,
das sind die Mitarbeiterinnen und Mitarbeiter im KU,
das ist die Gemeinde (Kirchenvorstand/Presbyterium),
das sind alle, die hier beim Gottesdienst mitmachen,
auch die, die ihn musikalisch begleiten. (...)
Wir freuen uns auf das, was wir in der nächsten Stunde erleben werden.
Wir freuen uns auf das Fest!
(... und bitten noch einmal die 80 Väter und Onkels mit den Fotoapparaten: Konzentrieren Sie Ihr Blitzlichtgewitter bitte auf eine *Situation, wo wir uns am Schluß des Gottesdienstes extra für Sie hier vorn aufstellen und solange lächeln, bis Sie alle fertig sind. Und den Rest des Gottesdienstes können Sie sich und wir alle uns ganz auf das einlassen, ganz das erleben, was wir feiern.)*
So bitten wir Gott, daß er mitten unter uns ist
und die Konfirmation zu einem Segen werden läßt.
So feiern wir diesen Gottesdienst im Namen Gottes,
des Vaters, des Sohnes und des Heiligen Geistes. Amen.

Lied

Danke-Konfirmationslied (siehe S. 146)

Gebet

(Konfirmand/in):
Gott,
lange haben wir uns auf den heutigen Tag vorbereitet –
haben ihn herbeigesehnt. Nun ist er da.
Mach du den heutigen Tag zu einem richtigen Festtag.
Schenke ihm durch dein Wort und durch deinen Segen die Tiefe, die trägt –

auch weit über diesen Tag hinaus.
Laß diesen Tag ein Zeichen sein, daß es sich lohnt,
unser Leben in deine Hand zu legen.

In diesem Sinne beten und sprechen wir gemeinsam:

Psalm 23

Der Herr ist mein Hirte,
mir wird nichts mangeln.
Er weidet mich auf einer grünen Aue
und führet mich zu frischem Wasser.
Er erquicket meine Seele.
Er führet mich auf rechter Straße um seines Namens willen.
Und ob ich schon wanderte im finsteren Tal,
fürchte ich kein Unglück;
denn du bist bei mir,
dein Stecken und Stab trösten mich.
Du bereitest vor mir einen Tisch
im Angesicht meiner Feinde.
Du salbest mein Haupt mit Öl
und schenkest mir voll ein.
Gutes und Barmherzigkeit werden mir folgen mein Leben lang,
und ich werde bleiben im Hause des Herrn immerdar.

Lied

Gott, in deinen Händen (siehe S. 142)

Lesung

(z. B. Joh 15,1-5)
mit Einleitung einer KU-Mitarbeiterin/eines KU-Mitarbeiters

Lied

Wir haben Gottes Spuren festgestellt (EG RWL 648 oder: Mein Liederbuch für heute und morgen 1, B 80)

Bekenntnistext

von Konfirmandinnen und Konfirmanden
(zusammengetragen auf einer Konfirmandenfreizeit):

Wir wollen offen sein für Neues,
für Veränderung,
daß in uns Glauben weiter wächst,
daß er sich immer wieder verändert
und tiefer wird
und wir Gott immer mehr vertrauen.

Wir wollen in der Gemeinschaft glauben
und Gott nahe sein
und den Glauben leben lernen.

Deshalb wollen wir Jesus auf der Spur bleiben,
wollen uns weiter Gedanken über ihn machen,
wollen mehr von ihm erfahren,
ihm konsequenter nachgehen,
und was er zu sagen hat, für uns beachten.
Wir wollen uns mit seinem Leben,
wollen uns mit Gott weiter beschäftigen,
indem wir seine Spur in unserer Gemeinde verfolgen
und seine Botschaft weitertragen.

Wir wollen unserer Kirche
nicht den Rücken kehren,
sondern in unserer Gemeinde bleiben
und in ihr auch nach der Konfirmation mitwirken.
Wir suchen in ihr Gemeinschaft.
Wir versuchen, was wir können, in sie hineinzubringen
und auch aus ihr zu schöpfen.
Wir wollen in ihr weiter lernen
und unsere Kraft da einsetzen,
wo sie gebraucht wird und wo es sinnvoll ist.

Predigt

nimmt den Bibeltext, den Text der Konfirmand/inn/en und die Situation auf.

Lied

Suchet zuerst Gottes Reich ... (EG 182)

Bekenntnis *(abdrucken)*

Einleitung:
Jetzt sind wir alle dran:
Ihr Konfirmandinnen und Konfirmanden,
Sie, die Eltern und Paten, und wir alle in der Gemeinde –
diesen (schweren) Bekenntnistext gemeinsam zu sprechen,
auch wenn wir wissen:
Da steht viel mehr drin, als jede(r) einzelne von uns glauben kann.
Aber wir sprechen ihn ja nicht allein, sondern zusammen –
und auch nicht nur wir hier in der Kirche,
sondern mit allen Christen gemeinsam.
Und wahrscheinlich können auch nur alle gemeinsam
diesen Bekenntnistext »abdecken«,
der weit über einzelne hinausgeht.
Aber er ist ein Zeichen für die Christenheit, ein Symbol.
Und zum Zeichen dafür, daß wir alle dazu- und zusammengehören,
auch Ihr Konfirmandinnen und Konfirmanden, sprechen wir: ...

Einsegnung

Segenswort: Der Gott, der dich liebhat,
sei mit dir, wohin du auch gehst.
Er zeige dir den richtigen Weg.
Er schütze dein Herz und deine Seele.
Er segne dein Leben –
und du sollst ein Segen sein.
Friede sei mit Dir/Euch.

Lied

Lobe den Herren, den mächtigen König ... (EG 316)

Ansage der Kollekte

Einsammeln am Ausgang

(Fürbitten-)Gebet

Und nun laßt uns noch einmal still werden und beten –
wir antworten auf die einzelnen Bitten mit: ...

- ☐ *Kirchenvorsteher/in (Presbyter/in)*
- ☐ *Konfirmand/in*
- ☐ *Mitarbeiter/in im KU*
- ☐ *Eltern und Paten*
- ☐ *Pastor/in*

Das Gebet mündet nach der letzten Bitte ohne Überleitung in das

Vaterunser

Sendung

Und nun geht in diesen Tag
und feiert Euer Fest.
Gott will mit Euch gehen.
Deshalb:
Wenn Ihr jetzt geht,
dann geht mit dem Segen Gottes:

Segen

Schlußlied

Baustein

Die liturgische Dimension der Konfirmandenzeit entfalten

Wenn wir die Konfirmandenzeit als »Probewohnen« in einer Gemeinde verstehen, in der noch »Zimmer frei!« sind und eingerichtet sein wollen, und wenn wir in solcher Offenheit für Neue in der Wohngemeinschaft auf Zeit den »normalen« sonntäglichen Gemeindegottesdienst als kontraproduktiven »heimlichen Lehrplan«[30] entdecken, so werden wir nicht erst angesichts des

30. So in der Orientierungshilfe des Rates der EKD: Glauben entdecken. Konfirmandenarbeit und Konfirmation im Wandel, Gütersloh 1998, S. 43f.

Konfirmationsgottesdienstes danach fragen müssen, wie ein Gottesdienst zu gestalten wäre, in dem eben nicht nur die Konfirmandinnen und Konfirmanden, sondern auch alle anderen an dieser Kasualie Beteiligten hier anzusprechen und einzubeziehen sind. Grundvoraussetzungen für solches Vorhaben sind einerseits eine langfristig angelegte Elternarbeit, andererseits eine ebenso elementar angelegte Konfirmandenarbeit. In jedem Fall: Die Gestalt der Konfirmation spiegelt die Bedeutung des Gottesdienstes und der liturgischen Dimension während der Konfirmandenzeit, ist also mehr oder minder abhängig von dem so oder so wirksamen Konzept des Konfirmandenunterrichts und dem dahinter stehenden Bild von Kirche und Gemeinde. Wenn es also um individuelles und gemeinsames »Praktizieren als Verstehensprozeß« geht, darum, Gemeinschaft zu haben, Glaubens- und Lebensorientierung zu entdecken und Partner zu sein im Mitfeiern und -gestalten, dann kann das gerade für die liturgische Dimension nur bedeuten, den langen Weg der kleinen Schritte, der elementaren Erfahrungen und Zugänge zu gehen, um in die Strukturen von Gottesdienst einzutauchen und mit den mehr oder minder bewußten Alltagsliturgien zu »versprechen«. Es geht um nichts anderes als: »Konfirmanden und Konfirmandinnen gestalten Gottesdienst«[31]. Als exemplarische Anregung beschreiben wir daher einen Weg zum Gottesdienst durch die Konfirmandenzeit. Abgesehen von einem kreativ liturgischen Rahmen des »Unterrichts«, einem Konfi-Ritual zu Anfang und Ende der wöchentlichen oder monatlichen Konfi-Zeit, auf dem immer wieder »by heart« alte und neue Lieder und Texte erinnert und jeweils zu einem Thema oder zu einem Projekt von der einen oder anderen Gruppe gestaltet werden, nehmen wir die Konfis »auf eine Reise durch den Gottesdienst« mit, bei der sie konzeptionell-verbindlich[32] etwa alle 6 bis 8 Wochen zum Gottesdienst eingeladen und immer wieder generationen- und gruppenübergreifend nach ihrem möglichen »Anteil« gefragt sind. Dabei kann es eine Hilfe sein, wenn z. B. monatlich wechselnd ein bestimmtes altes oder neues Lied (nicht nur für die Konfis ist das eine sinnvolle Erfahrung) eingeführt und sonntäglich gesungen und mit konfi-freundlichem Rhythmus musiziert wird (ähnliches ist natürlich auch mit bestimmten Texten oder besonderen liturgischen Stücken angesagt).

31. Vgl. z. B. Ulrich Fischer, Konfirmanden gestalten Gottesdienst. 30 Beispiele für die Praxis, Stuttgart 1991; einen anderen Ansatz signalisiert das von Hans-Martin Lübking herausgegebene Konzept »Gottesdienst für Jugendliche«. Praxismaterialien für alle Sonn- und Feiertage des Kirchenjahres, Düsseldorf – Perikopenreihe 1 (1996), 2 (1997), 3 (1998)ff., das ursprünglich unter dem Titel »Gottesdienst für Konfirmanden und Konfirmandinnen« erscheinen sollte.

32. Das setzt einerseits so etwas wie einen »Kontrakt« zwischen Konfis und Konfi-Team voraus, andererseits eine vorausschauende und auch beispielsweise den Eltern klare Terminplanung.

1. Vorspiel: »Erklärter Gottesdienst«[33] (nach den Sommerferien)

Die möglichen (angeschriebenen) Konfis und ihre Familien sind eingeladen, den Gottesdienst der Gemeinde kennenzulernen und seine Bedeutung für das Christsein ansatzweise zu erleben. Dabei können z. B. die Konfirmanden und Konfirmandinnen, die vor einem Jahr ihren Weg begonnen haben, eine tragende und damit überzeugende Rolle spielen.
Anschließend wird der Weg und die Zeit bis zur Konfirmation vom Team der Konfirmanden- und Jugendarbeit kreativ vorgestellt, im Rahmen des Kirchencafes ein Mittagessen angeboten und Gelegenheit zur Anmeldung für den »Unterricht« gegeben. Wer will, hat noch Bedenkzeit.

2. Auftakt: Vorstellung der neuen Konfis (am Ende der Herbstferien)

Die neuen Konfirmandinnen und Konfirmanden haben während einer Einführungsfreizeit »vor Ort« nicht nur sich selbst und das Gemeindehaus als »Zuhause auf Zeit« fürs erste kennengelernt, sondern auch erste Eindrücke vom »Wurzelwerk«[34] der Gemeinde gesammelt (z. B. vom Besuch des Kindergartens über den Eine-Welt-Laden bis zum Altenwohnheim, von den Hauptamtlichen bis zu den Ehrenamtlichen). Dabei haben sie für ihren ersten gemeinsamen, die Freizeit abschließenden Gottesdienst eine »Vorstellung« ausgedacht, die z. B. den Eingangsteil des Gottesdienstes (A: Mit Leib und Seele ankommen[35]) mit einem besonderen Introitus (Einzug) zur Begrüßung gestaltet, einen Psalm paraphrasiert bzw. ein Gebet zum Tag, zur Vorstellung formuliert.

3. Gottesdienst im Advent (vor den Weihnachtsferien)

Hier können sich die Konfis beispielsweise eine spezielle Situation (etwa in einer Kyrie-Litanei[36] zum »Tag der Menschenrechte« am 10. Dezember) vergegenwärtigen.

33. Vgl. den Vorschlag unseres Gottesdienstes zu Beginn der Konfirmandenzeit, S. 131ff., und in Band 1, S. 241: Hier wird Liturgie zum Thema gemacht, d. h. ein besonderes Element, z. B. die Begrüßung oder der Segen, werden für die Gestaltung des Gottesdienstes und der Predigt herausgegriffen, und dazu werden neben den »normalen« liturgischen Rollen alle Schritte der Liturgie durch eine zusätzlich »erklärende« Rolle »behutsam« kommentiert, damit das Wechselspiel des Gottesdienstes nicht über die Maßen gestört wird. Vgl. dazu auch H.-C. Schmidt-Lauber / M. Seitz (Hrsg.), Der Gottesdienst. Grundlagen und Predigthilfen zu den liturgischen Stücken, Stuttgart 1992.
34. Vgl. dazu den anregenden Vorschlag einer »Regionaldidaktik« in Hubertus Halbfas, Wurzelwerk. Geschichtliche Dimensionen der Religionsdidaktik, Düsseldorf 1989.
35. Vgl. Baltruweit/Ruddat, Gemeinde, Bd. 1, S. 49-96.
36. Vgl. a.a.O. S. 78. Die dort beschriebene »Zeitungsliturgie« kann als eine spontane Form des »Ge-

4. Gottesdienst zum Bibelsonntag mit Eltern (nach den Halbjahreszeugnissen)

Etwa im Anschluß an einen Konfirmanden-Eltern-Tag; z. B. samstags: vormittags Arbeit mit den Konfis am 4. Gebot oder einem anderen Bibeltext, nachmittags fortgesetzt dann in gemischten Konfi-Eltern-Gruppen, die sich mit einem ausgewählten Konflikt zum Thema des Gebots oder des Textes[37] auseinandersetzen und sich dafür zusammensetzen, Lösungen zu inszenieren, die sie dann einander vorspielen und ggf. in Fürbitten einbringen. Ganz nebenbei »erlesen« sie sich einen biblischen Text und steigen ein in den Prozeß seiner befreienden und horizonterweiternden Wahr-Nehmung (Verkündigungsteil B: Die Botschaft wahr-nehmen[38]).

5. Abendgottesdienst in der Passionszeit (möglichst vor den Osterferien)

Eine ausgewählte Passionsandacht mit der gemeinsam vorbereiteten Meditation eines Symbols oder eines Bildes[39], die Vorbereitung einer Station auf dem Ökumenischen Jugendkreuzweg oder die Einbeziehung bei der Gestaltung einer Abendmahlzeit am Gründonnerstag können einen weiteren Schritt zur Einstimmung oder Begegnung mit dem kommunikativen Kommunio-Teil C: Miteinander ein Leib werden[40] darstellen, u. U. bietet sich hier auch eine Taufe in der Osternacht an, in der u. a. auch Jugendliche (Konfis?) getauft werden.

6. Vorstellungs- und Konfirmationsgottesdienst des vorauslaufenden Jahrgangs

Hier können sich die Konfis (alternativ) als »stille Beobachter« bewähren und die jeweiligen Gottesdienstkreationen kritisch unter die Lupe nehmen, insbesondere im Blick auf die Lieder und die Musik, auf Glaubensbekenntnis und Segen (vor allem die Einsegnung). In doppeltem Sinne wird so der Schlußteil des Gottesdienstes vergegenwärtigt: D: Mit dem Segen weiter-gehen.

bets über der Zeitung« betrachtet werden, das etwa in vierfacher Richtung fragt: Ich lese... Ich frage mich... Was sagt Gott dazu?... Ich bekenne/bete..., in jedem Fall: Kyrie eleison.

37. Z. B. wie in der Geschichte von Hans May, Nur keinen Streit vermeiden; in: Weert Flemmig u. a. (Hrsg.), Nur keinen Streit vermeiden. GTB 90, Gütersloh 2. Aufl. 1978, S. 111-115. Die Geschichte wird bis zum Höhepunkt der Auseinandersetzung vorgeführt, die Lösung des Autors erst nach den Problemlösungen in den Gruppen vorgestellt.
38. Vgl. Baltruweit/Ruddat, Gemeinde, Bd. 1, S. 97-159.
39. Vgl. a.a.O., S. 101 f. (vor allem die »Schritte des Umgangs mit Bildern«).
40. Vgl. Baltruweit/Ruddat, Gemeinde, Bd. 1, S. 160-197.

7. Gemeindefest als Gottesdiensttag (vor den Sommerferien)

Während des Gemeindepraktikums (zwischen Ostern und Pfingsten) fällt der regelmäßige KU zugunsten einer Teilnahme an »ausgewählter« Gemeindepraxis aus (von der Hilfe bei einer Kindergruppe bis hin zur Begleitung beim Besuchsdienst); gleichzeitig wird im Kontext dieses Praxisfeldes ein Beitrag zum Gemeindefest vorbereitet, der sich in die Liturgie dieses Festes (z. B. vom Gottesdienst am Morgen bis zum meditativen Abschluß am Abend) einbettet.

8. »Erklärter Gottesdienst«[41] für den nächsten Konfi-Jahrgang (nach den Sommerferien)

Hier kann beispielsweise ein bekanntes liturgisches Stück wie Vaterunser oder Segen von den Konfirmandinnen und Konfirmanden gestaltet werden.

9. Friedensgottesdienst
(im Rahmen der Friedensdekade, z. B. Buß- und Bettag)

Hier bietet sich in besonderer Weise an, die politische Dimension des Gottesdienstes etwa in den Fürbitten zu entfalten oder so etwas wie ein »Abendgebet zur Sache«[42] zu gestalten.

10. Abendgottesdienst zu Epiphanias (am Ende der Weihnachtsferien)

Hier kann dieses vergessene Fest seinen Gloria-Charakter zurückgewinnen, in dem zu einem nachweihnachtlichen Singen und Musizieren eingeladen wird, bei dem die Konfis z. B. ein altes oder neues Lied oder eine ganz andere Weihnachtsgeschichte vorstellen.

11. Gottesdienst zum Abschluß der Konfirmandenfreizeit
(am Ende der Osterferien)

Im Rahmen der abschließenden mehrtägigen Konfirmandenfreizeit erarbeiten die Konfis ihren Vorstellungsgottesdienst von der Begrüßung bis zum Segen,

41. Vgl. oben die Ausführungen und Anmerkung zu Punkt 1.
42. Vgl. zu dieser auf den Kirchentagen seit 1973 bewährten Form die auch didaktisch anregenden Erläuterungen: Wie einer mit seinem Freunde spricht. Das Gebet zur Sache (Studienreihe für Verkündigung und Gemeindeaufbau 5), Gladbeck 1974.

der zum Abschluß der Freizeit – sozusagen als Generalprobe – in einen Abendmahlsgottesdienst eingebunden ist, der etwa das Mittagessen als Sättigungsmahlzeit zwischen Brot und Wein einbezieht.

12. Zusammenspiel: Vorstellungsgottesdienst
(etwa vier Wochen vor der Konfirmation)

Der auf der abschließenden Konfirmandenfreizeit gestaltete Vorstellungsgottesdienst – verstanden als »Prüfung« der anderen Art und vor allem als Gottesdienst der »ganz eigenen Konfi-Art« – bündelt »selbsttätig« die liturgischen Erfahrungen der Konfirmandenzeit und wird sich häufig um das Glaubensbekenntnis (Konfirmation – was fange ich damit an?) drehen, aber natürlich auch Gelegenheit geben, besondere Abkündigungen zu entwickeln oder das Kollektenprojekt vorzustellen, für das sich die Konfis stark machen.

13. Das Fest der Konfirmation (z. B. Pfingsten)

Dieses Fest sollte so weitgehend wie möglich generationenübergreifend gestaltet werden. Dabei kann es barmherzig und entlastend sein, auf das Abendmahl während des Konfirmationsgottesdienstes zu verzichten und es dafür am Vorabend zur Einstimmung, am Abend des Konfirmationstages als Abschluß des Festes oder an einem folgenden Wochenende zu feiern. Gute Erfahrungen gibt es mit der »entspannten« Lösung: Konfirmation am Pfingstsonntag und dann Abendmahlsgottesdienst mit den frisch Konfirmierten am Pfingstmontag – gestaltet vom Team der Jugendarbeit, das bei einem anschließenden »Stammtisch«, einer Art »Nachspiel«, nicht nur die Erfahrungen mit der Konfirmation nachklingen, sondern auch mögliche Perspektiven des weiteren Miteinanders entwickeln lassen kann (vom Gemeindefest über die Sommerfreizeit bis hin zur Mitarbeit in der Jugendarbeit).

Baustein

Gottesdienst zur Begrüßung: »Jetzt geht's los!«

Ein Wegweiser durch den Gottesdienst

Das *Orgelvorspiel*
will in uns Ruhe einkehren lassen, daß wir still werden und bereit zu hören.

© Doris Westheuser, Versmold

Die *Begrüßung*
nennt den Anlaß des Gottesdienstes und stellt besondere Gäste vor – »und die seid heute Ihr, liebe Konfirmandinnen und Konfirmanden« (Nennung der Namen aller Konfis).
Sie sagt auch, in wessen Namen wir hier zusammen sind.

Der *Psalm*
spricht je nach Anlaß Lob, Dank oder Klage aus.
Er erinnert, daß wir unser Leben nicht in unserer Hand haben.
Er mündet in das Morgen-*Lied* »Danke«.

Das *Kyrie*-Gebet benennt die Nöte, in denen Menschen und wir uns befinden.
Damit wir durch diese Nöte nicht unsere Hoffnung verlieren,
bitten wir Gott um sein Erbarmen.

Nach einem *Trostwort* aus der Bibel,
das der Pastor/die Pastorin der Gemeinde zuspricht,
antwortet die Gemeinde wiederum mit einem *Gotteslob*.

Sie singt das Lied »Ich lobe meinen Gott, der aus der Tiefe mich holt«.

Dieser Eingangsteil, den wir auch »Anrufungsteil« nennen, schließt mit dem *Gebet des Tages*, das alle Anliegen unter dem Thema des Sonntags sammelt.

Mit der *Lesung* beginnt der Verkündigungsteil.
(Sie steht in dem Brief, den der Apostel [so nennen wir die ersten Zeugen, die von Jesus berichten, ihn teils zu Lebzeiten gesehen haben und mit ihm gezogen sind] Paulus an die Christen in Rom geschrieben hat – etwa 25 Jahre nach Jesu Tod.)

Nach einem weiteren *Lied* »Wo Menschen sich vergessen« (Mein Liederbuch 2 – Oekumene heute, B 225) folgt die *Predigt* – heute haben wir aber etwas Besonderes vorbereitet.

Ein Mobilebügel wird aufgehängt und in seinen (Styropor-)Einzelelementen entwickelt – mit dem, was zum Konfer dazugehört, was das Team den Konfis wünscht, was diese Zeit ausmachen wird, auf was sich die Konfis freuen können:

- ☐ Eine Bibel steht für das Kennenlernen christlicher Inhalte. Das Buch kann auch für die Konfis spannend werden.
- ☐ Ein Licht/eine Kerze ist ein Hinweis für Feier, Gottesdienst, Stille.
- ☐ Ein Siegel der Evangelischen Jugend steht für die Angebote an die Konfis von den Jugendlichen der Gemeinde und für das Angebot, auch selbst mitarbeiten zu können.

☐ Ein Rucksack steht für die bevorstehenden Freizeiten.
☐ Ein Fragezeichen deutet die Diskussionen an, auf die es keine eindeutigen Antworten gibt.
☐ Die Kirche steht für die Gemeinschaft vieler verschiedener Menschen.
☐ Ein Notenschlüssel steht für die Musik, das gemeinsame Singen.
☐ Ein Smily steht für den Spaß, den Konfer machen soll.
☐ All das soll sich die Waage halten und zusammen die kommende Zeit reich, spannend und schön machen.

Damit alle den eigenen Gedanken noch nachsinnen können, spielt die Orgel.
Auf den Verkündigungsteil antwortet die Gemeinde mit dem *Glaubensbekenntnis*, das uns mit vielen Christenmenschen in anderen Kirchen heute und vor unserer Zeit verbindet. Deshalb ist es ein besonderer Text, den wir über 1500 Jahre kaum verändert überliefert bekommen haben – kein Wunder, daß er so schwer zu verstehen ist.
Jetzt kommt ein Lied, das wir extra für Euch gemacht haben, ein Konfi-Rap[43]; den wollen wir jetzt mit allen hier in der Kirche singen:
Zu einem Rhythmus (z. B. Rhythmuscomputer) werden einzelne Sätze wie die folgenden »vorgesagt« und von allen wiederholt:

Die eine Hälfte der Kirche:	*Die andere Hälfte der Kirche:*
Jetzt geht's los	ober- ober-cool
... da geh'n wir in die Kirche	ober- ober-cool
... da is was los	ober- ober-cool
... da gemma hin	ober- ober-cool
... und wir machen mit	ober- ober-cool
ober- ober-cool	ober- ober-cool
Konfitime	Konfitime
Konfitime	Konfitime
hey	hey
hey	hey

43. Eine Alternative von Georg Pape findet sich in Erhard.Domay / Hanne Köhler (Hrsg.), der gottesdienst, Bd. 3, S. 192-194.

Wir wollen Ihnen und Euch jetzt einiges sagen,
was unserer Gemeinde »auf den Nägeln brennt«.
Normalerweise nennt man das *Abkündigungen*.
Aber was so amtlich klingt, kann ganz lebendig sein.

Die *Kollekte* wollen wir jetzt bei dem nächsten Lied einsammeln.

Das, was uns bewegt und Sorgen macht – in der Welt, in der Kirche und bei uns persönlich –, sprechen wir in den *Fürbitten* aus. Das Gebet schließt mit dem gemeinsam gesprochenen *Vaterunser*.

Danach wendet sich der Pastor/die Pastorin wieder der Gemeinde zu
und spricht die *Sendung* und den *Segen*, den die Gemeinde mit Amen beantwortet.

Das *Orgelnachspiel*, dem alle im Sitzen zuhören, beschließt den Gottesdienst.

(Der Wegweiser durch den Gottesdienst stammt von Detlef Brandes, die Konzeption der Predigt incl. Mobile von Christiane von Arnim und Detlef Brandes zusammen mit dem JugendmitarbeiterInnenkreis. Der Konfi-RAP stammt von Fritz Baltruweit.)

Baustein

Silberne und Goldene Konfirmation

Zur Erinnerung

»Noch kaum bedacht und wenig traditionell verankert sind die meisten *Jubiläen* im Lebenszyklus, die aber ebenfalls (so wie die klassischen Kasualien) christlichen (kirchlichen) Anlaß zur Deutung und Verarbeitung bestimmter Lebenskrisen geben könnten – vor allem aber auch zu festlicher Gestaltung. Hier sei an die *»Silberne Konfirmation«* erinnert, die etwa zur Zeit der Konfirmation oder Trauung der eigenen Kinder Anlaß zur Rückerinnerung an Glauben und Gemeinde im Kontext der sogenannten midlife-crisis bedeuten kann; zum anderen ... wird in vielen Gemeinden eine *»Goldene Konfirmation«* gefeiert, die nicht nur das Erreichen der Pensionsgrenze markiert oder die Kennzeichnung als »Senior« (oder Großeltern) verarbeiten hilft, sondern gelegentlich auch neue Zeiten für Glauben und Gemeinde finden läßt ... Dabei kann die Verarbeitung gemeinsamen Lebens auf dem Hintergrund sichtbar veränderter Lebensmöglichkeiten zum Anlaß genommen werden, einzelne Menschen sichtbar zur Kenntnis zu nehmen und sich ihrer im Kontext der Gemeinde vor Gott zu erinnern.«[44]

44. Günter Ruddat, Art. Feste und Feiertage VI. Praktisch-theologisch, in: TRE XI (1982), S. 140.

Wie die »Goldene« Konfirmation »erfunden« wurde

Der Berliner Pfarrer D. Planck erzählt: »Eines Tages gegen Anfang 1880 sagte mir der damalige Reichskanzler, daß er einst in der Dreifaltigkeitskirche zu Berlin konfirmiert worden sei. Ich fragte ihn, ob er auch seinen Denkspruch noch wisse. ›Ja‹, erwiderte er, ›den Spruch glaube ich ziemlich richtig sagen zu können: Was ihr tut, das tut dem Herrn und nicht den Menschen. Aber die Stelle, wo er steht, habe ich vergessen. Nicht wahr, ein besseres Wort konnte mir nicht gegeben werden.‹ Zu Hause schlug ich die Stelle auf: Kolosser 3,23. Mein Küster aber, dem ich davon erzählt hatte, durchblätterte die alten Konfirmandenregister, fand die Eintragung und machte mich darauf aufmerksam, daß am kommenden 31. März gerade fünfzig Jahre seit Bismarcks Konfirmation vergangen sein würden. ›Da müßten wir eigentlich dem Reichskanzler einen Jubiläums-Konfirmationsschein schreiben; wer weiß ohnehin, ob er den früheren noch hat.‹ Gesagt, getan. Der Konfirmationsschein wurde angefertigt, mit einfachen Randzeichnungen um den Text. Am Morgen des 31. März 1880 legte ihn die Fürstin auf den Frühstückstisch des Reichskanzlers. Sie sagte mir nachher, daß er sich kaum über etwas so gefreut habe wie über diese überraschende, ernste Erinnerung. Als ich einige Zeit darauf dem Fürsten das Heilige Abendmahl reichte, führte er mich nach der Feier zu seinem Schreibtisch, auf dessen Mitte der Konfirmationsschein aufgestellt war, und sagte: ›Es hat doch etwas auf sich, wenn man sich sagen muß: fünfzig Jahre sind dahingegangen, seitdem du vor dem Konfirmationsaltar gestanden! Aber der Spruch soll mein Leitstern bleiben.‹«[45] Mit dieser fürstlichen Entstehungslegende war alles da, was zu diesem Jubiläum dazu gehört, die Rückbesinnung auf 50 Jahre gelebten Lebens, die Erinnerung an den Konfirmationsspruch und die Feier des Abendmahls.

In dieser Linie bewährt sich inzwischen auch zunehmend als meist zuerst gefeiertes, aber später »erfundenes« Jubiläum im Lebenszyklus gerade die Gestaltung von Gottesdiensten zur »Silbernen Konfirmation« (unter Umständen im zweijährigen Rhythmus), die entsprechend der (späteren) kirchlichen Gestaltung eines Gottesdienstes zur »Silbernen Hochzeit« ebenfalls im Zeichen einer Neuorientierung helfen kann, einerseits an gute alte (im Sinne von »vernachlässigte«) Erfahrungen mit Gott und den Menschen (Kirche inbegriffen) anzuknüpfen, andererseits einen besonderen seelsorglichen Anstoß an dieser Schwelle des Lebens zu

45. Zitiert nach: Friedrich Laubscher, Sieh, das ist Gottes Treue, Hamburg 1975, S. 6-7.

geben, gerade dann wenn sich der Gottesdienst im Zusammenhang eines wirklichen »Gesprächsraumes« entwickelt. Anders als bei den mehr familiär gefeierten Jubiläen (Silberne und Goldene Hochzeit) wird hier ein besonderes gastfreundliches Engagement der Gemeinde erwartet: Die Gemeinde macht frühzeitig (möglichst ein Jahr vorher, wenn es nicht einen festen Termin für diese Jubiläen gibt) auf den Termin dieses Jubiläums aufmerksam und lädt dazu ein, sich im Gemeindebüro zu melden (dabei sollten unbedingt auch diejenigen angesprochen werden, die nicht die Möglichkeit haben, in ihrer Heimatgemeinde zu feiern). In der Regel helfen noch ortsansässige »Ehemalige« gern, die gerade bei den Konfirmandinnen (nur die Mädchennamen stehen in den Kirchenbüchern!) nicht immer leichte Arbeit zu übernehmen, Familiennamen und Adressen herauszufinden und so eine umfassende schriftliche Einladung aller (mit Rückmeldung) zu ermöglichen. In der Regel lassen sich dann bei einem gemeinsamen Vorbereitungsgespräch auch Anregungen und Wünsche zur Gestaltung des Tages einbeziehen.
So kann etwa nach dem festlichen Abendmahlsgottesdienst ein kleiner Empfang im Gemeindehaus folgen, anschließend ein gemeinsames Mittagessen arrangiert werden und – etwa nach einem Spaziergang durch die Gemeinde – ein geselliger Nachmittag mit Kaffee und Kuchen folgen, der neben viel Zeit für Gespräche (eventuell Verlesen von Briefen derer, die nicht kommen konnten) auch mit kleinen kulturellen Beiträgen (Bilder und Geschichten rund um die damalige Konfirmation, zur Entwicklung der Gemeinde bis zur Gegenwart, kleine Beiträge der Beteiligten oder des Kinderchors o. ä.) gestaltet werden kann.
Generell gilt für diese Jubiläen die menschenfreundliche Empfehlung, ein besonderes Gottesdienstprogramm mit allen Liedern und liturgischen Stücken (inklusive Noten) und mit den gemeinsam zu sprechenden Texten (vom Psalm über das Glaubensbekenntnis bis zum Vaterunser) zu gestalten, bei dem nicht nur das Bild der Kirche und die Namen der Beteiligten erscheinen, sondern auch bestimmte Reminiszenzen (z. B. das Gruppenbild von der Konfirmation vor 25 oder 50 Jahren) einbezogen werden können.

Bausteine im Gottesdienst zur Silbernen bzw. Goldenen Konfirmation[46]

Einzug und Vorspiel

(Die Gruppe der Konfirmandinnen und Konfirmanden trifft sich 15 bis 30 Minuten vor Beginn des Gottesdienstes in der Sakristei oder im Gemeindehaus zu einer

46. In der Regel sollte der Gottesdienst in der vor Ort üblichen festlichen Form (mit Bläserkreis oder Kantorei o. ä.) gefeiert und möglichst auch mit dem derzeitigen Konfi-Jahrgang gestaltet werden; vgl. z. B. Handreichung zur Feier der Goldkonfirmation, Ev. Kirche im Rheinland, Düsseldorf 1982.

ersten Begegnung (manchmal nach vielen Jahren) – um z. B. traditionell ein silbernes oder goldenes Sträußchen oder alternativ einen liebevoll gestalteten Button mit dem Namen o. ä.[47] *angesteckt zu bekommen und anschließend gemeinsam (möglichst mit den Ehegatten) in die Kirche einzuziehen.)*

Begrüßung[48] und Wort zum Eingang: Jahreslosung

(Die jeweilige Jahreslosung – oder die Losung des Kirchentags – ist eine gute Möglichkeit, gleich zu Beginn ein jahresbezogenes Thema des Gottesdienstes inklusive der Predigt zu signalisieren.)

Konfirmationslied[49] *(oder ein anderes bekanntes Lied zur [Kirchen-]Jahreszeit)*

Psalm (z. B. Ps 23) *(gemeinsam oder im Wechsel zwischen Frauen und Männern)*

Gebet zum Fest

Gott, unsere Zeit steht in deinen Händen.
So legen wir vor dich ... unser einmaliges Leben, all die Jahre, jeden einzelnen Tag.
Das fällt uns nicht leicht, unserer Vergangenheit und Gegenwart zu begegnen,
denn allzuoft haben wir unsere unverwechselbare Geschichte verdrängt,
nur ausgerichtet auf den Augenblick oder voll Angst fasziniert von der Zukunft.
Wir bitten dich, Herr der Zeit, hilf uns,
unser Leben mit all seinen Möglichkeiten in deinem Licht neu zu entdecken
und voll Vertrauen in deine Liebe menschenfreundlich zu gestalten.

Oder:

Gott, wir freuen uns an diesem Tag und wünschen uns,
daß auch die Jahre, die du uns noch schenkst, Freude mit sich bringen.
Wir wissen, auch im Alter brauchen wir Mut und Gelassenheit,
Mut, der Gewohnheiten durchbricht
und sich nicht von Enttäuschungen beirren läßt,
Gelassenheit, die nicht auf das eigene Recht pocht,
sondern weise umgeht mit denen, die nach uns kommen.
Um solchen Mut und solche Gelassenheit bitten wir Dich.

47. Z. B. bei den bekannten Unternehmen wie Assmann, Lüdenscheid: Ansteckstrauße mit Sicherheitsnadeln; oder von den derzeitigen Konfis mit der Buttonmaschine aus dem Jugendhaus gestaltet.
48. Hier kann z. B. an die Spuren des Wandels im »Gesicht« der Kirche wie in den »Gesichtern« der Menschen erinnert werden.
49. In vielen Gemeinden ist es üblich, daß sich jeder einzelne Jahrgang ein besonderes Konfirmationslied wählt, das direkt zu Beginn oder in Verbindung mit dem Segen angestimmt werden kann.

Lied zur Jahreslosung

Predigt über die Jahreslosung

Musik zur Meditation

Anrede an die Goldkonfirmandinnen und -konfirmanden

(Wenn nicht bereits die Predigt so etwas wie einen »Weg durch das Leben« markiert und integriert, bei dem etwa in Fünf- oder Zehnjahresschritten ein Stück gemeinsame Biographie seit der Konfirmation erinnert und gedeutet wird, wäre das auch in diesem Zusammenhang denkbar; eine andere Möglichkeit besteht etwa darin, das zu überreichende Geschenk als Symbol anzusprechen.)

Gemeinsames Glaubensbekenntnis

Lied

Herr, wir bitten: Komm und segne uns[50] (EG RWL 607)
(oder ein anderes Segenslied)

Segen

(Die Goldkonfirmandinnen und -konfirmanden kommen in Gruppen – evtl. nach Namensaufruf – zum Segen [mit Handauflegung] und zum Empfang des Geschenkes an den Altar.)

Der barmherzige Gott, der euch bis hierher geholfen und getragen hat,
begleite und bewahre euch auch in Zukunft
mit seinem Schutz und seiner Fürsorge.
Gottes Segen sei um euch. Friede sei mit euch.

Geschenk der Gemeinde[51] *(oder hier anschließend)* Konfirmationslied

Ankündigung der Kollekte / Lied zur Kollekte

50. Fassung mit neuen Strophen (Günter Ruddat 1991), siehe S. 183.
51. Vgl. die mancherorts erst noch zu entwickelnde Tradition, ein besonderes Gedenkblatt – z. B. mit Rembrandts Gemälde »Heimkehr des verlorenen Sohnes« (1668) – oder ein spezielles Symbol der Gemeinde oder der Kirche zu diesem Fest zu verschenken (weitere Anregungen siehe S. 264).

Fürbitten

(Die folgenden beiden Fürbitten sollten hier unbedingt einbezogen werden:)

Gott, unsere Zeit steht in deinen Händen.
Wir gedenken aller Konfirmandinnen und Konfirmanden,
die vor 50 Jahren mit uns konfirmiert wurden, aber inzwischen gestorben sind ...
(Namen einfügen) Tröste du alle, die um sie trauern.
Wir bitten dich für alle Konfirmandinnen und Konfirmanden,
die krank sind und darum heute nicht unter uns sein können ...
(Namen einfügen) Sei du ihnen nahe und allen, die sie begleiten.

Lied

Ein jeder braucht sein Brot, seinen Wein[52] *(oder ein anderes »einladendes« Lied)*

Abendmahl[53]

(Angesichts der »Schwierigkeiten«, die es vielleicht nach langer Zeit bereitet, wieder einmal am Abendmahl teilzunehmen, ist es besonders wichtig, »offen« einzuladen und dabei herauszustellen, was das »befreiend« bedeutet: »Seht und schmeckt, wie freundlich ...« (Ps 34) – eben gerade nicht »bedrückend«: »Was auf den Tisch kommt, wird gegessen«, sondern Abendmahl als Gelegenheit, sich in der Tiefe neu zu erinnern, was es heißt, »auf den Geschmack des Glaubens, des Lebens zu kommen«.)

Lied zum Dank / Gebet zum Weiter-Gehen

Lied

Bewahre uns, Gott (EG 171) *(oder ein Lied zur [Kirchen-] Jahreszeit)*

Sendung und Segen[54] – Nachspiel und Auszug

(anschließend Foto der Gruppe)

52. Text siehe S. 185.
53. Vgl. z. B. für die elementare Gestaltung des Abendmahls das Modell in Baltruweit / Ruddat, Gemeinde, Bd. 1, S. 189-192.
54. Siehe z. B. S. 186.

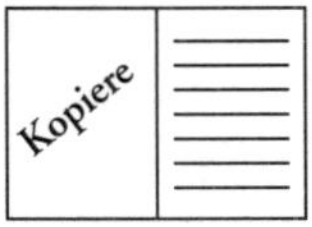

Konfirmationssprüche[55]

Siehe, ich habe dir geboten, daß du getrost und unverzagt seist. Laß dir nicht grauen und entsetze dich nicht ... Gott ist mit dir auf allen deinen Wegen. *Jos 1,9*

Ich vertraue darauf, daß du so gnädig bist; mein Herz erfreut sich, daß du so gerne hilfst. *Ps 13,6*

Erhalte meinen Gang auf deinen Wegen, daß meine Tritte nicht gleiten. *Ps 17,5*

Ich freue mich und bin fröhlich über deine Güte, ... du stellst meine Füße auf weiten Raum. *Ps 31,8a.9b*

Ich will dich unterweisen und dir den Weg zeigen, den du gehen sollst; ich will dich mit meinen Augen leiten. *Ps 32,8*

Weise mir, Gott, deinen Weg, daß ich wandle in deiner Wahrheit;
erhalte mein Herz bei dem einen, daß ich deinen Namen fürchte. *Ps 86,11*

Erforsche mich, Gott, und erkenne mein Herz. *Ps 139,23*

Ich weiß wohl, was ich für Gedanken über euch habe, spricht Gott:
Gedanken des Friedens und nicht des Leides, daß ich euch gebe Zukunft und Hoffnung. *Jer 29,11*

Ihr seid das Salz der Erde. Ihr seid das Licht der Welt. *Mt 5,13a.14a*

Ich glaube; hilf meinem Unglauben! *Mk 9,24b*

Fürchte dich nicht, sondern rede und schweige nicht! Denn ich bin mit dir, und niemand soll sich unterstehen, dir zu schaden. *Apg 18,9b-10a*

Stellt euch nicht dieser Welt gleich, sondern ändert euch durch Erneuerung eures Sinnes, damit ihr prüfen könnt, was Gottes Wille ist, nämlich das Gute und Wohlgefällige und Vollkommene. *Röm 12,2*

Laß dich nicht vom Bösen überwinden, sondern überwinde das Böse mit Gutem. *Röm 12,21*

Ihr seid Gottes Bau. Einen anderen Grund kann niemand legen außer dem, der gelegt ist, welcher ist Jesus Christus. *1 Kor 3,9b.11*

Ihr alle seid durch den Glauben Gottes Kinder in Christus Jesus. *Gal 3,26*

Zur Freiheit hat uns Christus befreit! So steht nun fest und laßt euch nicht wieder das Joch der Sklaverei auflegen. *Gal 5,1*

Lebt als Kinder des Lichts – die Frucht des Lichts ist lauter Güte und Gerechtigkeit und Wahrheit. *Eph 5,8b-9*

55. Vgl. die Anregungen und Materialhinweise: Zur Auswahl von Segensworten, S. 89, und natürlich die Taufsprüche, S. 91.

Neue Lieder und Psalmen zur Konfirmation

Gott, in deinen Händen[56]

Text: Anna-Mari Kaskinen; Musik: Pekka Simjoko; Textübertragung: Fritz Baltruweit 1990

2. Gott, in deinen Händen ist das Leben nah. Da bricht kein Gericht mein Lebenslicht.
Viele tausend Schulden zeichnen dich bis heut. Du wiegst sie mit deiner Liebe auf.
Gott, mit deiner Liebe fängt mein Leben an. Du bist es, der allen Grund ersann.
Gott, mit deiner Liebe fängt mein Leben an. Dir sing ich mein Lied, solang ich kann.

3. Gott, in deinen Händen ist das Vergebung nah. Du baust eine Brücke, die mich trägt.
Die verbindet Ufer – nichts trennt mich von dir. Bleib bei mir – begleite meinen Weg.
Gott, mit deiner Liebe fängt mein Leben an. Du bist es, der meinen Sinn ersann.
Gott, mit deiner Liebe fängt mein Leben an. Dir sing ich mein Lied, solang ich kann.

56. Auf der CD zu diesem Buch Hanns Dieter Hüsch / Studiogruppe Baltruweit, Jeder Tag ist ein Geschenk – Lebensreise, tvd-Verlag, Düsseldorf 1999.

Sei getrost und unverzagt[57]

Text: Eugen Eckert; Musik: Fritz Baltruweit

Aus der CD »Unterwegs« (1995) der Gruppe HABAKUK.

Ein Chorsatz zu diesem Lied befindet sich in dem Chorbuch »Vom Leben singen«, Strube Edition 1357

57. Wie Anm. 56.

Fürchte dich nicht

Text und Musik: Fritz Baltruweit 1980

2. Fürchte dich nicht, getragen von seinem Wort, von dem du lebst.
   Fürchte dich nicht, getragen von seinem Wort. Von ihm lebst du.

3. Fürchte dich nicht, gesandt in den neuen Tag, für den du lebst.
   Fürchte dich nicht, gesandt in den neuen Tag. Für ihn lebst du.

Ihr könnt nun gehen

Text: Klaus Middel
Musik: Paul Gerhart Walter

2. A. Ihr, ihr könnt jetzt sprechen
im Namen des Herrn.
Der Herr wird bei Euch sein.
B. Wir könn' sprechen
im Namen des Herrn.
Der Herr wird bei uns sein.

3. A. Ihr, ihr könnt jetzt handeln
im Namen des Herrn.
Der Herr wird bei Euch sein.
B. Wir könn' handeln
im Namen des Herrn.
Der Herr wird bei uns sein.

4. A. Ihr, ihr könnt nun helfen
im Namen des Herrn.
Der Herr wird bei Euch sein.
B. Wir könn' helfen
im Namen des Herrn.
Der Herr wird bei uns sein.

5. A. Ihr, ihr könnt nun gehen
im Frieden des Herrn.
Der Herr wird bei Euch sein.
C. Ja, wir gehen im Frieden des Herrn.
Gott läßt uns nicht allein.
Ja, wir gehen im Frieden des Herrn.
Gott läßt uns nicht allein.

Danke-Konfirmationslied

Danke, daß wir jetzt feiern können,
danke für diesen Lebensschritt,
danke, du willst uns Freude gönnen,
Gott, geh du heut mit.

Danke für alle offnen Türen,
danke, daß Zukunft vor uns liegt,
danke, wir können manchmal spüren,
wie man Flügel kriegt.

Danke, wir konnten Freunde finden,
danke für Spiel und Heiterkeit,
danke für Worte, die verbinden,
und geschenkte Zeit.

Danke, daß Menschen uns begleiten,
danke für Nähe und Geduld,
danke für Trost in schweren Zeiten
und vergebne Schuld.

Danke, daß wir Gemeinschaft haben,
danke, du schenkst uns Brot und Wein,
danke für alle guten Gaben –
hilf uns, Mensch zu sein.

Danke für Ziele, die sich lohnen,
danke für Jesu Lebensspur,
danke, du Gott willst bei uns wohnen,
nicht im Himmel nur.

Text: Eugen Eckert, © beim Autor (singbar zur Melodie EG 334 »Danke«)

Hinweise

Wege und Ziele	P. Stein / G.Weißel / P.G.Walter / J.Stobäus, ku-praxis-Lieder zum Abendmahl 13
Wo ein Mensch Vertrauen gibt	siehe S. 201
Gott gab uns Atem[58]	EG 432
Wir haben Gottes Spuren festgestellt	EG Rheinland/Westfalen/Lippe 648 / Mein Liederbuch für heute und morgen 1, B 80
Suchet zuerst Gottes Reich	EG 182
Herr, wir bitten, komm und segne uns	EG Rheinland/Westfalen/Lippe 607
Ich möcht, daß einer mit mir geht	EG 209
Bewahre uns Gott	EG 171

Psalm 130: In Gottes Hand[59]

Wir alle sind in Gottes Hand
Ein jeder Mensch in jedem Land
Wir kommen und wir gehen
Wir singen und wir grüßen
Wir weinen und wir lachen
Wir beten und wir büßen
Gott will uns fröhlich machen

Wir alle haben unsre Zeit
Gott hält die Sanduhr stets bereit
Wir blühen und verwelken
vom Kopf bis zu den Füßen
Wir packen unsre Sachen

58. Wie Anm. 56.
59. Wie Anm. 56.

Wir beten und wir büßen
Gott will uns leichter machen

Wir alle haben unser Los
Und sind getrost auf Gottes Floß
Die Welt entlang gefahren
Auf Meeren und auf Flüssen
Die Starken mit den Schwachen
Gott will uns schöner machen

Wir alle bleiben Gottes Kind
Auch wenn wir schon erwachsen sind
Wir werden immer kleiner
Bis wir am Ende wissen
Vom Mund bis zu den Zehen
Wenn wir gen Himmel müssen
Gott will uns heiter sehen.

Hanns Dieter Hüsch

(Aus: Hanns Dieter Hüsch / Uwe Seidel: Ich stehe unter Gottes Schutz. Psalmen für Alletage, tvd-Verlag, Düsseldorf [1996], 3. Aufl. 1997, S. 70-71.)

jesus

1
mit einer schar von freunden (freundinnen auch)
durch galiläas dörfer und städte ziehend
hat er kranke geheilt und geschichten erzählt
von der weltleidenschaft des ewigen gottes

2
privilegien der klasse der bildung galten ihm nichts
zu seinem umgang zählten tagelöhner und zöllner
wo mangel sich zeigte an nahrung oder getränk
teilte er fische brot und wein aus für viele

3
die gewalt von gewalthabern verachtete er
gewaltlosen hat er die erde versprochen
sein thema: die zukunft gottes auf erden
das ende von menschenmacht über menschen

4
in einer patriarchalischen welt blieb er der sohn
und ein anwalt unmündiger frauen und kinder
wollten galiläer ihn gar zum könig erheben? er aber
ging hinauf nach jerusalem: direkt seinen gegnern ins garn

5
auf einem jungesel kam er geritten – kleinleute-messias:
die finger einer halbweltdame vollzogen die salbung an ihm ...
bald verwirrt bald euphorisch folgten ihm die freunde die jünger
um bei seiner verhaftung ratlos unterzutauchen ins dunkel

6
über sein schweigen hin rollte der schnelle prozeß
ein afrikaner schleppte für ihn den balken zum richtplatz hinaus
stundenlang hing er am kreuz: folter mit tödlichem ausgang –
drei tage später die nicht zu erwartende wendung

7
anstatt sich verstummt zu verziehen ins bessere jenseits
brach er von neuem auf in das grausame diesseits
zum langen marsch durch die viellabyrinthe
der völker der kirchen und unserer unheilsgeschichte

8
oft wandelt uns jetzt die furcht an er könnte
sich lang schon verirrt und verlaufen haben
entmutigt verschollen für immer vielleicht – oder bricht er
noch einmal (wie einst an ostern) den bann?

9
und also erzählen wir weiter von ihm
die geschichten seiner rebellischen liebe
die uns auferwecken vom täglichen tod –
und vor uns bleibt: was möglich wär' noch

Kurt Marti

(Aus: Kurt Marti, Gedichte am Rand, Verlag Niggli, CH-Sulgen, 3. Aufl. 1974.)

Kasualdidaktische Grundausstattung zur Konfirmation[60]

1. Für die Hand der Gemeinde

1.1 Zur Einladung und Vorbereitung

Projektgruppe Glaubensinformation, Unser Kind ist Konfirmand. Briefe an Konfirmandeneltern, Lahr 1982.
(Zusammengestellt aus dem Briefkurs: Wer glaubt, hat Zukunft.)

Wilfried Pioch, Unterwegs ins Leben. Ein Gespräch mit Konfirmandeneltern (Fundus 1), Hamburg (1976) veränderte Neuauflage 1988.

Christoph von Lowtzow, Deine Konfirmation, Stuttgart 1992.

Rainer Starck, Mein Kind wird konfirmiert. Konfirmandenzeit heute, Lahr 1994. (Staffelpreise)

Hans-Martin Lübking, Warum Konfirmandenunterricht? Miteinander reden, feiern, etwas erleben, die Kirche erkunden, Düsseldorf 1996 (10 Hefte in einem Paket)

Sigrid Heinzmann, Kommunion und Konfirmation. Einladungen – Glückwünsche – Tischkarten – Dankeschön, mit Vorlagen, Augsburg 1999.

1.2 Zur Erinnerung[61] und Begleitung

Hans G. Maser / Hans H. Reimer, Ein besonderer Tag: Meine Konfirmation (Konfirmandenheft), und Ein besonderer Tag: Mein Kind wird konfirmiert. (Elternheft), Gütersloh 1987.

Hans Freudenberg, Segen empfangen. Meine Konfirmation in Bildern und Texten zum Nachdenken, Göttingen (1989) 2. Aufl. 1990.

Dietmar Rost / Joseph Machalke, Meine Konfirmation. Ein Buch zur Erinnerung, Gütersloh 1991.

Dietrich Hellmund (Hrsg.), Konfirmation. Festtag meines Lebens, Ein Erinnerungsalbum. Aschaffenburg/Stuttgart (1984) 1992.
(auch in Leder gebunden mit Goldschnitt)

Claudia Ewald-Freudenberger (Hrsg.), Konfirmation. Mein Erinnerungsalbum, Augsburg/Stuttgart 1994.

Werner Tiki Küstenmacher, Chris, die Kerze und die Geschichte vom Abendmahl. Ein (fröhliches) Buch zur Konfirmation, Augsburg/Stuttgart 1995.

Rainer Starck (Hrsg.), Zur Konfirmation Ihres Kindes, Gütersloh 1995.

Heike Hilgendiek (Hrsg.), Das Leben ist ein Fest, Gütersloh 1996.

Hans-Martin Lübking, Ein freier Mensch werden. Geschenkbuch zur Konfirmation, Düsseldorf (1996) 2. Aufl. 1996. (Staffelpreise)

Berthold Brohm / Hans-Jörg Gabler / Ann Natalie Schmid, LebensWege. Mein Erlebnis- und Erinnerungsalbum zur Konfirmation, Augsburg/Stuttgart 1997.

60. Vgl. die allgemeinen Hinweise zur Kasualdidaktischen Ausstattung, S. 259.
61. Vgl. die Hinweise zu Gedenkscheinen und Symbolgeschenken, S. 264.

Gerhard Engelsberger, Es ist schön, daß es mich gibt. Zur Konfirmation, Stuttgart 1997.
Heiner Karnstein / P.-T. Schulz, Auf geht's! Geschenkbuch zur Konfirmation, Düsseldorf 1997.
Michael Höhn (Hrsg.), Mein unvergeßlicher Tag. Erinnerungsalbum zur Konfirmation, Gütersloh 1999.
Hans-Martin Lübking, Es macht Spaß zu leben. Album zur Konfirmation und danach, Düsseldorf 1999.

2. Für die Gottesdienstwerkstatt in der Gemeinde

2.1 Handwerkszeug für jede Mitarbeiterin und jeden Mitarbeiter

Comenius-Institut (Hrsg.), Handbuch für die Arbeit mit Konfirmandinnen und Konfirmanden. Redaktion: Volker Elsenbast, Gütersloh 1998.
Umfassende praxisorientierte Informationen und Reflexionen (vollständige Neubearbeitung des vergleichbaren »Handbuch für die Konfirmandenarbeit«, Gütersloh 1984); darin u. a. für die liturgische Gestaltung anregend:
Rainer Starck / Ingrid Scholz, Gottesdienste mit Konfirmandinnen und Konfirmanden, S. 253ff.; Klaus Goßmann, Taufe und Abendmahl, S. 273ff.; Rainer Starck / Ingrid Scholz, Der Konfirmationsgottesdienst, S. 294ff.; Peter Hennig / Hanna Löhmannsröben, Den Konfirmationstag gestalten, S. 317ff.; Henning Schröer, Konfirmation – was ist das? S. 446ff.; Roland Degen, Jugendweihe und Konfirmation, S. 491ff.
Gottfried Adam u. a. (Hrsg.), KU-Praxis. Für die Arbeit mit Konfirmanden, Gütersloh 1973 ff.
Von dieser kreativen Reihe mit Bausteinen für Gottesdienste und Materialien für den Untericht u. a. m. (jährlich zwei Hefte) liegen inzwischen, z. T. überarbeitet, z. T. in Auswahl (Nachdruck), 37 Hefte (1998) vor.
Fritz Baltruweit / Günter Ruddat: Taufe, Konfirmation, Trauung, Beerdigung. Gütersloh 1999.

2.2 Gottesdienstordnung/Agende

Konfirmation. Entwurf der Agende für ev.-luth. Kirchen und Gemeinden. Band III, Teil: Konfirmation. Im Auftrag der Kirchenleitung der VELKD hrsg. vom Luth. Kirchenamt (reihe gottesdienst 18), Hannover 1995 (z. Zt. Revision dieser Agende auch für den EKU-Bereich).

2.3 Grundlagen zur Gestaltung von Konfirmationsgottesdiensten (und Konfirmationspraxis)

Erhard Domay (Hrsg.), Konfirmation (Gottesdienstpraxis Serie B), Gütersloh 1990.
Mit einer theologisch-homiletischen Einführung von Rainer Starck und u. a. Entwürfen häuslicher Feiern.
Ulrich Fischer, Konfirmanden gestalten Gottesdienst. 30 Beispiele für die Praxis, Stuttgart 1991.
Erhard Domay (Hrsg.), Gottesdienste mit Konfirmandinnen und Konfirmanden (Gottesdienstpraxis Serie B), Gütersloh 1993.
Mit einer theologisch-homiletischen Einführung von Rainer Starck.
Den Konfirmationstag gestalten. Mit Konfirmanden – Mit Eltern – In Familien (ku-praxis 21), Gütersloh (1986) 2. Aufl. 1994.
Ergänzt um Roland Degen, Konfirmation und Jugendweihe – ostdeutsch.
Erhard Domay (Hrsg.), Konfirmation (Gottesdienstpraxis Serie B), Gütersloh 1997.
Mit einer pastoralsoziologischen Einführung von Karl-Fritz Daiber.

Hans-Jürgen Milchner (Hrsg.), Konfirmation. Ansprachen, Gebete, Entwürfe (Dienst am Wort 80), Göttingen 1998.
Praktisch-Theologische Einführung von Michael Meyer-Blanck.
Erhard Domay (Hrsg.), Gottesdienste mit Konfirmandinnen und Konfirmanden (Gottesdienstpraxis Serie B), Gütersloh 1999.
Mit einer pastoralsoziologischen Einführung von Karl-Fritz Daiber.
Vgl. auch die Rolle der Konfirmation in den Arbeitshilfen für den Unterricht:
Hans Reimer / Horst Reller (Hrsg.), Leben entdecken. Ein Buch für Konfirmanden, Gütersloh (1981) 8. Aufl. 1992; Hans-Martin Lübking, Kursbuch Konfirmation, Düsseldorf 1995; Sven-Olav Lütz / Andreas Quattlender, Erlebnisorientierte Konfirmandenarbeit. Konzeption und Gestaltung, Düsseldorf 1999.

2.4 Konfirmationsjubiläen

Hans-Helmar Auel (Hrsg.), Konfirmationsjubiläen. Praktische Hilfen (Dienst am Wort 77), Göttingen 1997.
Auch zu diesen Jubiläen werden besondere Verteilschriften aufgelegt, z. B.:
Friedrich Laubscher, Sieh, das ist Gottes Treue. Glückwünsche zum Konfirmationsjubiläum,. Hamburg (1975) veränderte Neuauflage 1989.

3. Liturgiewissenschaftliche Vertiefung (für Leute, die es genauer wissen wollen)

Vgl. die einschlägigen Abschnitte in der S. 264ff. angeführten Literatur.

Christof Bäumler / Henning Luther (Hrsg.), Konfirmandenunterricht und Konfirmation. Texte zu einer Praxistheorie im 20. Jahrhundert, München 1982.
Ausführliche Darstellung der Diskussion von 1900 bis 1960, Literatur!
Peter C. Bloth, Die Konfirmation; in: Peter C. Bloth (Hrsg.), Handbuch der Praktischen Theologie. Band 3, Gütersloh 1983, S. 169-182.
Wolfgang Steck, Konfirmandenunterricht und Konfirmation; in: Friedrich Wintzer (Hrsg.), Praktische Theologie, Neukirchen-Vluyn (1982) 2. Aufl. 1985, S. 194-211 (ältere Literatur, S. 210f.).
Klaus Wegenast, Konfirmandenunterricht und Konfirmation; in: Gottfried Adam / Rainer Lachmann (Hrsg.), Gemeindepädagogisches Kompendium, Göttingen 1987, S. 314-354 (Literatur).
Karl Dienst / Walter Neidhart, Art. Konfirmation; in: Theologische Realenzyklopädie (TRE) Bd. 19, 1990, S. 437-451.
Konfirmandenunterricht für die 90er Jahre. Themaheft, Der evangelische Erzieher 42, 1990, S. 511-688.
Volker Elsenbast (Hrsg.), Behinderte Jugendliche in der Konfirmandenarbeit (Im Blickpunkt 13), Comenius-Institut, Münster 1994.
Christian Grethlein, Gemeindepädagogik, Berlin 1994 (6. Kap.: Konfirmandenzeit, S. 181-227).
Michael Meyer-Blanck / Lena Kuhl, Konfirmandenunterricht mit 9/10jährigen. Planung und praktische Gestaltung, Göttingen 1994. (Das »Hoyaer Modell«)
Günther Kehnscherper, Die Konfirmation (Geschichte und Gestalt des Gottesdienstes) S. 333-353; Karl Dienst, Die Konfirmation (Die Praxis der Kasualgottesdienste), S. 925-936; in: Handbuch der Liturgik, Leipzig/Göttingen 1995.
Roland Degen / Volker Elsenbast (Hrsg.), Konfirmieren – Aspekte und Perspektiven in Ostdeutschland, Comenius-Institut, Münster 1996.
Kirchenamt der EKD (Hrsg.), Glauben entdecken. Konfirmandenarbeit und Konfirmation im Wandel. Eine Orientierungshilfe des Rates der EKD, Gütersloh 1998.

Trauung

Der Weg der Trauung: Liebe entdecken

Anfänge: Dem Bund der Liebe trauen

Das Wort »trauen« bezieht seine aufbauende Kraft (vgl. Trost als – innere – Festigkeit) und zuverlässige Wahrheit (vgl. engl. true) aus dem indogermanischen Wort für Baum, bedeutet also so viel wie »stark und fest werden wie ein Baum«[1]. Aus diesem symbolischen Sprachgebrauch im Feld von »glauben, hoffen (und lieben)« entwickeln sich die Bedeutungen »Vertrauen schenken« und »zutrauen«, im intensiven Sinne »etwas von jemandem erwarten«. Beides kann sich – persönlich gewandt – zum »sich (zu-)trauen« im Sinne von »Vertrauen wagen« steigern oder zum »anvertrauen« im Sinne eines »vertrauensvoll der Obhut eines anderen übergeben«. In dieser vierfachen Perspektive spiegelt sich dann auch das im Mittelalter entstehende und wirksame Verständnis der »Trauung« als Akt des »ehelichen Verbindens«[2], des vertraglichen Abschlusses, »dem Manne zur Frau geben« (und umgekehrt). Wer sich also traut, für den steht die *Heirat* »vor der Tür«[3]. Für das gemeinsame Zuhause, das »Heim« (Hei-), also die sich zusammen lagernde Gemeinschaft, wissen Sie und Er Rat (-rat), darin steckt so viel wie Hilfe und Versorgung. Heiraten, das macht man am Tag der *Hochzeit*. Dabei ist der ursprüngliche Sprachgebrauch als Hoch-Zeit, als hoher und großer Tag, wieder zu entdecken, als ein besonderes Fest (der Liebe), Signal für einen neuen Lebensabschnitt, Zeichen für eine neue vertiefte Dimension der Liebe.

Liebe als Grundmotiv (vgl. 1 Kor 16,14; 1 Joh 4) der sich verbündenden Begegnung zwischen Gott und den Menschen[4] soll nach der »Erkenntnis« der Bi-

1. Darin hat sich aus Zeiten unserer germanischen Vorfahren (Wikinger) zugleich die Bedeutung von »Teer« als Bindemittel zwischen den Baumstämmen bewahrt, dem unentbehrlichen Hilfsmittel beim Schiffsbau, sozusagen »Treue« als notwendige Voraussetzung für den Stapellauf des Eheschiffes und seine Seetüchtigkeit.
2. Die Etymologie des Wortes »Ehe« (Gesetz oder Recht) signalisiert im germanischen Verständnis ein reines Rechtsgeschäft, die Übergabe der Braut gegen Barzahlung, das allerdings durch die Vermählung (Befragung von Mann und Frau im Kreis der beiden Sippen) besiegelt wurde.
3. Vgl. den früheren Ortswechsel zwischen Ja-Wort vor der Kirchentür und dem Segen vor dem Altar.
4. Nicht zufällig wird die Beziehung zwischen Gott und dem Volk Israel, zwischen Christus und der Kirche immer wieder mit Symbolen der Liebe und der Hochzeit beschrieben: Vgl. z. B. Gott wirbt um sein Volk wie um eine verschmähte Liebe (Hos 2,22).

bel[5] auch die elementare Begegnung von Mann und Frau (vgl. Mt 19,4ff. ; Gen 1,27ff.) bestimmen, die von Anfang an füreinander geschaffen sind – als »Hilfe, die dem anderen entspricht« (Gen 2,18ff.)[6]. Dieses ursprüngliche Angewiesensein *und* die sich daraus gleichzeitig entwickelnde ambivalente »paradiesische« Dimension des völligen Vertrauens (»Und sie werden sein ein Fleisch«, Gen 2,24) und des abgründigen, sich verstrickenden Mißtrauens (vgl. die Kettenreaktion in Gen 3: »Adam, wo bist du? ... Das Weib ... Die Schlange ...«) markieren dann auch den sich institutionalisierenden »Bund« der Ehe (vgl. dazu auch das Bild des Bandes: Kol 1,4), den die Bibel bis ins Neue Testament hinein immer im Lichte einer ganzheitlichen und dauerhaften Gottesbeziehung interpretiert, die »auf Gegenseitigkeit« im Dienen (Diakonie) und in der Vergebung (Seelsorge) ausgerichtet ist (vgl. Röm 13,8; Phil 2,1-3; Kol 3,12-14; Eph 5; 1 Petr 4,10). Von daher sind dann auch alle anderen vereinzelten Äußerungen zu Ehe und Ehelosigkeit, Ehebruch und Ehescheidung einzuordnen. Dieser grundsätzlichen »Gleichberechtigung« vor Gott und der damit verbundenen grundlegenden »Gleichschuldigkeit« gegeneinander entspricht biblisch eher das Interesse an der inneren Gestaltung der Ehe (»Heiligung«), weniger an einer spezifischen Form der Eheschließung. Hier wird im wesentlichen das jüdische bzw. hellenistisch-römische Eherecht vorausgesetzt und akzeptiert (vgl. z. B. Kol 3 und 1 Kor 7). Ein anschauliches Bild von einer jüdischen Eheschließung zur Zeit und vor der Zeit Jesu vermittelt das apokryphe *Buch Tobias* (Tobit)[7]; hier werden bereits die Elemente der viel später sich darauf berufenden[8] kirchlichen Trauung: Fürbitte und Segen, Bekenntnis und Bibelwort herausgestellt.

»Raguel rief seine Tochter Sara, ... nahm ... sie bei der Hand und übergab sie dem Tobias ...:

›Ich gebe sie dir zur Frau nach dem Gesetz und den Weisungen Moses. Führe sie wohlbehalten zu deinem Vater. Gott im Himmel stehe euch bei und bewahre euch.‹ Dann rief er ihre Mutter (Edna), ließ sich Schreibzeug bringen und setzte den Ehevertrag auf ... Darauf begannen sie zu essen und zu trinken ... Als sie gegessen und getrunken hatten und es Schlafenszeit war, führte man den Bräutigam in das vorbereitete Zimmer. ... Als man sie allein gelassen und die Tür abge-

5. Das hebräische Wort für »erkennen« (von der körperlichen Liebe: Adam »erkannte« sein Weib Eva (Gen 4,1.17) bis zur spirituellen »Erkenntnis« Gottes) umschließt ein ganzheitliches Verstehen.
6. Vgl. dazu den ganzheitlichen Kommentar aus dem Talmud: Gott hat die Frau nicht aus des Mannes Kopf geschaffen, daß er ihr befehle; noch aus seinen Füßen, daß sie seine Sklavin sei; vielmehr aus seiner Seite, daß sie seinem Herzen nahe sei.
7. Z. B. in der (katholischen) Einheitsübersetzung oder in den evangelischen Bibelausgaben (mit den Spätschriften des AT).
8. Es ist schwer einzuschätzen, welcher direkte Einfluß dieser Texte auf die Traupraxis zu veranschlagen ist.

schlossen hatte, stand Tobias vom Lager auf und sagte zu Sara: ›Steh auf, meine Schwester, wir wollen zum Herrn, unserem Gott beten, daß er Erbarmen mit uns hat und uns beschützt.‹ Auch Sara stand auf, und die beiden baten Gott, daß er sie vor dem bösen Geist in Schutz nehme. Tobias sagte: ›Herr, du Gott unserer Vorfahren, wir preisen dich! In alle Ewigkeit soll dein Name gelobt werden! Alle deine Geschöpfe im Himmel und auf der Erde sollen dich ewig rühmen! ... Du hast Adam als Gefährtin und Beistand seine Frau Eva gegeben und gesagt: ›Es ist nicht gut, wenn der Mensch allein ist. Ich will ihm einen Gefährten geben, der zu ihm paßt.‹ Du weißt, daß ich mit dieser Frau nicht flüchtige Lust suche, sondern mich in lebenslanger Treue mit ihr verbinden will. Deshalb hab Erbarmen mit uns beiden und laß uns bis ins Alter beisammen bleiben.‹ Gemeinsam sagten sie: ›Amen. So geschehe es!‹ Dann gingen sie zu Bett.«[9]

Von der nüchternen und zugleich lebensvollen Einstellung des Predigerbuches »Zwei sind besser dran als einer allein« (vgl. Pred/Koh 4,9ff. und 9,8f.) über die poetischen Liebeslieder der Bibel: »Wie schön ist deine Liebe« (Hld 4,9ff., vgl. 7,11ff. und mit dem Bild des Siegelrings[10]: 8,6f.) bis hin zum »Hohen Lied der Liebe« (1 Kor 13) reichen die biblischen Konkretionen zum Thema. Andererseits war für Jesus die *Unauflöslichkeit der Ehe* durch das 6. Gebot: »Du sollst nicht ehebrechen« (Ex 20,14)[11] und die Verantwortung füreinander selbstverständlich; eine *Ehescheidung* widerspricht dieser Gabe Gottes: »Was Gott zusammengefügt hat, das soll der Mensch nicht scheiden« (Mk 10,9). In der traditionellen Traufrage wird diese lebenslange Dimension ausgesprochen: »Bis der Tod euch scheidet« oder in neueren Formulierungen unausgesprochen eingeschlossen. Schwere Eheverfehlungen wurden aber schon früh als Grund für eine Scheidung angesehen (Mt 5,32).

9. Tob 7,13-8,8 in Auswahl. Zitiert nach der Übersetzung: Die Bibel in heutigem Deutsch. Die Gute Nachricht, Stuttgart 1982. Diese Übersetzung folgt im Gegensatz zu den meisten deutschen Bibelübersetzungen der ausführlicheren, wahrscheinlich ursprünglichen Fassung, die vom Codex Sinaiticus und einigen altlateinischen Handschriften bezeugt ist. Nach der lateinischen Übersetzung von Hieronymus (Vulgata), der auch Luther folgte, verbringen die Brautleute drei Nächte im Gebet und vollziehen die Ehe erst in der vierten.
10. Der Ring ohne Anfang und ohne Ende wie die Ewigkeit (damit hängt u. U. auch das Wort Ehe zusammen) – überlagert mit dem Symbol des Kreises –, konnte in christlicher Zeit zusätzlich mit den Symbolen Anker, Fisch und Taube verbunden werden.
11. Eine Konfirmandin, deren Eltern in Scheidung lebten, übersetzte dieses Gebot – übrigens ähnlich wie Luther in seiner Erklärung – einmal so: »Du sollst alles tun, damit deine Ehe lebendig bleibt ..., und – so gut Du kannst – Deine Ehe nicht gefährden oder zerstören.« Ehebruch ist in den meisten Fällen Zeichen und Folge einer tieferliegenden persönlichen Entfremdung, an der nicht nur einem Partner Schuld zu geben ist. Jesus hat jedenfalls eine Ehebrecherin nicht verurteilt und sie vor Bestrafung bewahrt (Joh 8,1-11) und damit einen weiteren entlastenden Horizont eröffnet: »Wer von euch ohne Schuld ist ...«.

Weg-Zeichen: Trauung zwischen Gott und der Welt

Auch nach der Zeit der Christenverfolgungen entwickelte die Kirche – wie schon zu biblischen Zeiten – kein eigenständiges Interesse an der Form der Eheschließung. Entweder wurde der römische *»Konsens«* (lat. Übereinstimmung: consensus facit nuptias – Die beidseitige Willenserklärung begründet die Ehe) oder die germanische *»Kopulation«* (von lat. zusammenbinden oder zusammenfügen durch Erklärung dessen, der das Recht über die Braut hatte, meist Brautvater oder Vormund) fortgeschrieben. Dabei schützte das kirchliche »Aufgebot« vor möglichen Ehehindernissen, sorgte für die notwendige Öffentlichkeit und konnte sich mit dem fakultativen (also freien) Angebot einer Segenshandlung verbinden. Erst im Mittelalter bildete sich aus der geregelten Abfolge von römischer Konsenserklärung der Brautleute, germanischer »Übergabe«, Vollzug der Hochzeitsnacht und Kirchgang zur gemeinsamen Segnung im Gottesdienst ein sich festigendes Ritual, bei dem der Priester zunehmend in die Rolle des (selbst gewählten) »weltlichen« Vormundes trat. Damit entwickelte sich die ganze Handlung – begleitet von einer zunehmenden Konsolidierung der Monogamie und einer gleichzeitigen Diskriminierung der »unehelichen« Familienangehörigen – zur ureigenen Sache der Kirche, die dann besonders durch die Konzilsbeschlüsse von Lyon (1274) und Trient (1563) ein Verständnis der *Ehe als Sakrament*[12] und die rituelle Formpflicht ausbildete.

Demgegenüber hat *Martin Luther*[13] im Bewußtsein der Vielfalt gewachsener Hochzeitsbräuche wieder zwischen der staatlich zu ordnenden Eheschließung als einem »weltlichen Geschäft« und einem (möglichen) Gottesdienst[14] mit Gebet und Segen für die Neuvermählten als Sache der Kirche getrennt und unterschieden. Dabei beklagt Luther nicht, daß nicht alle heiratswilligen Paare dafür auch die beglei-

12. Vgl. die Bestimmungen auch des neuen Codex des Kanonischen Rechts von 1983, besonders: Canon 1055: »Der Ehebund ... wurde zwischen Getauften von Christus dem Herrn zur Würde eines Sakraments erhoben. Deshalb kann es zwischen Getauften keinen gültigen Ehevertrag geben, ohne daß er zugleich Sakrament ist«; Canon 1057: »Die Ehe kommt durch den Konsens der Partner zustande ...«; Canon 1108: »Nur jene Ehen sind gültig, die geschlossen werden unter Assistenz ... des Ortspfarrers ... sowie vor zwei Zeugen ... Als der einer Eheschließung Assistierende wird nur verstanden, wer in persönlicher Anwesenheit die Kundgabe des Ehekonsenses der Eheschließenden erfragt und im Namen der Kirche entgegennimmt.«
13. Vgl. vor allem die offensichtlich auf Anfrage entstandene Schrift: » Ein Traubüchlein für die einfältigen Pfarrherr« von 1529. Hier empfiehlt Luther die zweigeteilte Form: »Zusammensprechung« (mit Traufrage, Votum nach Mt 19,6b und Ringwechsel) vor dem Kirchenportal *und* »Segnung« des Ehepaares (mit vorausgehenden biblischen Erinnerungen und Ermahnungen zu einer christlich verstandenen Ehe und sich anschließender Fürbitte) in der Kirche.
14. Erstaunlicherweise fehlt im »Traubüchlein« der Hinweis auf eine wie immer geartete Traupredigt, auch wenn Traupredigten Luthers überliefert sind.

tende Hilfe, den »Dienst« der Kirche in Anspruch nehmen. Wer aber Segen und Gebet im Zusammenhang der Hochzeit begehrt, der bekennt sich damit zu einem anderen Horizont der Ehe: Und wenn das auch nicht allen Brautleuten von vornherein klar ist, ist darüber Aufklärung vonnöten und vornehme Aufgabe der kirchlichen Vorbereitung auf die Trauung und des Gottesdienstes.

Allerdings haben die evangelischen Kirchen schon während der Reformationszeit und erst recht in der Folgezeit im Kampf gegen die sogenannten heimlichen Ehen und die damit verbundenen Probleme dem Staat die öffentliche Eheschließung als dessen Mandat abgenommen und in den entstehenden Kirchenordnungen mit einer kirchlichen Trauung (festgeschriebener Trauritus) verbunden. Im Grunde hat erst die von Aufklärung und Demokratisierung geförderte gegenläufige Entwicklung die von der evangelischen Kirche als gültig und nicht ergänzungsbedürftig anerkannte Einführung der obligatorischen Zivilehe durch Bismarck (Reichsgesetz vom 6.2.1875) die reformatorische Zielvorstellung der *Unterscheidung zwischen (standesamtlicher) Eheschließung und anschließender (kirchlicher) Trauung*[15] *(als Gottesdienst)* in Deutschland umgesetzt, aber zugleich mit dem Verlust der eheschließenden Funktion die andauernde Krise einer kirchlichen Trauung verursacht, die mehr sein will als ein besonderer Gottesdienst, als ein *Gottesdienst zum Beginn einer Ehe.* Dabei tritt auch hier im ganz anderen Sinne einer »gestreckten Handlung« an die Stelle der vorlaufenden bürgerlichen Verlobung weitgehend die »Ehe auf Probe« als eine Form der vorehelichen Monogamie.

In jedem Fall ist das im volkskirchlichen Bewußtsein diffuse *»Mehr an Feierlichkeit«* der kirchlichen Handlung gegenüber dem für viele ungenügenden Vorgang eines kurzen Verwaltungsaktes auf dem Standesamt[16] trotz aller Traditionsabbrüche verbleibender Antrieb, die Sehnsucht nach Segen[17] zu stillen, nach einer vertieften festlichen Gestaltung der endgültigen Entscheidung für den Partner, die die weitgehende Sprachlosigkeit der eigenen Daseinsdeutung in einer Weise überwindet, die mit den »weltlichen« Hochzeitsbräuchen nicht »im Ernst« eingelöst wird. Dementsprechend liegt im Vorfeld der Trauung, also im zunehmend wichtiger werdenden und eigentümlich intimen *»Gesprächsraum zu Dritt«* mit einer vertrauensvollen und offenen Atmosphäre die besondere Chance einer gegenseitigen Aufklärung – wie zu Luthers Zeiten –, was dieses Tun ganz persönlich bedeu-

15. Diese gegenwärtige Sprachregelung verkennt allerdings das weitergreifende Verständnis von »Trauung«.
16. Allerdings vollzieht sich hier sowohl in der Gestaltung wie in der Verortung der standesamtlichen Eheschließung ein Prozeß der erlebnisorientierten Wahrnehmung (vom Standesamt im Büro eines postmodernen Rathauses zum Ambiente eines Stadtschlosses o. ä.), zunehmend im vermarkteten Gesamtpaket (mit Hochzeitsfeier, Hotel usw.).
17. Vgl. oben S. 26.

tet, welche Ängste und Hoffnungen, welche Erfahrungen und Erwartungen sich damit verbinden. »Auf dem Weg der Trauung: Liebe entdecken« kann im Sinne der Botschaft Jesu nur heißen, sich als wirklicher Zeitgenosse denen in aller Menschenfreundlichkeit zuzuwenden, die heiraten (wollen), und ihnen zuzutrauen, einerseits den anderen gerade auch in seiner Begrenztheit und Unzulänglichkeit anzunehmen und andererseits sich ihm aber auch als Mensch anzuvertrauen, der an ihm schuldig werden kann und wird. Daran läßt sich nicht nur später im Gottesdienst, sondern gerade auch im Nachgang zur Trauung anknüpfen, wenn die seelsorgerliche Kompetenz des Pfarrers bzw. der Pfarrerin als horizonterweiternder »(Krisen-)Begleiter« förderlich erlebt wurde.

Merke!

Trauung – ein theologischer Merkzettel

»Gottes Gabe und persönliche Verantwortung« – unter dieser Überschrift hat das Kirchenamt der EKD eine Stellungnahme der Kammer für Ehe und Familie »zur ethischen Orientierung für das Zusammenleben in Ehe und Familie« veröffentlicht, die versucht, ein zeitgemäßes (im Sinne von sach- und menschengerechtes) christliches Verständnis angesichts der tiefgreifenden Veränderungen in der Lebenswirklichkeit zu entwerfen[18]. Dabei wird zusammenfassend als »das eigentliche Evangelische an ihrem Ehe- und Familienverständnis« angesehen, in den historisch gewachsenen Vorstellungen von Ehe und Familie »eine stetige Dynamik und einen immerwährenden Gestaltungswillen« zu entdecken, der dazu anstiftet, »die Verantwortung für das eigene Leben und für das der in der Ehe und Familie verbundenen Menschen wahrzunehmen und das Bemühen, Gelingen und Scheitern im Lichte des Evangeliums zu sehen«. »Das gemeinschaftliche Leben in Ehe und Familie dankbar als gute Gabe Gottes zu verstehen, anzunehmen und zu leben«, das bedeutet dann auch konsequent nach dem kirchlichen Beitrag zur Klimaveränderung zu fragen – nach nicht nur punktuellen, sondern gerade auch begleitenden Hilfen – ethische Orientierungen allgemeiner und individueller Art (wie in Seelsorge und Beratung), Vergewisse-

18. Gütersloh 1998. Dabei signalisiert schon das Vorwort (S. 7ff.) den offenen Diskussionsprozeß, wenn trotz erreichter Konsensbildung zu den Aspekten Ehe/Familie und Kinder/Scheidung einleitend weiterer Klärungsbedarf zu den Fragen angemeldet wird: 1. Wie ist der Zusammenhang von Familie und Ehe zu bestimmen? (kind- oder eheorientierter Ansatz); 2. Was ist der sachliche Kern der Auseinandersetzungen um die Ehe? (Verständigung um das Leitbild des Zusammenlebens von Mann und Frau); 3. In welcher Weise können Ehe und Familie soziale Leitbilder sein? (Leitbild verstanden als biblisch verantwortete Wegweiser, nicht als »unhistorische normative Größe« zur »Verabsolutierung vorfindlicher Formen«).

rung und Zuspruch (wie im Traugottesdienst und in familienzentrierter Gemeindearbeit) und ein Netz praktischer Unterstützung für alle Generationen (zum Beispiel durch Tageseinrichtungen für Kinder, soziale Dienste und Familienbildungsstätten).[19] Auf dem Weg zu einem neuen *Leitbild von Ehe und Familie* dokumentieren wir zur weiteren Diskussion:

»Der christliche Glaube ermutigt und hält an zu einem Zusammenleben von Mann und Frau, das

- ☐ von diesen beiden in freiwilliger Zustimmung vor Gott eingegangen wird und Ausdruck ihrer Zuneigung und Liebe ist;
- ☐ ganzheitlich ist, also den Menschen als leibseelisches Wesen erfaßt;
- ☐ verbindlich ist und damit dem menschlichen Bedürfnis nach Verläßlichkeit entspricht;
- ☐ auf Dauer angelegt ist und darum für gute wie schlechte Tage gilt;
- ☐ partnerschaftlich gestaltet ist und darum Gegenseitigkeit und Gleichberechtigung ermöglicht;
- ☐ grundsätzlich die Entscheidung für die Geburt von Kindern eröffnet und
- ☐ mit alledem einen Lebensraum darstellt, in dem Kinder aufwachsen und sich auf die vielfältigen Herausforderungen, Rollenerwartungen und Aufgaben des Lebens vorbereiten können.

Aus diesen in der Heiligen Schrift und den Bekenntnissen gegründeten Kriterien ergibt sich unser Leitbild für die Gestaltung des Zusammenlebens von Mann und Frau, für das christliche Verständnis von Ehe. Wenn der (in der evangelischen Kirche) aufgebrochene Dissens (zum Verständnis der Ehe) die genannten Kriterien beträfe, dann wäre der Schaden groß. Wenn wir jedoch diesen Konsens bestätigen und bekräftigen können, dann werden wir auch Klärungen für die anderen Fragen finden: Wie verhält sich das christliche Leitbild von Ehe zur geltenden Rechtsform der Ehe? Welcher Respekt ist uns möglich und geboten im Blick auf nichteheliche Formen des Zusammenlebens von Mann und Frau? Was bedeutet Segen als Zuspruch der Gegenwart Gottes an den Schwellensituationen und in der fortwährenden Begleitung des Lebens?«[20]

19. Vgl. a.a.O. S. 66f. Dazu besonders den Abschnitt »Ehe nach christlichem Verständnis«, S. 24-35, und aus den angefügten Materialien: Traugott Koch, Ethische Überlegungen zu den Lebensgemeinschaften von Familie und Ehe, S. 113ff., bes. S. 120-124.
20. Aus dem Bericht des Rates der EKD vor der 1. Tagung der 9. Synode 1997 in Friedrichroda (zitiert nach: Gottes Gabe und persönliche Verantwortung, a.a.O. S. 8f.).

Stationen vor Ort

Ähnlich wie auf dem Weg der Taufe[21] spiegelt auch die Besuchskultur von etwa drei bis vier Begegnungen vor der Trauung das Ritual eines Gottesdienstes, dessen hier in einzelnen Begegnungen umzusetzende menschen- und gemeindefreundliche Stationen für die Gestaltung des Weges der Trauung fruchtbar zu machen sind.

A. Einander kennenlernen (Eröffnung / Mit Leib und Seele ankommen)

In der Regel melden sich Brautpaare frühzeitig (circa 3 bis 6 Monate vor dem beabsichtigten Termin) mit ihrem Wunsch beim Pfarrer oder bei der Pfarrerin. *Der erste Kontakt* (beispielsweise am Telefon oder an der Tür) ist in seinem »unangemeldeten« Charakter (u. U. Ersteindruck) nicht zu unterschätzen und sollte nicht gleich mit »Formalia« (Anmeldung zur Trauung) zugedeckt werden, sondern eher zur menschenfreundlichen Begegnung und Erfahrung der Gemeinde (im Gottesdienst) und mit ihren Mitarbeitenden einladen und einer ersten klaren Terminvereinbarung dienen. Der Neugier auf das, was sich alles mit einer kirchlichen Trauung verbindet, können erste Informationen zur Vorbereitung und Durchführung der Trauung entsprechen[22], auf die dann beim ersten Besuch in Ruhe eingegangen werden kann.
Der erste Hausbesuch in der Wohnung des Brautpaars[23] zeigt, wer im Mittelpunkt dieses Besuchs steht, wessen persönliche Biographie und Situation deutlicher wahrzunehmen und wessen Lebensraum besser kennenzulernen ist. Außerdem gibt dieses »Heimspiel« in den eigenen vier Wänden einerseits dem Brautpaar ein (gelegentlich erleichterndes) Gefühl der Anerkennung ihrer bereits gewachsenen Beziehung, also ein Stück Sicherheit, und verringert in der Regel sonst wirksame Schwellenängste, die von nicht sonderlich einladenden

21. Vgl. oben S. 54.

22. Vgl. als Beispiel für eine gemeindebezogene Gestaltungsform unsere Kopiervorlage: Kirchliche Trauung, S. 190ff. Im übrigen hat in den letzten Jahren nicht nur das Fernsehen mit Shows wie »Traumhochzeit« (vgl. die Diskussion im Themaheft: Pastoraltheologie 88, 1999, Heft 1) die Gestalt der Kasualien beeinflußt, sondern meist schon vor dem Kontakt mit der Kirche werden »Hochzeitsmessen« besucht und »Hochzeitsplaner« befragt, die auch Auskunft zur »Kirche« geben: »Um eine unvergeßliche Zeremonie zu gestalten, müssen vorab einige wichtige Fragen geklärt werden« (O-Ton). Auch das Internet entdeckt diesen Markt; vgl. z. B.: www.traumhochzeit.at; www.hochzeitstraum.de; www.hochzeitstage.de.

23. Nur wenn das Brautpaar noch bei den Eltern wohnt oder wenn keine Möglichkeit besteht, einen ungestörten »Gesprächsraum zu Dritt« zu eröffnen, sollte zu Beginn ins Pfarrhaus o. ä. eingeladen werden.

»Amtszimmern« oder »Gemeindeämtern« noch verstärkt werden. Schließlich ermöglicht der Hausbesuch gleichzeitig so etwas wie eine gastfreundliche Vorstellung des unverwechselbaren Zusammenlebens dieser beiden Menschen. Dieses sich gerade auch gegenseitig durch Erzählen und Darstellen der eigenen Erfahrungen[24] und Erwartungen entdeckende *Kennenlernen* kommt mit der aufklärenden (alle vorgängigen Fragen[25] abklärenden) Schilderung des auch zeitlichen strukturierten Wegs der Trauung zum Ziel, die sich in der Vereinbarung zu einem ersten Nachdenken über das wegweisende Segenswort zur Trauung (Trauspruch) festmachen kann.

B. Vom Trauspruch zur Traufrage (Verkündigung / Die Botschaft wahr-nehmen)

Ausgehend von den möglichen Vorschlägen für einen gemeinsamen Trauspruch (oder andernfalls ausgehend von der jeweils angemessenen Gestalt der möglichen Traufrage oder des Trauversprechens) kann in dieser zweiten Gesprächsrunde das jeweilige (Vor-)Verständnis von Trauung und ihrem (Kon-)Text (am Beispiel der erwarteten oder vor Ort gebräuchlichen Symbole wie Ringe o. ä.) ausgetauscht werden und dabei auch die Frage der persönlichen und gemeinsamen *»Ordination«*[26] *zum Beruf: Ehe und Familie*, als basale kirchliche Beauftragung zur (Nächsten-)Liebe ventiliert werden. Hier ist also – wie bei allen anderen Kasualien – eine immer rarer werdende, weil zunehmend tabuisierte Gelegenheit, mit Menschen in Ruhe über ihr Zusammenleben, das, was sie zusammenhält, zu sprechen. Ihr ganz persönliches Verhältnis und Verständnis von Ehe und Familie, von Glaube und Leben befindet sich »im (seelsorgerlichen) Gespräch« und wird sich dann auch in der gemeinsamen Gestaltung der Trauung

24. U. a. ist etwa das gemeinsame Erinnern und Entwickeln der unverwechselbaren Liebesgeschichte vom ersten Kuß bis zum Heiratsentschluß eine in jeder Hinsicht aufhellende und vertiefende Erfahrung. Bei Jubiläen wird dieser Weg von der »grünen« Hochzeit an mit entsprechendem Atem nachzuvollziehen sein.
25. Hier kann insbesondere entspannt auf mögliche formale Fragezeichen wie Dimissoriale (Entlaßschein mit der Erklärung des Ortspfarrers o. ä., eine ihm zustehende Amtshandlung einem anderen zu überlassen), Gemeinsame kirchliche Trauung, Gottesdienst anläßlich der Eheschließung eines evangelischen Christen mit einem Nichtchristen, Trauung Geschiedener, »Traufe« (Trauung mit Taufe) o. ä. eingegangen werden.
26. Vgl. den im Zusammenhang der Taufe entwickelten Gedanken der »Elternordination«, S. 55, Anm. 14). Dieses Verständnis der kirchlichen Trauung (Ehe als Beruf und darum Trauung als Berufung – neben Bekenntnis, Vergewisserung und Gebet) – als spezielle »Ordination« »für das Amt der Nächstenliebe gegenüber diesem ganz bestimmten Nächsten« hat Ernst Lange ins Spiel gebracht (Art. Trauung; in: Hans-Jürgen Schultz (Hrsg.), Theologie für Nichttheologen, Stuttgart 1966, S. 61).

ausdrücken und bewähren. Hier können – wie schon oben angedeutet – neben EG und Bibel speziell gestaltete Materialien[27] zwischen den Besuchen »auf die Sprünge helfen«, um den Rahmen der Liturgie, ihren Weg, ihre Möglichkeiten und Grenzen, die Lieder und Lesungen, die Musik und die Symbolhandlungen zu überdenken und das Gefühl zu verstärken, diese Trauung ist einmalig, »unser Fest«, und steht zugleich im größeren Zusammenhang des Glaubens und Lebens der Kirche. In der Regel ist es darum eine Hilfe, wenn etwa an dieser Stelle des Weges alle Mitwirkenden nicht nur an einem Gottesdienst der Gemeinde vor Ort teilnehmen, sondern nach Möglichkeit gerade auch an einem Traugottesdienst. Ganz nebenbei überschreiten sie bei dieser Gelegenheit schon einmal »zur Probe« die Schwellen des Kirchenraums und erleben die (ansprechende und entlastende) Atmosphäre eines Gottesdienstes. Das verringert nicht nur mögliche Fremdheitsgefühle, sondern fördert – gerade wenn sich dazu im Vorfeld auch die beteiligten Familien einfinden – das spätere Mitfeiern des Gottesdienstes und nicht zuletzt die angesagte Vorbereitung.

C. Die Trauung als Gottesdienst (Miteinander ein Leib werden)

Spätestens bei dieser Station sollten – wenn irgend möglich – die mitwirkenden Freunde und Familienangehörigen (»Trauzeugen« im evangelischen Sinne) einbezogen werden. Wenn ein gemeinsamer (Trau-)Gottesdienstbesuch im Vorfeld nicht möglich ist, kann diese Begegnung auch im Pfarrhaus o. ä. (mit »Ausflug« in den Kirchenraum) stattfinden, um so wirklichskeitsnah den *Raum der Trauung* erleben zu können und nicht nur zu einer Beteiligung Mut zu machen, sondern diese auch vorläufig zu vereinbaren, damit auch in dieser Hinsicht deutlich wird: »Wir trauen uns« – und eben nicht: »Wir werden getraut«. Dabei kann nur immer wieder angestiftet werden, den Rahmen für »das Vertraute« (Ordinarium: Was gehört auf jeden Fall zur Trauung?) und für »das *für uns* ganz Besondere« (Proprium: Welches verbale oder nonverbale Element, welche Symbolhandlung soll z. B. den Trauspruch bzw. das persönliche Verständnis des Zusammenlebens auf dem Hintergrund der Kirchenjahreszeit oder der jeweiligen Lebenssituation akzentuieren und beleuchten; welche musikalische Gestaltung ist angesagt?) zu entwickeln. Hier ist weitherzige *Offenheit* nicht nur zu fordern, sondern auch – wie in der Diskussion um die »offenen Formen« der Erneuerten Agende – zu fördern[28]. Dabei wird der liturgisch Verantwortliche

27. Vgl. z. B. die Kasualdidaktische Ausstattung zur Trauung, S. 206: Für die Hand der Gemeinde; aber auch »ältere« Programme von Traugottesdiensten können als Anstöße hilfreich sein.
28. Vgl. »Unsere Trauagende« als Grundlage für verschiedene Variationen, S. 167ff.

immer wieder sensibel darauf achten: Was kann ich zumuten, wo muß ich entlasten? Wer übernimmt was, an welchen Stellen ist noch etwas zu beraten und zu bearbeiten? Was ist noch zu klären und vorzubereiten, mit anderen (z. B. Kirchenmusikerin oder Küster) abzusprechen und eventuell zu proben (z. B. Sprech- und Musikprobe)? Hier zeigt sich, was es heißt: »Gemeinde gestaltet Gottesdienst«[29].

D. Die Trauung greift weiter (Sendung / Mit dem Segen weiter-gehen)

An die Erfahrung des gemeinsamen Gottesdienstes und die u. U. in begleitenden Ehevorbereitungsseminaren[30] zu entdeckenden Möglichkeiten, den Weg der Trauung und speziell den Hochzeitstag zu gestalten, kann über die traditionellen Formen der Erinnerung an die Trauung in Abkündigungen und Gemeindebriefen hinaus etwa in der Weise kreativ angeknüpft werden, daß jedes frisch vermählte Paar mit Namen, Hochzeitsbild und Trauspruch im Bereich der Kirche (wie an einer Gebetswand) im Laufe des Kirchenjahres vergegenwärtigt wird. Zu den Erinnerungsstücken des Tages könnten auch nicht nur das speziell gestaltete Gottesdienstprogramm, sondern auch die schriftlich ausgearbeitete Predigt mit den liturgischen Texten des Gottesdienstes (als Geschenk des Liturgen) zählen. In der Folgezeit kann das Ehepaar – ähnlich wie im Vorfeld der Trauung beim kirchlichen »Aufgebot« in den Abkündigungen – alle Jahre wieder (oder in bestimmten Zeitabständen) in der Woche des Hochzeitstages zum Gottesdienst eingeladen und in die Fürbitte eingeschlossen werden. Darüber hinaus wird sich die mögliche weitere Begleitung dieser Ehe durch spezielle Veranstaltungen der Erwachsenenbildung oder im Zusammenhang der Familienarbeit (vgl. Taufe und Konfirmation) nahelegen. Entscheidend für die weitere Wahrnehmung eines einmal begonnenen Kontaktes und damit der nicht nur mit der Trauung verbundenen Aufgabe, Gottesdienst und Gemeindearbeit zu vernetzen, ist über die oben beschriebene exemplarische (Re-)Präsentation die *Pflege eines kasuellen Gedächtnisses* z. B. in der Seelsorgekartei oder im begleitenden Besuchsdienst der Gemeinde, wo immer wieder »mit einem Griff« Begegnungen über das pastorale Kurzzeitgedächtnis hinaus stichwortartig verfügbar und damit »präsent« sind.

29. Vgl. zur liturgischen Kompetenz der Gemeinde die Anregungen in Baltruweit / Ruddat, Gemeinde, Bd. 1.
30. Die im evangelischen Bereich bislang nicht so vertrauten Formen einer »Eheschule« könnten gleichwohl die verschiedenen Formen des Zusammenlebens von Mann und Frau, von Ehe und Familie nicht nur ehebegleitend, sondern auch schon vorsorgend in der Jugendarbeit und erst recht später im sogenannten Ruhestand nachsorgend im Kontext der Gemeinde thematisieren.

Im Raum des Gottesdienstes

Eine Strukturübersicht über den »Spiel-Raum« der gegenwärtigen Trauagenden soll hier im Vergleich vorgestellt werden:

Unser Entwurf[31]	VELKD 1988[32]	DDR 1990[33]	Ref. Liturgie 1998[34]
A. Mit Leib und Seele ankommen	*I. Eröffnung*	*I. Eröffnung und Anrufung*	
Glockengeläut	(Glockengeläut)		
Begrüßung an der Tür	Gruß	Begrüßung	
Vorspiel und Einzug	(und Einleitung)	(Einzug)	Musik zum Eingang
Begrüßung			
Wort zum Eingang			Eingangswort
			Begrüßung
(Lied)	Lied zum Eingang	Lied	Psalm oder Lied
	Eingangsvotum	Biblisches Votum	
Gebet zum Fest (Brautpaar)	Eingangsgebet	Eingangsgebet	
(Psalm)	oder Psalmgebet	oder Psalm(gebet)	Gebet
Lied	(Lied/ Musik)	(Lied)	(Psalm- o. Liedstrophe)
B. Die Botschaft wahr-nehmen	*II. Verkündigung, Bekenntnis, Segnung*	*II. Verkündigung, Trauversprechen und Segnung*	
Biblische Lesung / Meditation[35]	(Schriftlesungen)		
Lied / Musik	(Lied)		
Predigt (zum Trauspruch)	Trautext und Predigt	Predigt	Trauansprache
Lied zur Trauung / Musik	Lied	Lied oder Kirchenmusik	Lied oder Musik

31. Siehe S. 167.
32. Die 1988 neu bearbeitete und 1998 in 2. Auflage aktualisierte Agende III/2 der VELKD ergänzt die Ordnung der »Trauung« um praktisch-theologische Erläuterungen, eine Übersicht und eine Textsammlung; außerdem wird die Möglichkeit eines Abendmahls zugeordnet. Außerdem werden ein »Gottesdienst zum Gedenktag der Trauung« und ein Formular »Gottesdienst anläßlich der Eheschließung zwischen einem evangelischen Christen und einem Nichtchristen« vorgestellt.
33. Das noch vor der Wende 1989 abgeschlossene und 1990 veröffentlichte »Arbeitsbuch zur Trauung« der Kirchen im Bereich der ehemaligen DDR versteht sich als »Baustein zu einer neuen Trauagende«. Ausgehend von ausführlichen praktisch-theologischen Vorüberlegungen werden drei Ordnungen vorgestellt: Kirchliche Trauung (ergänzt um Texte zur Auswahl und zum Abendmahl), Gemeinsame kirchliche Trauung (für konfessionsverschiedene Paare) und ein sogenannter Gottesdienst zur Eheschließung (eines evangelischen Christen mit einem Nichtchristen). Die Beigaben enthalten u. a. einen Gottesdienst zum Ehejubiläum und die Strukturübersicht: Taufe und Trauung in einem Gottesdienst.
34. Der 1998 vorgelegte Entwurf einer Reformierten Liturgie enthält – ohne weitere Erläuterungen – auch eine Ordnung zur Trauung (S. 299ff.), die durch eine inhaltliche Variante aus der Altreformierten Kirche ergänzt ist.
35. Über die hier nahegelegte Form, etwa eine persönliche oder literarische Meditation einzubringen, ist an die Praxis der schwedischen Kirche zu erinnern, daß sich Brautpaare auch das Versprechen mit einem Gedicht o. ä. – nach Absprache – zusagen können.

C. Miteinander ein Leib werden			
Biblische Erinnerung(en)	Schriftworte zur Ehe	Biblische Wegweisung[36]	Schriftworte
Traufrage(n)/ -versprechen	Traubekenntnis	Trauversprechen[37]	Traufragen und Versprechen
(Ringwechsel)	Ringwechsel	(Ringwechsel)	Ringwechsel
Ehe-Bundesschluß		(Handschlag)	
Gebet	Gebet	(Vaterunser)	
Segen für das Brautpaar	Segnung[38]	Segnung	Zuspruch des Segens
(Geschenk der Gemeinde[39])			
Lied zum Dank / Musik (zwischendurch oder anschließend) Kollektenansage[40]	Lied		Psalm oder Lied
Fürbitten (im Wechsel)			Dankgebet und Fürbitten
			Überreichen der Traubibel (Abkündigungen)
(Abendmahl[41])	*(III. Abendmahl)*	*(Heiliges Abendmahl)*	
	IV. Sendung	*3. Fürbitte und Segen*	
		Dank- und	
	Fürbitten	Fürbittengebet	
Vaterunser (-Lied)	Vaterunser	Vaterunser	Gebet des Herrn
D. Mit dem Segen weiter-gehen			
(Lied)			
Sendung und Segen	Segen	Segen	Segen
	(Lied)	(Lied	
Nachspiel und Auszug	(Nachspiel und Auszug)	oder Kirchenmusik)	Musik zum Ausgang
(Glockengeläut)	(Glockengeläut)	(Auszug)	

Bitte beachten:
Unsere Redeweise vom »Brautpaar«, »Bräutigam«, »Braut« zielt auf das noch nicht standesamtlich verheiratete Paar, dennoch sollten die beiden nach evangelischem Verständnis als Ehepaar angeredet werden.

36. In der Form B geht die »Biblische Wegweisung« der Predigt voraus.
37. In zwei Formen als Frage bzw. als Bekenntnis.
38. Neben den beiden Variationen »Gebet als Segnung« und »Gebet mit Segnung« ist hier ausdrücklich auch ein »entfalteter Segen« vorgestellt, an dem sich Eltern, Paten, Geschwister, Gemeindeglieder u. a. beteiligen können (entsprechend DDR 1990).
39. Z. B. Familienbibel und Trauurkunde; Traukerze.
40. Zweckbestimmung, evtl. auch Ansage durch das Brautpaar.
41. In diesem Fall: Fürbitten vorziehen und Vaterunser einbeziehen und mit einem Lied abschließen.

Die Trauung gestalten

Unsere Trauagende

Es kommt darauf an, das aufgeregte und oft unsichere Paar sicher durch diese Stunde der HOCH-Zeit zu führen. Dabei helfen ein gut gemachtes Programm, ein Ablaufzettel und eine intensive Vorbereitung gemeinsam mit dem Brautpaar. Ein erstes Gespräch wird wahrscheinlich eher dem Kennenlernen dienen, ein zweites der konkreten Gottesdienstvorbereitung. Den Brautpaaren kann als Vorbereitungshilfe bei der Anmeldung der Trauung ein Heft mitgegeben werden, in dem alle wichtigen Fragen der Trauung angesprochen werden.[42]

Abholen des Paares an der Tür

Darauf achten, daß die Ringe und das Stammbuch da sind.

Orgelvorspiel – Einzug

Begrüßung

in persönlicher Form, zum Beispiel so:
Herzlich willkommen in der ...-Kirche
zum Hochzeitsfest von N.N. und N.N.

Wir freuen uns mit Euch!
Wir freuen uns, daß wir diese Stunde
und diesen Tag mit Euch teilen dürfen.

Und so legt es sich nahe, daß dieser Tag und diese Stunde
ein Höhepunkt wird, eine HOCH-zeit,
aus der künftige Tage und Stunden Kraft schöpfen können.
Und ich wünsche mir, daß Gottes Gegenwart,
seine Nähe und sein JA für Euch,
für Eure Gemeinschaft spürbar wird –
so wie die Lebendigkeit, Liebe und die Zuversicht, die Ihr ausstrahlt.

42. Vgl. dazu die Kopiervorlage »Heft für Brautpaare«, S. 190ff.

In diesem Sinn laßt uns beten:

Gebet zum Fest

Gott,
da haben sich zwei Menschen gefunden
und füreinander entschieden.
Wir legen die Gemeinschaft
von N.N. und N.N. in deine Hand.
Gib dieser Gemeinschaft einen tragfähigen Grund und eine gute Perspektive.
Schenk uns allen eine Stunde, in der wir etwas von dir spüren –
schenk uns offene Augen, Ohren und Herzen
füreinander und für dich. Amen.

Es besteht die Möglichkeit, das Gebet in Psalm 23 *münden zu lassen, den alle gemeinsam sprechen.*

Lied

Beispielsweise das Danke-Traulied (siehe S. 202)

Meditation

Wenn jemand aus dem Freundes- bzw. Familienkreis des Brautpaares so etwas machen möchte: Sie knüpft an Persönliches an, z. B. an dem Bild, das sich das Brautpaar für die Trauanzeige ausgesucht hat. Es folgt ein Zwischenspiel *oder ein weiteres* Lied.

Trauansprache (z. B. Predigt über den Trauspruch)

*Wo ergeben sich vom Traugespräch her persönliche Anknüpfungspunkte?
Kann ich Geschichten, Gegenstände in die Ansprache einbeziehen?*[43]

Lied/Musik

Bibeltext(e)

Schöpfungsbericht (Gen 1,27f.):
Gott schuf den Menschen nach seinem Bild – er schuf Mann und Frau.
Er segnete sie und sagte zu ihnen:

43. Vgl. die Symbolpredigt auf S. 174.

Bekommt Kinder und breitet euch über die Erde aus
und sorgt für sie.

und/oder:
Prediger Salomo (Koh 4,9-12a):
Zwei sind besser dran als nur einer. Sie haben guten Lohn für ihre Mühe.
Denn fallen sie, so hilft der eine dem andern auf.
Was tut einer, wenn er fällt, und keiner ist da, ihm aufzuhelfen?
Liegen zwei beieinander, so haben sie es warm.
Wie aber könnte ein einzelner warmwerden.
Mag einer einen einzelnen überwältigen.
Zwei mögen widerstehn.

und/oder:
Hohelied (Hld 8,6):
Lege mich wie ein Siegel an dein Herz,
wie einen Ring an deinen Arm.
Denn stark wie der Tod ist die Liebe.
Ihre Glut ist feurig – und eine Flamme Gottes.

und/oder:
Matthäus 19,4-6:
Jesus spricht:
Gott hat am Anfang Mann und Frau geschaffen und gesagt:
Der Mann wird Vater und Mutter verlassen, um mit seiner Frau zu leben.
Und die zwei werden dann eins sein – nicht mehr zwei, sondern ein Leib.
Und was Gott miteinander verbunden hat, sollen wir Menschen bewahren.

und/oder:
Paulus (1 Kor 13,1-8):
Wenn ich mit Menschen- und Engelszungen redete
und hätte keine Liebe,
dann wäre ich ein tönend Erz oder eine klingende Schelle.
Und wenn ich weissagen könnte und wüßte alle Geheimnisse
und hätte alle Erkenntnis und allen Glauben, so daß ich Berge versetzte,
und hätte keine Liebe, so wäre ich nichts.
Und wenn ich all meine Habe den Armen gäbe
und ließe meinen Leib brennen (= würde Märtyrer) –
und hätte keine Liebe, so nützte mir das nichts.
Die Liebe ist langmütig (geduldig) und freundlich.
Die Liebe eifert nicht.

Die Liebe treibt nicht Mutwillen.
Sie bläht sich nicht auf, sie ist nicht taktlos, sucht nicht das Ihre,
sie läßt sich nicht erbittern, sie rechnet das Böse nicht zu.
Sie freut sich nicht an der Ungerechtigkeit, sie freut sich aber an der Wahrheit.
Sie verträgt alles, hofft alles, glaubt alles, duldet alles.
Die Liebe hört nie auf.

und/oder:
Aus dem Kolosserbrief (Kol 3,14.15):
Der eine vertrage sich mit dem anderen.
Vergebt euch untereinander, wenn einer gegen den anderen Klagen hat.
Wie Gott euch vergeben hat, so sollt ihr es auch tun.
Tut alles in der Liebe.
Sie verbindet euch und macht eure Einheit vollkommen.
Der Friede, den Christus schenkt, soll euer Leben bestimmen.
In diesen Frieden hat Gott euch gerufen, damit ihr eins seid.

Trauhandlung

Gott ruft uns zur Gemeinschaft.
Vor diesem Gott stehen wir jetzt.
Vor ihm sagt Ihr zueinander JA.
Gott will mit Euch sein,
wenn Ihr Euch Liebe und Treue versprecht:

Traufrage

So frage ich dich, N.N.,
willst du deinen Mann N.N.
von ganzem Herzen lieben
und bei ihm bleiben
in guten und in bösen Tagen,
so sprich:
Ja, mit Gottes Hilfe.

Und so frage ich dich, N.N.,
willst du deine Frau N.N.
von ganzem Herzen lieben
und bei ihr bleiben
in guten und in bösen Tagen,
so sprich:
Ja, mit Gottes Hilfe.

Alternative: Trauversprechen

(Das Paar spricht sich gegenseitig ihr Trauversprechen – nach Gen 28,15 zu:)

(Ehemann:)
Ich bin mit Dir
und will Dich behüten, wohin du auch gehst.

(Ehefrau:)
Ich bin mit Dir
und will Dich behüten, wohin du auch gehst.

Ringwechsel

Zum Zeichen für das, was Ihr Euch versprochen habt,
nehmt und gebt Euch die Ringe an die Hand ...

Ehe-Bundesschluß

Reicht einander die Hand.
Der Liturg/die Liturgin legt die Hand auf die Hände des Paares.
Gott hat Euch miteinander verbunden.
Diese Verbundenheit sollt Ihr bewahren. Amen.

Gebet

Gott,
wir freuen uns mit N.N. und N.N.
Du hast den beiden Liebe geschenkt.
Schön, wenn Liebe so verbindet ...
Sei du mit ihnen,
behüte sie,
wohin sie auch gehen,
schenk ihnen Stabilität
und eine gute Aussicht –
Augen und ein Herz füreinander,
für die Menschen, die sie brauchen,
und für dich!
Schenk ihnen deinen Segen für ihr gemeinsames Leben.

Segen

Und der Segen Gottes,
des Vaters, des Sohnes und des Heiligen Geistes
komme über Euch
und bleibe mit Euch
jetzt und immer
Gott segne Eure Gemeinschaft.
Friede sei mit Euch.
Amen.

Lied

Z. B. Lobe den Herren, den mächtigen König der Ehren (EG 317)

Kollektenansage

Der Kollektenzweck wird mit dem Paar zusammen ausgesucht. Hinweis: Kollektenzweck und Sammeln am Ausgang – »... und nun laßt uns noch einmal still werden und beten«.

Fürbitten

Gott,
wir bitten dich für N.N. und N.N.
und für alle, die einander gefunden haben
und sich trauen,
daß sie aufmerksam und vorsichtig miteinander umgehen
und bei aller Liebe einander die nötige Freiheit lassen.

Wir bitten für alle Verheirateten,
für alle Partnerinnen und Partner von Lebensgemeinschaften,
daß sie sich ihre Geduld miteinander bewahren
und einander suchen, wenn sie sich verlieren,
immer wieder aufs Neue.

Wir bitten für die Familien,
daß sie sich die nötige Zeit füreinander nehmen
und die Chancen nutzen,
die ihnen gegeben sind

für die Kinder,
daß sie Freiräume haben, um sich lebendig entwickeln zu können;

daß ihre Eltern ihnen zeigen,
wie sie mit Freude leben können
und das Leben – auch das Leben miteinander – lieben lernen.

Wir bitten dich für die, die einsam sind,
für die Ängstlichen und Enttäuschten,
daß sie die Hoffnung nicht aufgeben,
einen Menschen zu finden, der sie versteht.

Wir bitten für uns alle,
daß wir zum Miteinander-Leben bereit sind,
daß wir notwendigem Streit nicht aus dem Weg gehen
und daß wir immer wieder zur Versöhnung bereit sind.

(Kurze Stille)

Wir schließen unsere Bitten zusammen,
indem wir miteinander beten:

Vaterunser

Sendung

Und nun geht
und feiert das Fest weiter.
Und für alle HOCH-Zeiten,
aber auch für Alltags-Zeiten
und dunkle Zeiten im Leben
nehmt Gottes Segen mit.
Sein Friede gehe mit Euch.

Alternative:
Menschen,
bei denen sich andere ganz frei fühlen
und so wie zu Hause –
das wären wir gern.

Mit geöffneten Sinnen
und schützenden Armen
denen Geborgenheit geben,
die sie bei uns suchen,
das wünschen wir uns.

Gott,
laß uns Menschen sein,
die die Wärme der Liebe
und den Schutz deines Friedens ausstrahlen.

Segen

Nachspiel – Auszug

Baustein

Die drei Gefäße
Eine Predigt mit Symbolen aus der Ökumene

in Verbindung mit dem Wort:
»Ich bin mit dir und will dich behüten, wohin du auch gehst.« (Gen 28,15)

Persönlich gefärbter Beginn – dann:
Für dieses Fest habe ich etwas mitgebracht,
etwas, was man in Ostasien zu jeder Trauung mitbringt: DREI GEFÄSSE.

Zwei kleine,
das eine bist Du, N.N.,
und das andere bist Du, N.N.,
Ich finde, Ihr seht schön aus ...

Und beide Gefäße sind gefüllt:
im Augenblick ist da Wasser drin – könnte heute vielleicht noch Wein werden –
aber dieses Wasser steht für Euch,
für Eure Eigenschaften,
Eure Charaktere,
für das, was Euch ausmacht.

Und dann ist da noch ein drittes Gefäß.
Das ist das für Euch beide zusammen,
eins, das für Eure Lebensgemeinschaft steht, für dieses:
Ich bin mit dir, wohin du auch gehst.

Und da hinein kommt etwas aus Euren beiden Gefäßen:
Da ist z. B. Eure gemeinsame Geschichte drin,
wie Ihr Euch kennengelernt habt ...
und vieles vieles mehr ...
bis hin zur Vorbereitung des heutigen Festes.
Da ist z. B. auch Euer gemeinsames Frühstück drin *(o. ä.)*,
Eure gemeinsamen Gewohnheiten, die inzwischen gewachsen sind ...

Vieles ist da schon drin – und es kommt immer mehr hinein.
Eure gemeinsamen Träume,
wie Ihr Euch Eure gemeinsame Zukunft vorstellt,
Eure Perspektive,
Euer Weg, der hinter Euch, und der, der vor Euch liegt.

Aber ehe ich zu diesem Weg komme, der vor Euch liegt,
bleiben wir noch einen Moment bei dem, was wir hier sehen:
Da ist etwas Neues entstanden,
denn das hier (das große Gefäß) gab es ja vor ein paar Jahren noch nicht:
Euer gemeinsames Leben,
Eure Lebensgemeinschaft,
symbolisiert sozusagen durch das Wort:
Ich bin mit Dir und will Dich behüten, wohin du auch gehst.

Was sehen wir daraus?
Es ist wichtig, daß hier in der Mitte etwas ist
und immer wieder etwas hineinkommt.
Ohne dieses Engagement wird nichts aus Eurer Lebensgemeinschaft,
wird aus der LAB kein LLP
(aus der Lebens-Abschnitts-Beziehung kein/e Lebenslängliche/r Partner/in ...).
Ja, dieses Gefäß muß noch viel aushalten,
es kommt noch viel hinein ...

Aber es ist auch hier noch etwas drin (bei N.N.) und hier auch (bei N.N.).
Das ist *auch* wichtig,
daß nicht *nur* dieses Gefäß hier in der Mitte da ist,
sondern daß Ihr beide auch ICH bleibt.
Wenn es nur noch das WIR gibt,
dann könnt Ihr da in die Mitte gar nichts mehr hinein tun,
dann könnt Ihr gar nicht mehr miteinander
und füreinander dasein (Ich bin mit Dir).
und schon das Bibelwort zeigt, wie wichtig das ist:
Denn es geht ja auch darum, eine Perspektive zu geben,
einander zu behüten:
Wir wissen nicht, und Ihr wißt nicht, was Euch das Leben bringen wird,
wohin es Euch führen wird.
Bestimmt in wunderbare Aussichten, von denen Ihr leben könnt,
von den Situationen, von denen Ihr sagt:
Mensch, ist das Leben doch schön!
Und es ist wichtig, sich in solchen Situationen die Akkus vollzuladen,

damit man andere Zeiten durchsteht:
die finsteren Schluchten, in denen nicht mehr viel zu sehen ist,
die durchzustehen und durchzugehen, das bedeutet etwas.
Da zu empfinden und umzusetzen:
Ich bin mit Dir und will Dich behüten, wohin Du auch gehst,
das kann nur eine Hoffnung sein – und eine Zusage.

»Einander behüten« ist eine großartige Zusage.
Nicht in dem Sinne, den Daumen auf dem andern zu halten
und sozusagen die Luft abzudrücken,
sondern füreinander auf der Hut sein,
einander bedecken, wenn eine/r von beiden entblößt worden ist,
an seine Grenzen gekommen ist, nicht mehr kann.
Dann geht es darum, da (in die Mitte) etwas hineinzutun.
Und ich kann Euch nur raten, diese Gefäße irgendwo sichtbar hinzustellen,
denn manchmal hilft so ein Symbol, sich klarzumachen, was jetzt wichtig ist.
Manchmal wird das unsagbar schwer sein,
wenn man aufeinander warten muß,
wenn einer von beiden da lange nichts hineingetan hat ...
oder es im Augenblick nicht kann ...

Drei Gefäße.
Die gehören zusammen – und es können ja auch noch mehr werden ...

Ich habe so ein bißchen entfaltet, was in Eurem Trauspruch steckt.
Da steckt natürlich noch viel mehr drin.
Wir müssen natürlich auch nochmal den ursprünglichen Kontext bedenken:
Das Wort stammt aus der Jakobsgeschichte in der Bibel. Und die zeigt uns:
Das Wichtigste im Leben wird uns geschenkt!
Jakob hat weite Wege zurückgelegt,
hat viele schöne und auch schreckliche Dimensionen des Lebens durchlebt,
dieser Stammvater Israels.
Und als er mal wieder in der Steppe im Freien übernachten mußte,
allen Gefahren des Lebens ausgesetzt –
er wußte nicht, ob Banditen oder wilde Tiere ihn überfallen würden –,
da träumte er, daß eine Treppe von ihm bis in den Himmel reichte,
und da gingen Engel auf dieser Treppe auf und ab,
und Gott stand da oben am Ende der Leiter und sagte:
»Jakob, ich bin mit Dir und will Dich behüten, wohin du auch gehst.«
Das ist eine tolle Geschichte!
Denn in dieser Geschichte wird gesagt:

Ihr schafft das! Ich werde mit Euch sein.
Stellt Euch das doch mal vor:
diese Himmelsleiter – der Himmel ist offen –
Ihr erfahrt etwas davon – Ihr beide zusammen!
(Euer bestes Hochzeitsgeschenk!)
Und dann ist da eine Gotteserfahrung.
So wie man auf einer Bank sitzt und in den Himmel schaut, fragt:
Wie werden wir das schaffen?
Und der da oben sagt ganz gelassen:
Das kriegt ihr hin – das werdet Ihr schaffen,
schließlich bin ich mit euch und werde euch behüten, wohin ihr auch geht.
Und das habt zum Zeichen:
Ich schenke Euch dieses (mittlere) Gefäß!
Ich schenke Euch meine Liebe, die Gemeinschaft
und das, was sich daraus entwickeln kann.

Klingt etwas pathetisch – gebe ich zu.
Aber mit so einer Vorstellung und Erfahrung bläst Euch so leicht nichts um ...
Ich wünsche Euch, daß Euch dieses Wort gemeinsam trägt,
in dem viel Lebenserfahrung und Glaubenserfahrung steckt,
daß Ihr noch viel mehr von der Wahrheit und Wirklichkeit, die in ihm steckt,
erlebt, als Ihr schon erlebt habt,
daß ihr die Bleibe, die in dem Wort zum Ausdruck kommt,
den Segen, den es verheißt, bewahrt
und daraus leben könnt. Amen.

Es empfiehlt sich fast immer, Gegenstände in die Ansprache einzubeziehen, die mit dem Brautpaar etwas zu tun haben und sie – wie oben exemplarisch gezeigt – zu entfalten (z. B. Haus, Herz, Blumen[strauß], Stoff, Kerze ...).

Baustein

Segenshandlungen für Lebensbündnisse (aus der Ökumene)

Ihr seid in unsere Mitte gekommen,
weil ihr einander gewählt habt und euch hier erwählt wißt.
Was zwischen euch gewachsen und entstanden ist,
erfüllt euch und uns mit Freude und Hoffnung:
die Chance, am Mitmenschen zu erfahren,
was Liebe vermag.

So seid ihr hierhergekommen, um füreinander da zu sein
und dazu Gottes Segen zu erbitten.
In Liebe und Treue wollt ihr das Leben miteinander teilen,
in Freiheit euch nahe sein,
einander immer wieder suchen,
überwinden, was schmerzt und trennt:
Andersartig und einig zugleich,
fremd und vertraut wollt ihr Gott und den Menschen geloben,
einander zu achten und beizustehen
als Geschöpfe nach dem Bilde Gottes,
euer Gestern miteinander zu teilen
und eure Zukunft offenzuhalten.
Von nun an wollt ihr zusammen genannt und gekannt werden,
Verantwortung tragen für die,
die euch auf eurem Weg anvertraut werden.
Was ihr einander versprecht
– »Ich werde für dich dasein« –
verspricht Gott allen Menschen, die Gottes Wege gehen wollen.
So wissen wir unser Versprechen
getragen durch die Liebe Gottes,
die unsere Liebe erläutert und vertieft,
erneuert und stark macht.
Der Geist Gottes segne euer Gelöbnis.

(aus: Segnung von Lebensbündnissen der Holländischen Remonstrantischen Bruderschaft)

Gott, der wollte, daß der Mensch nicht allein sei,
Jesus, der sich allen Menschen zuwandte,
besonders aber den Menschen in Schwäche
und gesellschaftlicher Diffamierung,
der Heilige Geist, der uns alle zum Frieden
und ins Reich Gottes führen will,
gebe euch Kraft, einander beizustehen,
Geduld, Anfechtungen auszuhalten,
Liebe, einander anzunehmen,
Hoffnung auf ein sinnvolles Leben.

Bernhard von Issendorff
(Rechte beim Autor)

Silberne und Goldene Hochzeit

Baustein

Zur Erinnerung

»Noch kaum bedacht und wenig traditionell verankert sind die meisten *Jubiläen* im Lebenszyklus, die aber ebenfalls (sc. wie die klassischen Kasualien) christlichen (kirchlichen) Anlaß zur Deutung und Verarbeitung bestimmter Lebenskrisen geben könnten – und damit auch zu festlicher Gestaltung. Hier sei ... erinnert ... an das durchweg familiäre Datum der *Silbernen Hochzeit*, die u. U. die elterliche Ablösung von den Kindern und die Neuorientierung des Ehepaares füreinander festlich begleiten kann ... Ähnlich neigt auch die *Goldene Hochzeit* zu ausdrücklich gewünschter festlicher Gestaltung, bei der oft auch ein Dankgottesdienst nicht fehlen darf, dabei kann die Verarbeitung gemeinsamen Lebens auf dem Hintergrund sichtbar veränderter Lebensmöglichkeiten zum Anlaß genommen werden, einzelne Menschen sichtbar zur Kenntnis zu nehmen und sich ihrer im Kontext der Gemeinde vor Gott zu erinnern.«[44]

In dieser Linie bewährt sich in den letzten Jahren zunehmend auch die Gestaltung von Gottesdiensten zur Silbernen Hochzeit, die im Zeichen einer Neuorientierung helfen kann, einerseits an gute alte (im Sinne von »vernachlässigte«) Erfahrungen mit Gott und den Menschen (Kirche inbegriffen) anzuknüpfen, andererseits einen besonderen seelsorglichen Anstoß an dieser Schwelle des Lebens zu geben, gerade dann, wenn sich der Gottesdienst im Zusammenhang eines wirklichen »Gesprächsraumes« entwickelt. Auf diesem Hintergrund stellen wir exemplarisch einen Gottesdienst anläßlich der Silbernen Hochzeit vor[45] und bieten einzelne Bausteine für einen entsprechend zu gestaltenden Gottesdienst anläßlich der Goldenen Hochzeit.

Generell gilt für diese Jubiläen – noch weit mehr als für die Traugottesdienste – die menschenfreundliche Empfehlung, ein persönliches Gottesdienstprogramm mit allen Liedern (und Noten) und mit den gemeinsam zu sprechenden Texten (z. B. auch Vaterunser) zu gestalten, bei dem nicht nur das Bild der Kirche und die Namen des Paares erscheinen, sondern auch bestimmte Reminiszenzen (z. B. ein Bild am Portal der Kirche aus dem Traugottesdienst o. ä.) einbezogen werden können.

44. Günter Ruddat, Art. Feste und Feiertage VI. Praktisch-theologisch; in: TRE XI (1982), S. 140. Inzwischen hat die kasuelle Aufmerksamkeit für diese Jubiläen sinnvollerweise zugenommen.

45. Bei dem gewählten Beispiel war die »Braut« Mitglied des Flötenkreises der Gemeinde (siehe musikalische Gestaltung), der »Bräutigam« Mitarbeiter des Eine-Welt-Ladens (siehe Kollekte), und auch sonst war die Bereitschaft zur Gestaltung dieses Gottesdienstes mit Kindern, Geschwistern und Trauzeugen groß.

Gottesdienst zum Fest der Silbernen Hochzeit

Einzug und Vorspiel

Begrüßung und Wort zum Eingang[46]

Lied

Ich singe dir mit Herz und Mund (EG 324,1-3.13)
(oder ein anderes Lied zur [Kirchen-]Jahreszeit)

Psalm 104 (EG RWL 746,1.2)

(im Wechsel zwischen Frauen und Männern)
(einmündend in:)

Kanon

Die Herrlichkeit des Herrn (EG RWL 640)

Gebet auf dem Weg

(Gebet des Paares – im Wechsel zwischen Frau und Mann)
Gott, Du bist die Liebe – von Anfang an,
unter Deinem Segen haben wir uns vor 25 Jahren getraut.
Heute in diesem Gottesdienst stehen wir wieder als zwei Liebende vor Dir.
In dieser Stunde danken wir Dir für alle gemeinsame Zeit ...
für all das, was Du uns geschenkt hast an Glück und Gelingen ...
für all das, was Du mit uns getragen und durchgestanden hast
an Unglück und Verzweiflung ...
für all das, was Du in uns angestiftet hast
an gemeinsamen Träumen und Lebensräumen ...
für all das, was Du unter uns angerichtet hast,
so daß wir uns unter allen Umständen fallen lassen konnten ...
Du hast uns unser(e) Kind(er) ...[47] geschenkt und anvertraut,
ihr Lachen und ihre Liebe hat unsere Tage hell gemacht,
ihre Tränen und ihre Trauer unsere Nächte schlaflos.

46. Die Begrüßung in unserer Trauagende (S. 167) bzw. der nachstehende Baustein zur Goldenen Hochzeit (S. 187) ist entsprechend abzuwandeln.
47. Hier am besten Name(n) oder auch die Anzahl der Kinder einfügen.

Du weißt, wo wir auf ihren Wegen versucht haben, sie als gute Eltern zu begleiten,
was uns gelungen ist und wo wir versagt haben.
Danke, daß wir immer wieder neu das Band des Vertrauens knüpfen
und ehrlich Vertrauen erleben können.
Gott, Du bist die Liebe – durch alle Zeit.
Begleite Du uns und alle, die mit uns auf dem Weg sind,
an einem Tag wie heute und in den Jahren, die vor uns liegen,
und zeige Du uns immer wieder neu, was Liebe ist, die weiter-geht.
(beide:) Amen.

Oder (im Wechsel):
Gott, unsere Zeit steht in deinen Händen.
Wir danken dir für alle gemeinsame Zeit, für all die Jahre ...
Wir freuen uns mit allen, die heute mit uns feiern
oder in Gedanken bei uns sind.
Wir denken an die Kinder,
wie sie sich entwickelt haben und ihren Weg gegangen sind.
Wir freuen uns, daß wir uns aufeinander verlassen können
und füreinander da sind.
Wir denken an all die Menschen, die uns Jahr für Jahr begleitet haben.
Wir freuen uns über alle aufrichtigen Worte
und liebevollen Begegnungen.
Wir denken an uns selbst ...
wir bleiben angewiesen auf die Hilfe des anderen.
Wir freuen uns, daß wir einander haben.
Wir bitten auch für unsere Zukunft um deinen Segen, Gott,
schenke uns auch weiterhin Dankbarkeit und Freude.

Musik zur Meditation *(Flötenkreis)*

Biblische Erinnerung

1. Johannesbrief (1 Joh 3,18-20) *(Trauzeuge)*
Wir hören den Trautext von ... (Namen des Silber-Paares) vom ... in der Evangelischen Kirche zu ...:

Lied

Liebe ist nicht nur ein Wort (EG RWL 665)[48], *musiziert von den Kindern*

Predigt über den Trauspruch

Solo-Gesang

Lob-Lied auf die Liebe[49]

(Trauzeugin)
Wir preisen dich, Gott,
der du Mann und Frau
zur Liebe füreinander geschaffen.
Dich preisen wir,
Schöpfer der Liebe,
wenn wir die Anmut Liebender sehen.

Wir preisen dich, Gott,
der du Mann und Frau
zur Liebe füreinander geschaffen.
Erlös uns aus
Haß und Gewalttat,
die ungelebter Liebe entspringen.

Wir preisen dich, Gott,
der du Mann und Frau
zur Liebe füreinander geschaffen.
Erweiche die
Harten durch Liebe,
damit wir lernen, menschlich zu leben.

Wir preisen dich, Gott,
der du Frau und Mann
zur Liebe füreinander geschaffen.
Ach, mache die
Traurigen fröhlich
durch Freude, die die Traurigkeit wandelt.

48. Dieses Lieblingslied des Paares stammte vom Kirchentag und aus dem Traugottesdienst vor 25 Jahren.
49. Kurt Marti, Kirchenlied für Trauungen. Die Strophen 1-6 finden sich in: Almanach 12 für Literatur und Theologie: Ehe. Erfahrungen – Anfragen – Positionen, Wuppertal 1978, S. 165-166; die letzte Strophe im EG BYT S. 449, Rechte beim Radius-Verlag, Stuttgart.

Wir preisen dich, Gott,
der du Frau und Mann
zur Liebe füreinander geschaffen.
Erbarme dich
unserer Ehen,
wenn diese in Gewohnheit verkümmern.

Wir preisen dich, Gott,
der du Frau und Mann
zur Liebe füreinander geschaffen.
Und lasse auch die, die allein sind,
zur Liebe finden, die sie ersehnen.

Wir preisen dich, Gott,
der du Frau und Mann
zur Liebe füreinander geschaffen.
Erwecke uns,
Schöpfer der Liebe,
stets wieder neu zur Lust und zur Treue.

Kurt Marti
(Aus: O Gott! Lachen, Weinen, Lieben. Ermutigungen zum Leben, © 1995 by Radius-Verlag, Stuttgart)

Lied

Herr, wir bitten: Komm und segne uns[50] (EG RWL 607)
(oder ein anderes Segenslied)

1. Mitten in der Zeit machst du uns bereit,
deine Schöpfung zu bewahren.
Wenn wir weitergehn, hilf uns weiter sehn,
laß uns deine Boten sein.

2. Mitten in die Welt hast du uns gestellt,
dein Recht allen anzusagen.
Wenn wir weitergehn, hilf uns weiter sehn,
laß uns deine Boten sein.

3. Mitten in der Zeit machst du uns bereit,
deinem Frieden zu vertrauen.
Wenn wir weitergehn, hilf uns weiter sehn,
laß uns deine Boten sein.

4. Und dein guter Geist, der uns Kraft verheißt,
öffnet neue Horizonte.
Wenn wir weitergehn, hilf uns weiter sehn,
laß uns deine Boten sein.

Segen für das Paar

Gott traue euch zu, auch in Zukunft das Fest eures Lebens mit Liebe zu gestalten,
Gott schenke euch, auch in Zukunft im Haus eurer Liebe aufgehoben zu sein,

50. Neue Strophen: Günter Ruddat 1991.

Gott segne euch,
auch in Zukunft Liebe und Hoffnung für diese Welt miteinander zu teilen,
solange es Zeit ist.

Geschenk der Gemeinde[51] für den weiteren Weg

Solo-Gesang

Ankündigung der Kollekte am Ausgang

Für die Eine-Welt-Arbeit in ... *(Freund)*

Lied

Du hast uns, Herr, in dir verbunden (EG 240)

Fürbitten *(der vier Kinder)*

Guter Gott, wir danken dir für unsere Eltern,
die mit nahezu unerschöpflicher Geduld ihre vier Chaoten ertragen und begleiten.
Wir bitten dich, ihnen die nötigen Atempausen zu ermöglichen,
damit sie auch in Zukunft Spaß haben
an ihren manchmal nicht ganz einfachen Kindern.
Wir bitten dich:

(*Die Gemeinde antwortet nach jeder Fürbitte):*
Schenk uns allen Zukunft und gib der Liebe Raum.

Guter Gott, wir danken dir für unser Zuhause, Mutters kleines Paradies,
das mit seinen zauberhaften Blumen und Pflanzen alle Herzen erfreut.
Wir bitten dich, gib unseren Eltern genügend Zeit, unseren Garten zu genießen.

Guter Gott, wir danken dir für unsere musikalischen Eltern,
denen wir auch in dieser Hinsicht viel verdanken.
Wir bitten dich, schenk ihnen Ruhe und Zeit,
ihrem Traum ein Stück näher zu kommen,
in Zukunft mehr miteinander zu musizieren.

51. Manchmal gibt es in diesem Zusammenhang hier eine gute, vielleicht auch erst noch zu entwickelnde Tradition, eine zur Trauung seinerzeit nicht überreichte und bisher nicht vorhandene »Familienbibel« oder ein besonderes Gedenkblatt (oder Symbol) der Gemeinde oder der Kirche zu diesem Fest zu verschenken (weitere Anregungen in der Kasualdidaktischen Ausstattung zur Trauung, siehe S. 206ff.).

Guter Gott, wir danken dir dafür, daß sich unsere Eltern immer noch lieben wie am ersten Tag ... und immer wieder neu.
Wir bitten dich für unsere Eltern,
daß sie ihre Liebe unter allen Umständen bewahren können.

Lied

Ein jeder braucht sein Brot, sein Wein (111 Lieder zum Kirchentag, 36)

:/: Ein jeder braucht sein Brot, sein Wein
und Frieden ohne Furcht soll sein. :/:
:/: Pflugscharen schmelzt aus Gewehren
und Kanonen,
daß wir in Frieden beisammen wohnen. :/:

Das eine Brot wächst auf vielen Halmen,
aus vielen Trauben wird der Wein.
Aus vielen Menschen entsteht Gemeinde,
da lebt und stirbt man nicht allein.
:/: Seht, unser Gott lädt uns alle ein,
keiner soll verloren sein. :/:

Abendmahl[52]

Gebet zur Vorbereitung auf das Abendmahl
Einsetzungsworte zum Abendmahl
Gemeinsames Tischgebet: Vaterunser (Wir reichen uns die Hände)
Wir teilen Brot und Wein

Lied

Das sollt ihr Jesu Jünger nie vergessen (EG 221)[53]

Das sollt ihr, Jesu *Freunde*, nie vergessen,
wir sind, die wir von einem Brote essen,
aus einem Kelche trinken, *Jesu Glieder, Schwestern und Brüder.*

Wenn wir *in Frieden* beieinander wohnten,
Gebeugte stärkten und der Schwachen schonten,
dann würden wir den letzten heil'gen Willen *Jesu* erfüllen.

Ach dazu müsse *seine* Lieb uns dringen!
Du wollest, *Gott*, dies große Werk vollbringen,
daß unter einem Hirten eine Herde aus allen werde!

52. Die Einbeziehung des Abendmahls war der ausdrückliche Wunsch des Paares. Vgl. z. B. für die elementare Gestaltung des Abendmahls das Modell in Baltruweit / Ruddat, Gemeinde, Bd. 1, S. 189-192.
53. Text: Johann Andreas Cramer 1780, *mit Variationen:* Günter Ruddat 1992; eine ähnliche Fassung findet sich auch in: Wenn Himmel und Erde sich berühren. Lieder für Frauenliturgien, Gütersloh 1993, Nr. 94.

Gebet zum Weiter-Gehen *(Schwester)*

Gott, Du bist unsere ganze Hoffnung.
Du öffnest uns allen weiten Horizont
und holst uns heraus aus unseren Beschränkungen.
Du gibst unter uns der Liebe weiten Raum
und stiftest uns an zu Vergebung und Versöhnung.
Du schenkst uns Zeit zum Aufatmen und Atemholen,
Du weckst uns auf,
da ist Raum zum Wahr-Nehmen des Alltags und zum Widerstand
gegen menschenverachtende Lieblosigkeit und Unbarmherzigkeit,
da ist der Tisch gedeckt
für ein anderes, friedvolles Miteinander der Menschen und der ganzen Schöpfung,
da können wir unter Deinem Segen weiter-gehen
und füreinander in dieser Einen Welt einstehen.
Gott, sei Du uns nah und geh Du mit uns. Amen.

Lied

Bewahre uns, Gott (EG 171) *(oder ein Lied zur [Kirchen-]Jahreszeit)*

Sendung und Segen

Auch wenn das Fest jetzt weiter-geht, ist es gut, am Ende dieses Gottesdienstes
um Gottes Segen für uns alle zu bitten,
damit wir seine Liebe nicht aus dem Auge verlieren:
Keinen Tag soll es geben, an dem eine oder einer von uns sagen muß:
Es ist niemand da, der mich hört.
Keinen Tag soll es geben, an dem eine oder einer von uns sagen muß:
Es ist niemand da, der mich sieht.
Keinen Tag soll es geben, an dem eine oder einer von uns sagen muß:
Es ist niemand da, der mich liebt.
Gott, der für uns mehr ist als Vater oder Mutter,
als Bruder oder Schwester, als Freund oder Freundin,
Gott weiß, was jede und jeder von uns braucht – Tag für Tag.[54]

Nachspiel und Auszug

Kollekte am Ausgang, anschließend Empfang vor der Kirche

54. Variation zu dem Text von Uwe Seidel: Sei gut behütet, S. 247.

Begrüßung und Wort zum Eingang

Die Liebe Gottes sei mit uns allen.
Liebes goldenes Paar, liebe Frau ..., lieber Herr ..., liebe Festgemeinde,
zu diesem Dankgottesdienst am Tag Ihrer Goldenen Hochzeit
begrüßen wir Sie sehr herzlich hier in unserer Kirche.
Wir sind heute mit Ihren Kindern und Enkeln,
mit Ihren Freunden und Verwandten,
mit Nachbarschaft und Gemeinde zusammengekommen,
um Gott für Ihr gemeinsames Leben zu danken,
diesen Festtag in Seinem Namen zu beginnen und zu bedenken ...
und auch für den weiteren Weg Ihres Lebens um Gottes Segen zu bitten.

(Evtl. Bezugnahme zum Datum, zur [Kirchen-]Jahreszeit)

Lassen Sie heute etwas von der Nachdenklichkeit eines solch einmaligen Tages und ebenso etwas von der Fröhlichkeit eines solch besonderen Festes zusammenkommen,
damit die Liebe Grund hat und nicht nur überlebt, sondern immer wieder auflebt
jeden neuen Tag, der Ihnen und uns allen mit Ihnen geschenkt ist.

(Evtl. erste Bezugnahme auf den Trautext, Tageslosung o. ä.)

Zu solchem Fest stiftet uns auch Ihr Trautext an,
den Sie als Losung für den heutigen Tag gewählt haben: ...

Oder als Leittext:

Bis in euer Alter bin ich derselbe,
und ich will euch tragen, bis ihr grau werdet.
Ich habe es getan;
Ich will (euch) heben und tragen und erretten. (Jes 46,4)

Laßt uns in dieses Lob mit einem ersten Lied einstimmen:

Lied

Dank sei Dir, Gott der Freude (EG 582 BYT)[55]

Dank sei dir, Gott der Freude, an unserm Hochzeitsfest.
Dank sei dir, daß du heute uns fröhlich feiern läßt.
Du willst uns glücklich sehen, in Liebe treu vereint.
Hilf uns die Wege gehen, wo deine Sonne scheint.

Dank sei dir, lieber Vater, daß du auch in der Not
bist Helfer und Berater, wenn Unheil uns bedroht.
Herr, gib uns deinen Segen zum Frieden und Geleit.
Führ uns dem Ziel entgegen, bleib bei uns allezeit.

Gebet zum Dank

Gott, unsere Zeit steht in deinen Händen.
Wir danken dir für alle gemeinsame Zeit, für all die Jahre ...
Wir freuen uns mit allen, die heute mit uns feiern und an uns denken.
Wir denken an die Kinder,
wie sie sich entwickelt haben und ihren eigenen Weg gegangen sind.
Wir freuen uns,
daß wir uns aufeinander verlassen können und füreinander da sind.
Wir denken an all die Menschen, die uns Jahr für Jahr begleitet haben.
Wir freuen uns über alle aufrichtigen Worte und liebevolle Begegnungen.
Wir denken an uns selbst mit unseren starken und schwachen Seiten ...
wir bleiben angewiesen auf die Hilfe des anderen,
auf ein freundliches Wort oder ein Lächeln
und manchmal auch auf ein Verstehen – ohne viele Worte.
Wir freuen uns, daß wir einander haben.
Wir bitten für das Leben, das noch vor uns liegt,
wir bitten um deinen Segen, Gott.

55. Text: Friedrich Hofmann 1982 / Melodie: Lob Gott getrost mit Singen (EG 243).

Oder:

Gott, wir freuen uns an diesem Tag
und wünschen uns, daß auch die Jahre,
die du uns noch schenkst, Freude mit sich bringen.
Wir wissen, auch im Alter brauchen wir Mut und Gelassenheit,
Mut, der Gewohnheiten durchbricht
und sich nicht von Enttäuschungen beirren läßt,
Gelassenheit, die nicht auf das eigene Recht pocht,
sondern weise umgeht mit denen, die nach uns kommen.
Um solchen Mut und solche Gelassenheit bitten wir Dich.

Segen für das Goldene Paar

Der barmherzige Gott,
der Euch bis hierher geholfen und getragen hat,
begleite und bewahre Euch auch in Zukunft
mit seinem Schutz und seiner Fürsorge.
Gottes Segen sei um Euch
und lasse Euch von ganzem Herzen
und in aufrichtiger Liebe verbunden sein,
solange Ihr lebt.
Friede sei mit Euch.

Marc Chagall, Le Cantique des Cantiques IV

Liebes Brautpaar,

Sie wollen sich kirchlich trauen lassen und mit dem Segen Gottes in Ihre Ehe gehen. Darüber freuen wir uns.

Sie werden schon viele Gedanken in Ihr Fest »investiert« haben.
Auch in der Kirche müssen Sie nicht alles nur über sich ergehen lassen.
Wir freuen uns, wenn Sie Ihre Vorstellungen in die kirchliche Trauung einbringen.
Mit dem Pastor / der Pastorin können Sie in einem Vorbereitungsgespräch alles durchgehen, was Ihnen am Herzen liegt.

Damit Sie sich im Blick auf Ihre kirchliche Trauung auf dieses Gespräch vorbereiten können, geben wir Ihnen dieses Heft in die Hand. Sie können sehen, wie eine Trauung normalerweise abläuft, können Lieder, Bibeltexte und einen Trauspruch auswählen und bekommen ein Gespür dafür, was Ihnen die Trauhandlung für Gestaltungsmöglichkeiten bietet.

Voraussetzung dafür, daß Sie getraut werden können, ist die standesamtliche Eheschließung. Bitte bringen Sie die Heiratsurkunde beziehungsweise das Stammbuch zur Trauung mit. Auch die Ringe sollten Sie nicht vergessen.

Die kirchliche Trauung kostet für Sie als Kirchenmitglied nichts. Wir bitten Sie aber darum, in Absprache mit unserem Küster / unserer Küsterin für den Blumenschmuck auf dem Altar selbst zu sorgen.

Am Ausgang des Gottesdienstes erbitten wir von Ihnen und Ihren Hochzeitsgästen eine Kollekte. Den Kollektenzweck können Sie mitbestimmen. Wir werden im Vorbereitungsgespräch darüber reden.

Gesangbücher sind in ausreichender Anzahl in der Kirche vorhanden. Sie können aber auch ein besonderes Gottesdienstblatt selbst gestalten.

Es wäre schön, wenn sich Familienmitglieder und Freunde an der Gestaltung Ihrer Trauung beteiligen, zum Beispiel durch eine Lesung, durch einen persönlichen oder musikalischen Beitrag oder durch Mitwirkung an einem Gebet.

Es ist sinnvoll, eine einzige Person mit dem Fotografieren beziehungsweise Videofilmen zu beauftragen, da sonst die Trauung zu unruhig wird.

Bis zu unserem Gespräch,
mit herzlichen Grüßen,
Ihr/e

Ablauf der kirchlichen Trauung

Vor der Trauung versammeln sich die Hochzeitsgäste in der Kirche. Die Glocken läuten. Das »Brautpaar« fährt vor (Parkmöglichkeit direkt vor der Tür) und wird vom Pastor bzw. der Pastorin begrüßt. Das Brautpaar übergibt die Ringe und das Stammbuch. Der Pastor bzw. die Pastorin führt das Brautpaar während des Orgelvorspiels in die Kirche. Der Pastor/die Pastorin geht voran, es folgen die Blumenkinder, dann das Brautpaar. Sie ziehen gemeinsam bis zum Altar. Auf ein Zeichen setzen sich alle hin.

Begrüßung

Lied zum Eingang

Gebet zum Fest

Es besteht die Möglichkeit, das Gebet in Psalm 23 münden zu lassen, den alle gemeinsam sprechen:

Der Herr ist mein Hirte.
Mir wird nichts mangeln.
Er weidet mich auf einer grünen Aue
und führet mich zum frischen Wasser.
Er erquicket meine Seele.
Er führet mich auf rechter Straße
um seines Namens willen.
Und ob ich schon wanderte im finstern Tal,
fürchte ich kein Unglück.
Denn Du bist bei mir.
Dein Stecken und Stab trösten mich.
Du bereitest vor mir einen Tisch
im Angesicht meiner Feinde.
Du salbest mein Haupt mit Öl
und schenkst mir voll ein.
Gutes und Barmherzigkeit
werden mir folgen mein Leben lang.
Und ich werde bleiben
im Hause des Herrn immerdar.
Amen.

Lied

Z .B. das Danke-Traulied

Meditation

... wenn jemand aus dem Freundes- bzw. Familienkreis des Brautpaares so etwas machen möchte. Sie knüpft an Persönliches an, z. B. an das Bild, das sich das Brautpaar für die Trauanzeige ausgesucht hat. Hier kann aber auch ein besonderer Text (vgl. literarische Texte) gelesen werden.

Es folgt ein Zwischenspiel oder ein weiteres Lied.

Trauansprache (z. B. Predigt über den Trauspruch)

Lied/Musik

Biblische Erinnerung

Schöpfungsbericht (Gen 1,27f):
Gott schuf den Menschen nach seinem Bild – er schuf Mann und Frau.
Er segnete sie und sagte zu ihnen:
Bekommt Kinder und breitet euch über die Erde aus
und sorgt für sie.

und/oder:

Prediger Salomo (Koh 4,9-12a):
Zwei sind besser dran als nur einer. Sie haben guten Lohn für ihre Mühe.
Denn fallen sie, so hilft der eine dem andern auf.
Was tut einer, wenn er fällt, und keiner ist da, ihm aufzuhelfen?
Liegen zwei beieinander, so haben sie es warm.
Wie aber könnte ein einzelner warm werden.
Mag einer einen einzelnen überwältigen.
Zwei mögen widerstehn.

und/oder:

Hohelied (Hld 8,6):
Lege mich wie ein Siegel an dein Herz,
wie einen Ring an deinen Arm.
Denn stark wie der Tod ist die Liebe.
Ihre Glut ist feurig – und eine Flamme Gottes.

und/oder:

Matthäus (Mt 19,4-6):
Jesus spricht:
Gott hat am Anfang Mann und Frau geschaffen und gesagt:
Der Mann wird Vater und Mutter verlassen, um mit seiner Frau zu leben.
Und die zwei werden dann eins sein – nicht mehr zwei, sondern ein Leib.
Und was Gott miteinander verbunden hat, sollen wir Menschen bewahren.

und/oder:

Paulus (1 Kor 13,1-8):
Wenn ich mit Menschen- und Engelszungen redete
und hätte keine Liebe,
dann wäre ich ein tönend Erz oder eine klingende Schelle.
Und wenn ich weissagen könnte und wüßte alle Geheimnisse
und hätte alle Erkenntnis und allen Glauben, so daß ich Berge versetzte,
und hätte keine Liebe,
so wäre ich nichts.
Und wenn ich all meine Habe den Armen gäbe
und ließe meinen Leib brennen (= würde Märtyrer) –
und hätte keine Liebe,
so nützte mir das nichts.
Die Liebe ist langmütig (geduldig) und freundlich.
Die Liebe eifert nicht.
Die Liebe treibt nicht Mutwillen.
sie bläht sich nicht auf,
sie ist nicht taktlos,
sucht nicht das Ihre,
sie läßt sich nicht erbittern,
sie rechnet das Böse nicht zu.
Sie freut sich nicht an der Ungerechtigkeit,
sie freut sich aber an der Wahrheit.
Sie verträgt alles, hofft alles, glaubt alles, duldet alles.
Die Liebe hört nie auf.

und/oder:

Aus dem Kolosserbrief (Kol 3,14.15):
Der eine vertrage sich mit dem anderen.
Vergebt euch untereinander,

wenn einer gegen den anderen Klagen hat.
Wie Gott euch vergeben hat,
so sollt ihr es auch tun.
Tut alles in der Liebe.
Sie verbindet euch
und macht eure Einheit vollkommen.
Der Friede, den Christus schenkt,
soll euer Leben bestimmen.
In diesen Frieden hat Gott euch gerufen,
damit ihr eins seid.

Trauhandlung

Gott ruft uns zur Gemeinschaft.
Vor diesem Gott stehen wir jetzt.
Vor ihm sagt Ihr zueinander JA.
Gott will mit Euch sein,
wenn Ihr Euch Liebe und Treue versprecht:

Traufrage

So frage ich Dich, N.N.,
willst Du Deinen Mann N.N.
von ganzem Herzen lieben
und bei ihm bleiben
in guten und in bösen Tagen,
so sprich:
Ja, mit Gottes Hilfe.

Und so frage ich Dich, N.N.,
willst Du Deine Frau N.N.
von ganzem Herzen lieben
und bei ihr bleiben
in guten und in bösen Tagen,
so sprich:
Ja, mit Gottes Hilfe.

Alternative: Trauversprechen
(Das Brautpaar spricht sich gegenseitig das Trauversprechen zu:)

(Bräutigam:)
Ich bin mit Dir
und will Dich behüten, wohin Du auch gehst.

(Braut:)
Ich bin mit Dir
und will Dich behüten, wohin Du auch gehst.

Ringwechsel

Zum Zeichen für das, was Ihr Euch versprochen habt,
nehmt und gebt Euch die Ringe an die Hand ...

Ehe-Bundesschluß

Reicht einander die Hand:
Gott hat Euch miteinander verbunden.
Diese Verbundenheit sollt Ihr bewahren. Amen.

Gebet

Segen für das Brautpaar

Lied

Z. B. Lobe den Herren, den mächtigen König der Ehren (EG 317)

Kollektenansage

Fürbitten *(z.B.:)*

Gott,
wir bitten dich für N.N. und N.N.
und für alle, die einander gefunden haben
und sich trauen,
daß sie aufmerksam und vorsichtig miteinander umgehen
und bei aller Liebe einander die nötige Freiheit lassen.

Wir bitten für alle Verheirateten,
für alle Partnerinnen und Partner von Lebensgemeinschaften,
daß sie sich ihre Geduld miteinander bewahren
und – wenn sie sich verlieren –
einander immer wieder aufs Neue suchen.

Wir bitten für die Familien,
daß sie sich die nötige Zeit füreinander nehmen
und die Chancen nutzen,
die ihnen miteinander gegeben sind –

für die Kinder,
daß sie Freiräume haben, um sich lebendig entwickeln zu können;
daß ihre Eltern ihnen zeigen,
wie sie mit Freude leben können
und das Leben – auch das Leben miteinander – lieben lernen.

Wir bitten dich für die, die einsam sind,
für die Ängstlichen und Enttäuschten,
daß sie die Hoffnung nicht aufgeben,
einen Menschen zu finden, der sie versteht.

Wir bitten für uns alle,
daß wir zum Miteinanderleben bereit sind,
daß wir notwendigem Streit nicht aus dem Weg gehen
und daß wir immer wieder zur Versöhnung bereit sind.

(Kurze Stille)

Wir schließen unsere Bitten zusammen,
indem wir miteinander beten:

Vaterunser

Sendung – Segen

Nachspiel / Auszug

Trausprüche[56]

Gott spricht: Ich bin mit dir und will dich behüten, wohin du auch gehst. *Gen 28,15*

Euer Herz soll ewiglich leben. *Ps 22,27c*

Gepriesen sei Gott, Tag für Tag! Gott trägt uns, Gott ist unsere Hilfe. *Ps 68,20*

Gnade und Treu begegnen einander, Gerechtigkeit und Friede küssen sich. *Ps 85,11*

Lobe den Herrn, meine Seele, und vergiß nicht, was er dir Gutes getan hat. *Ps 103,2*

Dies ist der Tag, den Gott macht; wir wollen uns freuen und fröhlich an ihm sein. Ach, Gott hilf uns doch. Gib uns Glück und Gelingen. *Ps118,24-25*

Lege mich wie ein Siegel an dein Herz. Denn stark wie der Tod ist die Liebe. Ihre Glut ist feurig – und eine Flamme Gottes. *Hld 8,6*

Ihr sollt in Freuden ausziehen und in Frieden geleitet werden. *Jes 55,12a*

Suchet mich, so werdet ihr leben. *Am 5,4b*

Es ist dir gesagt, Mensch, was gut ist und was Gott von dir fordert, nämlich Gottes Wort halten und Liebe üben. *Mi 6,8a*

Das ist mein Gebot, daß ihr euch untereinander liebt, wie ich euch liebe. *Joh 15,12*

Nehmt einander an, wie Christus euch angenommen hat zu Gottes Lob. *Röm 15,7*

Nun aber bleiben Glaube, Hoffnung, Liebe, diese drei; aber die Liebe ist die größte unter ihnen. *1 Kor 13,13*

Alle eure Dinge laßt in der Liebe geschehen! *1 Kor 16,14*

Gott hat uns nicht gegeben den Geist der Furcht, sondern der Kraft und der Liebe und der Besonnenheit. *2 Tim 1,7*

Laßt uns nicht lieben mit Worten noch mit der Zunge, sondern in Tat und der Wahrheit. *1 Joh 3,18*

Gott ist Liebe. Und wer in der Liebe bleibt, der bleibt in Gott und Gott in ihm. *1 Joh 4,16*

56. Vgl. die Anregungen und Materialhinweise: Zur Auswahl von Segensworten, S. 89.

Neue Lieder und Psalmen zur Trauung

Wir trauen uns[57]

Text: Hans-Jürgen Netz; Musik: Fritz Baltruweit; © tvd-Verlag, Düsseldorf

2. Auch wenn Wege manchmal steinig sind,
   wissen wir, daß wir getragen sind.
   Mit Gottes großer Liebe
   machen wir uns auf den Weg.

3. Auch wenn der Tag dann zum Alltag wird,
   wissen wir, daß wir gesegnet sind.
   Mit Gottes großer Liebe
   können wir durchs Leben gehn.

57. Auf der CD zu diesem Buch Hanns Dieter Hüsch / Studiogruppe Baltruweit, Jeder Tag ist ein Geschenk – Lebensreise, tvd-Verlag, Düsseldorf 1999.

Seid behütet und beschützt[58]

Text: Hans-Jürgen Netz; Musik: Fritz Baltruweit

2. Seid behütet und beschützt,
wo auch immer ihr geht,
von unserm Gott, der zu uns steht,
mit seiner Liebe zu uns steht,
auf dem Weg durch die Zeit.

3. Seid behütet und beschützt,
überall auf der Welt
von unserm Gott, der trägt und hält,
mit seinem Segen trägt und hält
auf dem Weg durch die Zeit.

4. Seid behütet und beschützt,
wenn der Tag euch auch graut,
von unserm Gott, der uns vertraut,
der uns die Schöpfung anvertraut,
auf dem Weg durch die Zeit.

5. Seid behütet und beschützt,
wie ein Vogel im Nest,
weil unser Gott uns nie verläßt,
nicht einen Augenblick verläßt
auf dem Weg durch die Zeit.

58. Wie Anm. 57.

Wo ein Mensch Vertrauen gibt[59]

Originaltonart: E-Dur (Capo 2. Bund)

Text: Hans-Jürgen Netz; Musik: Fritz Baltruweit; © tvd-Verlag, Düsseldorf

2. Wo ein Mensch den andern sieht, nicht nur sich und seine Welt,
fällt ein Tropfen von dem Regen, der aus Wüsten Gärten macht.

3. Wo ein Mensch sich selbst verschenkt und den alten Weg verläßt,
fällt ein Tropfen von dem Regen, der aus Wüsten Gärten macht.

Kleines Liebeslied[60]

Capo 5. Bund: C-Dur

Text: Lothar Zenetti; Musik: Fritz Baltruweit
© (Text) beim Autor; © (Musik) tvd-Verlag, Düsseldorf

2. Aus Tag und Abend sind wir gemacht. Wenn dir kalt wird, will ich dich wärmen.

3. Aus Angst und Hoffnung sind wir gemacht. Wenn du Tod sagst, sage ich Leben.

59. Wie Anm. 57.
60. Wie Anm. 57.

Danke-Traulied

Danke für diesen Festtag heute.
Danke für diesen Lebensschritt.
Danke für viele liebe Leute –
Gott, geh du heut mit.

Danke, wir haben uns gefunden.
Danke, wir sagen dazu Ja.
Danke, vor Gott sind wir verbunden –
bleib du, Gott, uns nah.

Danke für Liebe, die uns schön macht,
dank auch für fördernde Kritik,
danke für Glück, das uns jetzt zulacht –
Worte wie Musik.

Danke, wir werden Wege teilen,
danke, wir gehen nicht allein,
danke – Wegwunden sollen heilen –
du wirst bei uns sein.

Danke, daß Menschen uns begleiten,
danke, für Nähe und Geduld,
danke für Trost in schweren Zeiten
und vergebne Schuld.

Danke, daß wir das Glück erfahren
danke für deine Freundlichkeit,
danke, du wirst uns treu bewahren
jetzt und alle Zeit.

Text: Eugen Eckert; © beim Autor (singbar zur Melodie EG 334 »Danke«)

Hinweise

Bewahre uns, Gott	EG 171
Dank sei dir, Gott der Freude	EG BYT 582
Du hast uns, Herr, in dir verbunden	EG 240
Gott, unser Festtag ist gekommen	EG BYT 583 (Melodie: EG 330)
Herr, wir bitten: Komm und segne uns	EG RWL 607
Komm, Herr, segne uns	EG 170
Vertraut den neuen Wegen	EG 395

Mit jedem Schritt gehn viele Schritte mit
(Ein Lied vom Denken und Danken)[61]

Ich hab die Faser nicht gesponnen,
die Stoffe nicht gewebt,
die ich am Leibe trage, –
ich habe nicht die Schuhe,
die Schritte nur gemacht.

Wer mich ansieht, sieht viele andere nicht,
die mich ernährt, gelehrt, gekleidet haben,

61. Wie Anm. 57.

die mich geliebt, gepflegt, gefördert haben.
Mit jedem Schritt gehn viele Schritte mit.
Mit jedem Dank gehn viel Gedanken mit.

Ich habe nicht gelernt zu schlachten,
zu pflügen und zu säen, –
und bin doch nicht verhungert.
Ich kann nicht Trauben keltern
und trinke doch den Wein.

Wer mich ansieht, sieht viele andere nicht ...

Ich hab die Städte nicht entworfen,
die Häuser nicht gebaut, –
und habe doch zu wohnen.
Ich kann nicht Ziegel brennen,
und doch schützt mich ein Dach.

Wer mich ansieht, sieht viele andere nicht,
die mich ernährt, gelehrt, gekleidet haben,
die mich geliebt, gepflegt, gefördert haben.
Mit jedem Schritt gehn viele Schritte mit.
Mit jedem Dank gehn viel Gedanken mit.

Text: Arnim Juhre; Musik: Fritz Baltruweit; alle Rechte bei den Autoren
Aus: Singen auf bewegter Erde, Quell Verlag, Stuttgart 1990.

Love-Story[62]

I will sing your name, my God –
I will sing your creation,
your love-story with our world.

I give thanks to you
with all my heart.
You embrace the world
and enfold us.
Your love gives life -
and your creation is forever.
I will sing your name, my God –

Deinen Namen will ich singen, mein Gott.
Deiner Schöpfung singe ich mein Lied,
Deiner Liebesgeschichte mit unserer Welt.

Mein ganzes Herz
ist voller Dank,
Du Weltumarmer,
du legst Deine Hand um meine Schulter.
Durch deine Liebe entsteht Leben.
So geht deine Schöpfung immer weiter.
Deinen Namen will ich singen, mein Gott.

62. Wie Anm. 57.

I will sing your creation,
your love-story with our world.

Deiner Schöpfung singe ich mein Lied,
Deiner Liebesgeschichte mit unserer Welt.

Be my guide.
You care for us.
All life springs from you.
Be my guide.
How to deal
with your credit I got?
How to approach
your creation?
Be my guide.
You care for us.
All life springs from you.
Be my guide.

Leite und begleite mich.
Du behütest uns.
Alles Leben kommt von Dir.
Leite und begleite mich.
Wie gehe ich mit dem Kredit um,
den du mir gegeben hast?
Wie gehe ich verantwortlich
mit deiner Schöpfung um?
Leite und begleite mich.
Du behütest uns.
Alles Leben kommt von Dir.
Leite und begleite mich.

I will sing your name, my God –
I will sing your creation,
your love-story with our world.

Deinen Namen will ich singen, mein Gott.
Deiner Schöpfung klingt mein Lied,
deiner Liebesgeschichte mit unserer Welt.

Text: Fritz Baltruweit / Lynda Katsuno; Musik: Fritz Baltruweit / Hanna Jursch

Was es ist[63]

Es ist Unsinn
sagt die Vernunft
Es ist was es ist
sagt die Liebe

Es ist Unglück
sagt die Berechnung
Es ist nichts als Schmerz
sagt die Angst
Es ist aussichtslos
sagt die Einsicht
Es ist was es ist
sagt die Liebe

Es ist lächerlich
sagt der Stolz

63. Wie Anm. 57.

Es ist leichtsinnig
sagt die Vorsicht
Es ist unmöglich
sagt die Erfahrung
Es ist was es ist
sagt die Liebe

Erich Fried

(Aus: Erich Fried, Es ist was es ist. Liebesgedichte, Angstgedichte, Zorngedichte, Verlag Klaus Wagenbach, Berlin (1983) Neuausgabe 1996, S. 43.)

Psalm 128: Glücklich[64]

Glücklich ist der,
der bei all seinem Tun mit Gott rechnet,
der nicht vorgibt, den anderen zu lieben,
und nur sich selber meint.

Glücklich ist der,
der mit seiner Hände Arbeit die Erde und den Menschen beschützt,
der nicht vorgibt, die Güte Gottes zu vermehren
und nur in die eigene Tasche wirtschaftet.

Glücklich ist der,
der in der Partnerin, im Partner den Schöpfungsgedanken Gottes erkennt,
den originellsten, den Gott je erdacht;
mit Hand und Fuß, mit Leib und Seele,
und ihn behütet und beschützt.

Glücklich ist der,
der den Segen Gottes empfängt für Herz und Seele
und ihn weitergibt
an Kind und Kindeskinder.

Friede sei mit euch.

Uwe Seidel

(Aus: Hanns Dieter Hüsch / Uwe Seidel: Ich stehe unter Gottes Schutz. Psalmen für Alletage. tvd-Verlag, Düsseldorf [1996], 3. Aufl. 1997, S. 149.)

64. Wie Anm. 57.

Kasualdidaktische Grundausstattung zur Trauung[65]

1. Für die Hand der Gemeinde

1.1 Zur Einladung und Vorbereitung

Luth. Kirchenamt (Hrsg.), Mehr als du ahnst ... Eine Handreichung der VELKD, Stuttgart 1980. Verteilheft zur Ehevorbereitung im Rahmen der Kasualienmappe »Ehe-Trauung«. Eine Handreichung der VELKD, Vellmar/Stuttgart 1980.

Peter Klever, Sei ein Licht auf unseren Wegen. Anregungen für Brautpaare, die ihre Trauung mitgestalten wollen, Lahr 1987 (Staffelpreise)

Friedrich Delius, Trausprüche ausgewählt und erklärt, Hamburg 1991.

Christoph von Lowtzow, Ihre Trauung, Stuttgart 1992.

Brigitte Beck, Hochzeit feiern. Bräuche, Riten, Umgangsformen, Niedernhausen/Ts. 1997.

Frank Maibaum / Verena Schmidt, Das Traubuch. Der praktische Ratgeber für die kirchliche Hochzeit, Stuttgart 1999.

1.2 Zur Erinnerung[66] *und Begleitung*

Karl Heinz Schmitt / Peter Neysters, Zeiten der Liebe. Ein Ehe- und Partnerschaftsbuch, München 1991.

Hans Freudenberg, Ehe – Partner – Weggefährten. Ein Geschenkbuch zur Trauung, Göttingen 1992

Reinhard Abeln, Das Fest unserer Hochzeit. Erinnerungsalbum, Kevelaer/Lahr 1998.

Jürgen Fliege, Weil du ja zu mir sagst. Für die, die sich zu lieben trauen, Gütersloh 1998.

Traubibeln (mit Familienchronik)

In unterschiedlichen Ausstattungen und Übersetzungen bis hin zur wertvollen »Hochzeitsbibel« im jeweils aktuellen Bibelkatalog der Deutschen Bibelgesellschaft, Stuttgart (im Buchhandel).

Hochzeitskerze

In Entsprechung zur Taufkerze bietet sich auch eine besonders ausgestattete Hochzeitskerze an (vgl. z. B. bei der Reise- und Versandbuchhandlung des Rauhen Hauses, Norderstedt, mit aufgelegtem Kreuz und Goldringen, Kerzengröße ca. 265/50 mm, ca. 15 DM).

2. Für die Gottesdienstwerkstatt in der Gemeinde

2.1 Handwerkszeug für jede Mitarbeiterin und jeden Mitarbeiter

Fritz Baltruweit / Günter Ruddat, Taufe, Konfirmation, Trauung, Beerdigung, Gütersloh 1999.

65. Vgl. die allgemeinen Hinweise zur Kasualdidaktischen Ausstattung, S. 259ff.
66. Vgl. die Hinweise zu Gedenkscheinen und Symbolgeschenken, S. 264.

2.2 Gottesdienstordnung/Agende

Agende für Ev.-Luth. Kirchen und Gemeinden. Bd. III: Die Amtshandlungen Teil 2: Die Trauung, hrsg. von der Kirchenleitung der VELKD, Hannover (1988) 2. aktualisierte Ausgabe 1999.

Arbeitsbuch zur Trauung, hrsg. vom Gemeinsamen Liturgischen Ausschuß des Rates der EKU – Bereich DDR –, der Kirchenleitung der VELKD in der DDR und der Konferenz der Ev. Kirchenleitungen in der DDR, Berlin/Altenburg 1990.

2.3 Grundlagen zur Gestaltung von Traugottesdiensten (und Trauungspraxis)

Herbert Breit / Manfred Seitz (Hrsg.), Trauung. Calwer Predigthilfen, Stuttgart 1975 (Nachdruck 1994). Darin u. a.: M. Seitz, Die Predigt bei der Trauung, S. 11-31.

Howard J. Clinebell, Reifezeugnis für die Ehe. Wachstumsorientierte Kommunikation in Ehe und Partnerschaft, München 1976.
Mit vielen gemeindepädagogischen Anstößen.

Gerhard Hennig, Die kirchliche Trauung. Studienbrief Gemeindeaufbau A 16, Hrsg. AG Missionarische Dienste, 1984 (Beilage zur Zeitschrift: Brennpunkt: Gemeinde, Stuttgart).

Fritz Mybes (Hrsg.), Die Trauung (Dienst am Wort 56), Göttingen 1991.
Neben Traupredigten auch grundsätzliche Reflexionen zum Eheverständnis, zum Brauchtum und zu Symbolen.

Erhard Domay (Hrsg.), Trauung (Gottesdienstpraxis Serie B), Gütersloh 1995.
Mit einer pastoralsoziologischen Einführung von Karl-Fritz Daiber.

Ernst-Ludwig Fellechner / Helmut Votava (Hrsg.), Praxishilfe Hochzeit, Nidderau 1995.

Heinrich Maria Burkard / Elfriede Sacha (Hrsg.), Vor Gottes Angesicht nehme ich Dich an. Biblisch-katechetische Hilfen zur Vorbereitung und Gestaltung der kirchlichen Trauung, Stuttgart 1998.
Kompaktes Ehevorbereitungskonzept aus dem katholischen Bereich.

2.4 Jubiläumstrauungen

Hans-Jürgen Milchner, Jubiläumstrauungen. Einander weiterhin anvertrauen (Dienst am Wort 58), Göttingen 1992.

2.5 Konfessionsverschiedene Ehe

Walter Schöpsdau, Konfessionsverschiedene Ehe. Ein Handbuch, Göttingen 2. Aufl. 1987.

Gemeinsame Feier der kirchlichen Trauung. Ordnung der kirchlichen Trauung für konfessionsverschiedene Paare unter Beteiligung der zur Trauung Berechtigten beider Kirchen, hrsg. von der Dt. Bischofskonferenz und dem Rat der EKD, Leipzig/Freiburg u. a. 1995.
Neubearbeitung der ersten Ausgabe »Gemeinsame kirchliche Trauung« von 1971.

Hanns Kerner / Elmar Nübold (Hrsg.), Ökumenische Segensfeiern. Eine Handreichung, Paderborn/Stuttgart (1997) 2. Aufl. 1998; S. 58ff., 67ff., 74ff.

Wilfried Held (Hrsg.), Gottesdienstliche Feier anläßlich der Eheschließung zwischen einem evangelischen Christen und einem Nichtchristen (Materialien für den Dienst in der Evangelischen Kirche von Westfalen Reihe A Heft 36), Bielefeld 1992.

2.6 Begleitung in Trennung und Scheidung

Svende Merian (Hrsg.), Scheiden tut weh. Predigten und Ansprachen, Gütersloh (1986) 2. Aufl. 1995. Mit einer Einführung von Manfred Josuttis.

Gerhard Engelsberger, Scheidung auf evangelisch. Warum Christen sich auch trennen dürfen, Zürich 1995.

Mieke Korenhof (Hrsg.), Gehen. Scheidungs- und Trennungsliturgien, Düsseldorf 1996. Literaturangaben

Regina Bollinger (Hrsg.), Die Umarmung lösen. Grundlagen und Arbeitsmaterialien zur Scheidung in Seelsorge und Gottesdienst, Gütersloh 1997.

Armin Beuscher / Elisabeth Mackscheidt / Hartmut Miethe (Hrsg.), Gewagtes Glück. Reflexionen – Gedichte – Liturgien – Impulse zu Trennung und Scheidung, Nidderau o.J.

3. Liturgiewissenschaftliche Vertiefung (für Leute, die es genauer wissen wollen)

Vgl. die einschlägigen Abschnitte in der S. 264ff. angeführten Literatur.

Helmut Fischer, Trauung aktuell. Analysen, Erwägungen und Impulse zum kirchlichen Handeln bei der Eheschließung, München 1976.

Paul Michael Zulehner, Heirat, Geburt, Tod. Eine Pastoral zu den Lebenswenden, Wien (1976) 5. Aufl. 1987.

Ehe. Erfahrungen – Anfragen – Positionen, Almanach für Literatur und Theologie Band 12, Wuppertal 1978.

Waldemar Molinski, Theologie der Ehe in der Geschichte, Aschaffenburg 1976.

Georg Kugler / Herbert Lindner, Trauung und Taufe. Zeichen der Hoffnung – Begründung und Modelle, München 1977.

Hans-Joachim Thilo, Ehe ohne Norm? Eine evangelische Ehe-Ethik, Göttingen 1978.

Karl-Heinrich Lütcke, Die Trauung; in: Hans-Dieter Bastian u. a., Taufe, Trauung und Begräbnis. Didaktischer Leitfaden zum kirchlichen Handeln, München/Mainz 1978, S. 67-129.

Helmut Fritzsche, Freiheit und Verantwortung in der Liebe und Ehe. Zur Theologie der Partnerbeziehungen, Berlin 1983.

Manfred Josuttis, Der Traugottesdienst, in: Friedrich Wintzer (Hrsg.), Praktische Theologie., Neukirchen-Vluyn (1982) 2. Aufl. 1985, S. 53-65.

Art. Ehe/Eherecht/Ehescheidung, in: Theologische Realenzyklopädie (TRE) Bd. 9, 1982, S. 308-362. (Der Band mit dem Artikel Trauung ist noch nicht veröffentlicht.)

Karl-Heinrich Lütcke, Die Trauung, in: Peter C. Bloth (Hrsg.), Handbuch der Praktischen Theologie Band 3, Gütersloh 1983, S. 183-194.

Bruno Kleinheyer, Riten um Ehe und Familie. Sakramentale Feiern II (GdK 8), Regensburg 1984, S. 67ff.

Hans-Hinrich Jenssen, Die Trauung (Geschichte und Gestalt des Gottesdienstes) S. 392-414;
Werner Horn, Die Trauung (Die Praxis der Kasualgottesdienste), S. 937-946, in: Handbuch der Liturgik, Leipzig/Göttingen 1995.

Kirchenamt der EKD (Hrsg.), Gottes Gabe und persönliche Verantwortung. Zur ethischen Orientierung in Ehe und Familie. Eine Stellungnahme der Kammer der EKD für Ehe und Familie, Gütersloh 1998.

Beerdigung

Der Weg der Beerdigung: Hoffnung entdecken

Anfänge und Anstöße: Der fraglose Tod als Frage an das Leben

Früher oder später muß sich jeder Mensch auf dem Weg seines Lebens der Frag-Würdigkeit des Todes stellen und kann diese Frage dann nicht mehr ohne weiteres aus dem Alltag verdrängen, sondern wird möglichst frühzeitig – vorbeugend und stellvertretend – die eigene Einstellung zum Tod und damit zum Leben angehen und aufklären, »Rechenschaft über seine Hoffnung« (vgl. 1 Petr 3,15) zu geben versuchen.

Ein Fragebogen (Zehn Fragen an das Leben mit dem Tod)[1]

1. Welche Erfahrungen haben Sie mit dem Sterben und dem Tod schon gemacht?
   Wann und wie war die erste Erfahrung, an die Sie sich erinnern?
2. Haben Sie schon einmal über Ihren eigenen möglichen Tod nachgedacht? Welche Einstellung haben Sie zu Ihrem eigenen Tod: Angst, Sehnsucht ... oder denken Sie gar nicht daran?
3. Wie möchten Sie alt werden? Wie alt möchten Sie werden?
4. Wenn Sie wählen könnten, würden Sie sich einen plötzlichen Tod oder ein längeres Sterben wünschen?
5. Wenn Sie eine tödliche Krankheit hätten, möchten Sie, daß es Ihnen jemand sagt?
6. Was würden Sie tun, wenn Ihnen mitgeteilt würde, daß Sie nur noch einige Wochen oder Monate zu leben haben?

1. Eine derartige Selbstbefragung und -klärung ist nicht nur ein notwendiges Element der Einstimmung auf diesen mit der Geburt beginnenden Weg des Lebens, sondern auch eine gute Möglichkeit, nach einer Zeit der Meditation und Stille in Gruppen ins Gespräch zum Thema zu kommen. Nach einer Umfrage denkt nur jeder zehnte Deutsche öfter über seinen Tod nach, 30 Prozent tun es hin und wieder. Der Tod als Schauspiel (im Krieg und bei Katastrophen) hat hingegen (besonders in den Medien) hohe Einschaltquoten.

7. Was wünschen Sie sich für Ihr eigenes Sterben: allein zu sein oder von Menschen begleitet zu werden?
8. Haben Sie sich schon Vorstellungen über Ihre eigene Beerdigung gemacht? Welche Wünsche haben Sie hierfür?[2] Haben Sie ein Testament gemacht?
9. Beeinflußt Ihr (christlicher) Glaube / Nichtglaube Ihre Gefühle zum Tod? Welche Hoffnung verbinden Sie mit dem (Ihrem) Tod?
10. Welche Fragen hätten Sie, wenn Sie einen Menschen in der Zeit des Sterbens begleiten würden? Was würde Ihnen helfen? Womit würden Sie sich hilflos fühlen?

Von der Trauer zum Trost, von der Bestattung zum Friedhof

Wenn Kinder nach typischen Trauergebärden gefragt werden, werden sie »den Kopf sinken lassen« oder »die Augen niederschlagen«, »zu Boden sinken« oder »sich (kraftlos) fallen lassen«; damit setzen sie in diesem Trauerspiel zugleich von Kopf bis Fuß den sprachlichen Hintergrund des Wortes »trauern« [3] um. Wenn sie entsprechend im Spiel »sterben«, lassen sie sich meist ebenso unvermittelt zusammensinken oder zu Boden fallen, um dann regungslos liegenzubleiben. Auch hier bilden diese »Verstorbenen«[4] das ursprünglich verhüllende »Sterben« wortwörtlich ab; die Rede von der Totenstarre erinnert noch an diesen Wortsinn: »starr und steif werden«. Damit spiegeln Trauern und Sterben die beiden Seiten der Medaille: die Wirklichkeit des *Todes*, der wörtlich an den Zustand des »Wie-betäubt-Seins«, der »Bewußtlosigkeit« anknüpft, wo das Leben wie im »Dunst« oder im »Staub«[5] entschwindet. Da ist jede Beziehung zu Ende, da geht »nichts« mehr; da ist das plötzliche Ende von Sprache, da wird »kein Sterbens-

2. Hier kann etwa konkretisiert werden: Entwerfen Sie bitte den Ablauf Ihrer Beerdigung (inklusive Trauergottesdienst)? Oder: Gestalten Sie Ihr Grab, Ihren Grabstein?
3. Vgl. in der Kasualdidaktischen Grundausstattung zur Beerdigung, S. 248ff.; besonders die Titel von Spiegel und Schibilsky.
4. Das Reden vom »Versterben« u. ä. bezieht sich nur auf den Menschen.
5. Die dreifache symbolische Redeweise beim Grabwurf »Erde zur Erde, Asche zur Asche, Staub zum Staub« knüpft an diese polyvalente Spannung des Menschseins zwischen Geschöpflichkeit, Vergänglichkeit und Verheißung an: Der von der Erde (hebr. adamah) genommene Mensch (Gen 2,7; von daher stammt auch die Rede vom »Gottes Acker) wird so zahlreich sein »wie der Staub auf Erden« (Verheißung an Abraham, Gen 13,16) und wird wieder zur Erde (Gen 3,19; vgl. Gen 18,27), zu Staub (Ps 104,29; Pred 3,19; 12,7). Mit ihrer Staubähnlichkeit und mit ihrem Charakter als (durch das Feuer) gereinigter Rest hängt auch die symbolische Wertschätzung der Asche in Verbindung mit Trauer (Asche aufs Haupt streuen o. ä.) und Buße (vgl. Ijob 42,6 und das Aschenkreuz am Aschermittwoch) zusammen.

wörtchen«, also »nichts« mehr gesagt. Diese tödliche »Verhältnislosigkeit«[6], diese Sprachlosigkeit ist als Ausgangssituation ernst zu nehmen, wenn Menschen wieder ansprechbar, aus der Starre zu (er-)lösen und aufzurichten sind.

Der Mensch findet und hat sein Leben, seine christlich verstandene »Geschöpflichkeit« (Handarbeit Gottes) zu einem wesentlichen Teil in den Beziehungen zu anderen; deshalb ist der Verlust eines nahestehenden Menschen eine schwere Krise des Selbst- und Weltgefühls (auch bei geliebten Tieren und Sachen kann das so sein). Am Anfang ist der Schock meist am größten, auch als Folge der Begegnung mit dem Tod. Dann folgt die oft lange Zeit der notwendigen Umstellung und inneren Ablösung, der »Prozeß des Trauerns«[7], mit schmerzlicher Erinnerung, Abschied, Klage und Dankbarkeit (kommt von Nach-Denken), nicht selten auch mit Anklage und Schuldgefühlen. Gerade in diesem Zusammenhang hat über den »Gesprächsraum« um die Beerdigung herum nicht zuletzt das Ritual eine helfende und eine befreiende Aufgabe, Raum zu geben, Zeiten der Stille zu ermöglichen, zur eigenen Schuld zu stehen und andere nicht zu verurteilen (vgl. die Vaterunser-Bitte), Schuld (vor Gott) einzugestehen und (miteinander) um Vergebung zu bitten, Loslassen und Einbinden zu ermöglichen.
Trauer zu zeigen, zu teilen und auszuhalten ist »gesünder«, als sie zu unterdrükken oder überspielen zu wollen (etwa indem die Beerdigung »möglichst kurz und schmerzlos [!]« sein soll oder mit in der Regel schillernden Aussagen verbunden wird: es sei doch ein »hohes Alter«, eine »Erlösung« oder ein »schöner Tod« gewesen). Wie Trauer erlebt und und verarbeitet wird, hängt auch davon ab, ob und wie schon vorher an den Tod gedacht und davon gesprochen wurde. Hier ist die besondere Chance, frühzeitig und begleitet trauern zu lernen. Gerade aus der zugelassenen (manchmal »tiefen«) Trauer können sich dann auch neue Möglichkeiten der Lebensgestaltung ergeben; der Verlust wird dabei nicht übersehen und vergessen, sondern »Erinnerung wird zur Kraft der Gegenwart« (Dietrich Bonhoeffer).
Wo – wie im Alten Testament – *Leben als eine Gabe Gottes* (Gen 2) erscheint, der es auch wieder nehmen kann und der letztlich selbst das Leben ist (vgl. bis zu Jesus: »Ich bin die Auferstehung und das Leben«, »Ich bin der Weg und die Wahrheit und das Leben«), ist von Gott getrennt sein oder zu ihm in Wider-

6. Vgl. Eberhard Jüngel, Tod, Stuttgart 1971; S. 144ff. beschreibt die beiden Dimensionen des biblischen Todesverständnisses als »Ereignis der die Lebensverhältnisse (sc. im Sinne von Lebensgeschichte) total abbrechenden *Verhältnislosigkeit*« und als »*Angebot* der Rede vom Sieg des am Tod des Menschen partizipierenden Gottes über den Tod«, mit dem sich Hoffnung (auf Leben als »Moment der Geschichte Gottes mit allen Menschen« und Verpflichtung (Sorge für das Leben) verbinden.
7. Vgl. Spiegel, a.a.O.

spruch stehen »lebendiges Totsein« (Lk 15,24, Offb 3,1)[8]. Nach christlichem Verständnis hat Gott selbst durch den Tod und die Auferstehung Jesu diese Trennungslinie, diese Grenze zwischen Tod und Leben aufgehoben und eine auch durch den Tod tragende Verbindung geschaffen, im Bild vom »ewigen Leben« (»Wer an mich glaubt, der wird leben, auch wenn er stirbt«; Joh 11,25). Das heißt nichts anderes als: Durch den Glauben bekomme ich Anteil an der Ewigkeit (Bundes-Treue) Gottes, die sich in der ununterbrochenen Liebe Gottes zum Menschen äußert. Der Tod ist nicht das Letzte. Christlich verstandenes Leben ist also mehr als die Spanne zwischen Anfang und Ende menschlichen Lebens, sondern eröffnet einen weite(re)n Lebenseinstellung und -gestaltung bestimmenden Horizont, der sich nicht mit dem Vorfindlichen abfindet, sondern für die Veränderung menschenfeindlicher Lebensbedingungen betet und arbeitet.
Auf solche – endloser Trauer entgegenstehende – »lebendige Hoffnung«(1 Petr 1,3), »Offenheit« für das ganz Andere, kann ich mich auch im Sterben verlassen und in der Zeit der Trauer: Ich bin nicht verloren, ich falle nicht aus Gottes Schöpferhand, sondern bin unendlich aufgehoben, geborgen[9]. Die u. U. als Bedrohung (Jüngstes Gericht) empfundene Seite solchen Glaubens, unser Tun und Lassen hat Folgen weit über unser Leben hinaus (»Nach uns die Sintflut«), ist anzunehmen und das Vertrauen darauf anzusprechen, daß Gott in seiner Liebe zu allen Zeiten wird auf- und aus-»richten die Lebenden und die Toten« (vgl. Apostolicum). Das ist im Grunde der *»Trost«*, das tröstliche Angebot[10] des christlichen »Umgangs« mit dem Tod.
Wer tröstet (Jes 61,2; Mt 5,4), stellt sich an die Zeit der Trauernden (»Traure mit den Trauernden«; Sir 7,38) und Weinenden (»Weint mit den Weinenden«; Röm 12,15), verbündet sich sozusagen mit ihnen, bleibt »treu« (im Sinne von »stark und fest«[11]) mitten in der »Traurigkeit«. Theologisch ist dabei auch an die nachfolgende Geistesgegenwart zu erinnern, die sich den Heiligen Geist als »Tröster« (Joh 14,16.26; vgl. Jes 51,12) zum Vorbild nimmt, der nicht vertröstet (= durch falsche Hoffnungen hinhalten), sondern aufklärt (Wahrheit) und ins Leben zurückführt.
Vorgegebene Formen, Worte und Zeichen (eben das Ritual) können helfen, Trauer zu bestehen und zu begehen. Dazu gehören in allen Kulturen und Religionen die feierliche *Bestattung* mit Worten und Zeichen des Glaubens, das dem jeweils

8. Sozusagen die theologische Variation des »sozialen Todes«: Wo keine Beziehung mehr gelebt wird, ist der Tod.
9. Vgl. dazu die Wirkung bestimmter »Tode«: z. B. Dietrich Bonhoeffers Tod im KZ Flossenbürg (9.4.1944) und das damit verbundene »Von guten Mächten wunderbar geborgen« (Silvester 1944).
10. Vgl E. Jüngel, a.a.O.
11. Vgl. zum Hintergrund auch die Ausführung zum Wortfeld »Trauen«, S. 154.

vorherrschenden Verständnis des Todes entspricht, die Anteilnahme anderer (Trost) und die Gestaltung und Pflege eines Grabes. Die elementare Rede von der *»Beerdigung«* oder das funktionale *»Begräbnis«* erinnern – religionsphänomenologisch unübersehbar – daran: Der Mensch kehrt am Lebensende mit seinem Grab (Gruft) wieder zurück in den Leben hervorbringenden »Schoß« der »Mutter Erde«, wobei nicht nur in der christlichen Ikonographie das Motiv der Geburts- und Grabeshöhle in der Darstellung des Lebens Jesu hier entsprechend korrespondiert. Das mit dem Wiederaufkommen der Feuerbestattung im 19. Jahrhundert amtlich und feierlich gewordene Wort »bestatten« (früher verhüllend für »begraben« benutzt) bedeutet im Grund nichts anderes als jemanden »an seine Stätte (Standort) bringen«, an seine »Grabstätte«, an seinen Begräbnisplatz – zugleich nicht nur sprachliche Erinnerung an eine symbolisch oder realistisch verstandene neue Ruhe- oder Wohnstätte in der antiken, von der Stadt der Lebenden getrennten »Stadt der Toten« (Nekropolis), jener Vorläuferin unserer meist immer noch »vor den Toren«, am Stadtrand liegenden Friedhöfe.
Die Bestattung wird von den Angehörigen eines Toten meist als »endgültiger Abschied« besonders schmerzlich empfunden, hilft ihnen aber auch durch symbolische Handlungen, Musik, Lesungen, Predigt oder Ansprachen, Gebet und Segen, den Verlust in diesem Moment und darüber hinaus auszuhalten und zu ertragen. Für Freunde, Bekannte und für die christliche Gemeinde ist die Bestattung nicht nur letzte Ehre für die Toten und Anteilnahme am Leid der Hinterbliebenen, sondern auch Anlaß zum *Rückblick und zur Besinnung auf die eigene Sterblichkeit* (»auf daß wir klug werden«, Ps 90,12) und die *Hoffnung auf Auferstehung.*
Für die meisten Menschen ist so das *Grab* eines Angehörigen oder bekannten Menschen ein Ort, der die Erinnerung an den Toten erhält oder weckt. Besinnung, inneres Gespräch und Gebet sind oft nicht nur auf den Toten bezogen. Durch die Gestaltung und Pflege eines Grabes bringen Lebende etwas von ihrer Beziehung zu dem Toten und von ihrem Glauben zum Ausdruck. Die meisten Gräber (und Friedhöfe) sind ein Zeugnis »gegen das Vergessen« dafür, daß mit dem Tod nicht alles aus ist. Dementsprechend sind Friedhöfe als »Orte des Friedens« in besonderer Weise »Oasen der Vergewisserung des Lebens« und mit besonderer »Andacht« als meditative »Räume der Stille« zu erleben und zu gestalten. Dahinter steht dann auch seit Menschengedenken die notwendige Erfahrung: Trauer braucht und hat einen Ort. Damit zeigt sich zugleich die Schwierigkeit einer mehr oder minder vagabundierenden oder heimatlosen Trauer (Seebestattung, anonyme Bestattung u. ä.). Wie in der ersten Zeit nach einem Todesfall – im übrigen besonders für ältere und alleinstehende Menschen – darum das Grab und der *Gang zum Friedhof* notwendige Auseinandersetzung und Begeg-

nung ermöglichen kann – nicht nur mit dem Toten, sondern auch mit anderen Trauernden –, so ist der Gang *über* einen Friedhof für alle anderen immer auch ein Stück sich darstellende Lebenskunst, zeitgenössische Gelegenheit, sich verbale und symbolische Grabzeichen[12] als Lebenszeichen, als Interpretationen des Umgangs mit dem Tod, zu vergegenwärtigen. Dabei erinnern die aufgerichteten Steine nicht nur an die hier inmitten vielschichtiger Todessymbole[13] u. a. ausgedrückte »Verbindung zwischen Himmel und Erde« und damit zugleich auch an die Abwehr lebensfeindlicher Mächte, sondern auch an den »Fels« als Symbol für Gottes Schutz und Stärke (vgl. besonders die Psalmen 18, 31, 62).

Diese Spannung wird beispielsweise in dem *Grabstein des Presbyters Bruno* (um 1100 n. Chr.)[14] nicht nur in der künstlerischen Darstellung – Engel tragen einen Presbyter »empor« zu Gott –, sondern auch sprachlich weiterführend ausgedrückt:

»Wir hoffen, daß er jetzt von Gott angenommen, erlöst und gesegnet ist.
Wir wissen, daß sein irdisches Leben ausgefüllt, sinnhaft und gesegnet war.«

In dieser Linie ist dann auch an die Gefahr zu erinnern, auf die *Jesus* »herb« (deutlich) hingewiesen hat, durch die Beziehung zu den Toten nicht die Wahrnehmung von Lebensmöglichkeiten und die »um Gottes und der Menschen willen« nachfolgenden Aufgaben der Gegenwart zu verhindern: »Laß die Toten ihre Toten begraben; folge mir nach!« (Mt 8,22). Entsprechend kann auch das *Verhältnis zu Jesus* nicht wie zu einem Toten (was heißt das für unsere Gestaltung von Kirchenräumen und Friedhofskapellen?), sondern wie zu einem Lebenden gestaltet sein: »Was sucht ihr den Lebenden bei den Toten?« (Lk 24,5) Die Freundinnen und Freunde Jesu werden immer wieder von der unheimlichen Faszination des Todes, dem unendlichen Sich-Einrichten in der Trauer, zurückgeschickt in die Lebensbewältigung, in den Alltag. Zum Beispiel zeigt auch die »Erzählpredigt« von den Emmaus-Jüngern (Lk 24), wie Jesus in dieser Richtung Menschen unterweist, im Abendmahl erlebt wird und wie er aus den Worten der Schrift (Altes Testament) erkannt werden kann. Der Umgang mit seinem Tod und seiner Auferstehung wird somit zur Folie für unseren Umgang mit Tod und Leben »mitten unter uns«: »Trauert nicht wie die, die keine Hoffnung haben« (1 Thess 4,13).

12. Vgl. Hans-Martin Käsch / Thomas Klie, TodesZeichen. Grabmale in semiotischer und religionspädagogischer Perspektive, RPI Loccum 1998.
13. Neben eher christlichen Symbolen wie Anker, Kerze, Kranz, Kreuz, Palme, Phönix (aus der Asche), Taube (mit Ölzweig), Schiff mit Kreuz (als Bild der Lebensreise) usw. auch Totenkopf, Gebeine, Leiter oder Treppe (vgl. Himmelsleiter in Gen 28), abgebrochene Säule oder Rose o. ä.
14. Vgl. dazu das für dieses ganze Kapitel anregende Arbeitsbuch: Ursula Früchtel / Astrid Ohla / Kerstin Othmer-Haake, Tod und Auferstehung. Das Thema im Unterricht der Kirche und der Schule, Göttingen 1996, hier: S. 62 (M 9).

Wer am offenen Grab an die Auferstehung erinnert, bezeugt zugleich die Hoffnung und die Verpflichtung auf ein neues, von Jesus bestimmtes Leben. Letztlich wird damit die Beerdigung zur Tauferinnerung und -erneuerung. Gott wendet sich bis zum letzten Atemzug und darüber hinaus Menschen zu, sagt Ja zum Leben des Verstorbenen und zum Leben der Hinterbliebenen durch den Tod und die Trauer hindurch.

Weg-Zeichen: Beerdigung als ein »Werk der Barmherzigkeit«

Ein besonderes Interesse an der Entwicklung christlicher Bestattungsformen läßt das Neue Testament nicht erkennen, es knüpft an das Judentum an (vgl. das Begräbnis Jesu) und betrachtet die Bestattung als »Werk der Barmherzigkeit«[15]. Die Toten werden nicht nur im familiären Kontext, sondern von der ganzen Gemeinde zur letzten Ruhe[16] geleitet und die Angehörigen im Namen Jesu getröstet und begleitet[17].

Dionysius Areopagita beschreibt eine christliche Beerdigung um 500 n.Chr.: »Die Verwandten des Verstorbenen preisen ihn glücklich, daß er zu dem erwünschten Sieg gelangt ist, bringen dem Urheber des Sieges Dankeslieder dar und wünschen sich selbst ein gleiches Los. Hierauf tragen sie den Leichnam zum Bischof, der ihn freudig aufnimmt. Nachdem derselbe die Priester versammelt hat, wird der Tote, wenn er ... der Gemeinde angehört hat, in dem Heiligtum, da wo die Priesterschaft eintritt, niedergelegt. Der Bischof verrichtet Gebet und Danksagung. Nachdem hierauf die Diakonen aus der Heiligen Schrift die Verheißung von der Auferstehung der Toten gelesen haben, singen sie die passenden Psalmen. Der Archidiakonus entläßt die Katechumenen, worauf er der Heiligen, die bereits (ihr Leben) vollendet haben, mit dem Wunsche gedenkt, daß der Verstorbene in ihre Gemeinschaft aufgenommen werden möge, und er mahnt die Anwesenden, nach einem seligen Ende zu trachten. Darauf betet der Bischof über dem Leichnam, und nach der Salutation

15. Zu den »Werken der Barmherzigkeit« (nach dem diakonisch grundlegenden Text Mt 25,31-46: Hungrige speisen, Durstige tränken, Fremde beherbergen, Nackte bekleiden, Kranke besuchen, Gefangene besuchen) hat die kirchliche Tradition in Anlehnung an das von den Rabbinen hochgeschätzte 7. Liebeswerk der Totenklage und des Grabgeleits aus Tob 1,18f.: »Tote bestatten« hinzugefügt.
16. Bei der Erdbestattung (Beerdigung) wurde der Tote (wie später die Gotteshäuser) meist mit dem Blick nach Osten ausgerichtet.
17. Von daher versteht sich die spätere Bezeichnung der (katholischen) Begräbnisliturgie als »Ex(s)equien« (lat. zum Grabe geleiten). Der christenfeindliche Kaiser Julian Apostata († 363) hat die Attraktivität des Christentums besonders mit seinem beispielhaften Bestattungswesen begründet (Brief an Arsacius).

von seiten des Bischofs, die an den Toten und an die Gemeinde gerichtet ist, salbt er den Leichnam mit Öl und spricht das allgemeine Fürbittengebet«. Hierauf folgt das Begräbnis.[18]

Aus der sich im Laufe des Mittelalters verstärkenden *Fürbitte für die Toten*, die die Lebenden als »gutes Werk« den Verstorbenen zuwenden konnten, erklärt sich der spätere reformatorische Widerspruch und seine dreifache Konzentration[19] auf die »tröstliche« Verkündigung des Wortes Gottes bei einem menschenwürdigen Begräbnis »zur öffentlichen Kundschaft der Auferstehung«, auf die Begleitung durch die Lebenden als »öffentliches Zeichen« der Liebe und durch Verkündigung und Begleitung zusammen zur allgemeinen »Erinnerung an den Tod«. Dabei läuten die Glocken – in Zeiten großer Standesunterschiede durchaus nicht selbstverständlich –, »dem Armen und dem Reichen zugleich«, als *Einladung zum öffentlichen Gottesdienst*. Dabei bleibt als offene Frage, wie *die persönliche Seite des »Falles«* (Kasus), die Person des Verstorbenen und die um ihn Trauernden, einbezogen wird. Die im Grunde an das Schema antiker Trauerreden anknüpfenden Nekrologe (Nachruf)[20] spiegeln sich in der unterschiedlichen (theologisch begründeten) Andeutung oder Ausgestaltung, in der Einbeziehung oder im Ausschluß der sog. Vita (Lebensskizze des Verstorbenen).
Die gegenwärtig besonders in den Großstädten zu beobachtende Tendenz einer *Reprivatisierung der Bestattung* (bis hin zu einem Auszug aus den vielerorts durch ihren atem- und gnadenlosen Zeittakt öffentlichen Friedhofshallen in die intimen Kapellen der Bestattungsunternehmen) fördert zugleich auch die weitere Ausgrenzung des Todes aus Öffentlichkeit und Gemeinde[21].

Stationen vor Ort: Today is the first day of the rest of your life!

»Heute ist der erste Tag vom Rest deines Lebens« – dieser Satz der amerikanischen Nonne Coretta stiftet an, von Anfang an den Versuch zu wagen, nicht an den Tod glauben zu lernen. Ernst Lange hat dieses Motto in einem Rundfunk-

18. Zitiert nach: Georg Rietschel / Paul Graff, Lehrbuch der Liturgik, Göttingen 1951, S. 763. Vgl. auch Augustins Schilderung vom Tod und von der Bestattung seiner Mutter Monica in: Confessiones 9,12.13.
19. Vgl. z. B. die sogenannte Kleine Kirchenordnung Württembergs (1536), zit. bei Gerhard Hennig, Die kirchliche Bestattung, Stuttgart 1984, S. 5f.
20. Mögliche Rollenverteilungen zwischen kirchlichen und privaten »Rednern« sollten nach Möglichkeit mit den Angehörigen abgestimmt werden.
21. Eine mögliche Antwort der Gemeinde könnte – wenn die Örtlichkeiten das ermöglichen – auch so aussehen, die Trauergottesdienste wieder »in den Raum der Kirche« zurückzuholen ... und sich von dort aus auf den Weg zu machen.

beitrag zum Totensonntag 1971 meditiert und so eingeführt[22]: »Schöner, heiterer und dringlicher, finde ich, kann man die Kostbarkeit des Heute, den Wert des Lebendigseins kaum ausdrücken. Da ist alles zusammen: die gelassene Hinnahme der Tatsache, daß unser Vorrat an Leben begrenzt ist; die zur Aktion treibende Ungewißheit, wie groß dieser Vorrat noch ist; und der Glanz und die Heiterkeit des Anfangs: Heute ist ein erster Tag, eine neue, unverbrauchte Chance des Lebens und der Liebe, selbst wenn es mein letzter Tag wäre. So spricht einer, der an das Leben glaubt – dem Tod zum Trotz.«

Das fängt bei den Kindern an und ihren ersten Begegnungen mit dem Tod: das abgestürzte Vogeljunge im Garten oder das geliebte Haustier. Werden Tiere (Geschöpfe Gottes wie wir) liebevoll beerdigt[23] oder im Mülleimer entsorgt? Hier werden mögliche Grundeinstellungen eingeprägt, wie Eltern *mit Kindern trauern lernen*[24].

»1. Kinder müssen Gelegenheit bekommen, zu lernen, wie man trauert.
2. Kinder müssen die Möglichkeit bekommen, über die kleineren Verluste in ihrem Leben zu trauern.
3. Kinder müssen über Todesfälle in ihrer Umgebung informiert werden.
4. Kinder müssen lernen, die Endgültigkeit des Todes zu begreifen.
5. Kinder müssen die Möglichkeit bekommen, sich von Verstorbenen zu verabschieden.
6. Kinder müssen genügend Gelegenheit bekommen, ihre Gefühle über einen Verlust durchzuarbeiten.
7. Kinder benötigen die Sicherheit, daß Erwachsene gut genug auf sich selbst achten, um für sie lange genug am Leben zu bleiben.
8. Kinder müssen wissen, daß bisweilen auch schon Kinder sterben.
9. Kinder müssen ermuntert werden, ihre Gefühle zu zeigen.
10. Kinder brauchen das sichere Gefühl, daß ihre Fragen ehrlich beantwortet werden.«

Die gemeindepädagogische Arbeit von der Krabbelgruppe über den Kindergarten, vom Kindergottesdienst bis zur Konfirmanden- und Jugendarbeit wird auf

22. Ernst Lange, Today is the first day of the rest of your life! (Heute ist der erste Tag vom Rest deines Lebens!); in: ders., Nicht an Tod glauben. Praktische Konsequenzen aus Ostern, Bielefeld 1975, S. 101-114 (hier: S. 104). Zuerst veröffentlicht in: Predigtstudien Bd. I/2, Stuttgart 1973.

23. Kinder können sehr schnell ein Gespür dafür entwickeln, was zu einer solchen Beerdigung angemessen ist: Z. B. ein Wort wie »Ich bin ganz traurig«, ein Moment der Stille nach der Beerdigung, ein Lied wie »Der Himmel geht über allen auf« und sich an den Händen fassen und sich (umarmend) trösten.

24. Die nachstehenden »Zehn Hinweise für Eltern« sind dem umfassenden Hausbuch von Peter Neysters / Karl Heinz Schmitt, Denn sie sollen getröstet werden, München 1993, S. 301-302 entnommen, die dort weiter erläutert sind.

diesem Hintergrund zu einem immer wieder neu zu *gestaltenden Lernort des Lebens angesichts des Todes*, wenn Kinder und Jugendliche – zusammen mit Erwachsenen – von Zeit zu Zeit oder aus situativem Anlaß den Tod bedenken und sich gegenseitig so über den Tod aufklären, daß sie miteinander »Strategien gegen den Tod« (Lange) entwickeln können. Die politische Dimension dieses Ansatzes[25] und seine Bedeutung für die Erwachsenenbildung kann hier nur angedeutet werden. Das kann mit ganz einfachen Erfahrungen begonnen und entfaltet werden: Todesanzeigen eine Woche lang ausschneiden und sammeln und in einer »Leseprozession« allen in der Gruppe zur Auswahl vorlegen; auf der Suche nach Lebenszeichen einen »Osterspaziergang« mit der Polaroid-Kamera über den Friedhof unternehmen; Worte und Zeichen eines Beerdigungsgottesdienstes erzählend vergegenwärtigen ... und sich darüber auseinander- und zusammensetzen!
In Anlehnung an die bei den vorausgehenden Kasualien beschriebenen Stationen vor Ort ist der Weg der Beerdigung unter anderem auch dadurch geprägt, in welchem Maße das Bestattungsunternehmen zum »Vermittler« wird, das abgesehen vom individuellen Trauern alles abnimmt. Oder ob vor Ort z. B. der Pfarrer bzw. die Pfarrerin oder andere Gemeindeglieder (noch) Begleitung in der Stunde des Sterbens oder den Erstkontakt nach einem Todesfall darstellen. In jedem Fall ist in solchen Stunden, wo die Zeit stehen bleibt, stille Gelegenheit, einander in der Trauer kennenzulernen ... und das greift dann auch entsprechend weiter: Nehme ich auch persönlich Abschied von dem Verstorbenen (von Angesicht zu Angesicht), wie lange bleibe ich am Grab oder in seiner Nähe »da«, begleite ich die Familie bei der vom Trauergottesdienst zeitlich entfernten Urnenbeisetzung?

Die Struktur der Trauerbegleitung

Mit den Vorinformationen aus der Gemeindekartei, vom Besuchsdienst oder vom Bestatter ist es in der Regel angesagt, etwa am 2. oder 3. Tag nach dem Todestag zum eigentlichen »Trauergespräch« die Angehörigen des Verstorbenen zu besuchen.
Dieses *Trauergespräch* kann sich etwa an folgender Struktur[26] orientieren, die im Grunde einerseits im Lichte des gewählten Bibelwortes eine Struktur für die

25. Die dreifache Frage: Wie, wann und warum sterben Menschen? führt zur Unterscheidung zwischen erträglichem und unerträglichem Tod (Lange, a.a.O. S. 113f.).
26. In ähnlicher Weise entwickelt auch Schibilsky (Trauer-Wege, 1989) eine Grundstruktur, die jeweils von den beiden handelnden Seiten aus fünf Phasen für Pfarrer/in und Trauernde beschreibt: Vor-Orientierung – Begrüßung/Vor-Entscheidungen – Eingangsteil: Gesprächseröffnung (Gegenwart) – Mittelteil: Übergang zur Lebensgeschichte (Vergangenheit) – Schlußteil: Übergang zur Trauerfeier (nächste Zukunft).

Predigt anbietet, andererseits eine immer wieder zu durchschreitende und zu aktualisierende Struktur der Trauerbegleitung.
Mögliche sieben Schritte des Gesprächs nach der Begrüßung bzw. Vorstellung:

1. Wie geht es Ihnen? (Situation)

Raum zum Erzählen der Sterbegeschichte
(häufig an frühere Erfahrungen mit dem Tod anknüpfend)

2. Was war wichtig in diesem Leben? (Erinnerung und Rückblick)

Raum zum Erzählen der (gemeinsamen) Lebensgeschichte
Wie hat sich Ihre Beziehung gestaltet und u. U. angesichts des Sterbens gewandelt? Was war schön, wofür sind Sie dankbar? Was war schwierig, was ist unerledigt? *(ggf. sensible Vertiefung)*

3. Im Gespräch über »Leben und Tod«, über »Gott und die Welt«

Wie haben Sie den Verstorbenen im Gespräch über »Leben und Tod« erlebt? Welche Erfahrungen im Verhältnis zu »Gott und Welt« waren für Sie prägend?

4. Wie wird sich die Beerdigung gestalten? (Vorbereitung auf die nächsten Tage)

Ausführliche Information und Gespräch über den Ablauf der Beerdigung
(ggf. mit Klärung des biblischen »Lebenswortes«, möglicher Lieder o. ä.)

5. Was ist im Augenblick noch offen? (Reste)

Klärung offener Fragen und eventuell noch anstehende Verabredungen;
u. U. auch ergänzendes Ausfüllen des Formulars für die Beerdigung
(ggf. erst bei der Nachfeier:)

6. Was ist jetzt nötig, was hilft weiter? (Horizont)

Hier kann z. B. auf das Angebot der Gemeinde für die nächste Zeit hingewiesen werden, Einladung zum Sonntagsgottesdienst (nach der Beerdigung) mit Abkündigung und Fürbitte[27];

27. Die Abkündigung kann etwa so aussehen: In unsere Fürbitte schließen wir unsere Verstorbenen ein, ihre Familien und Freunde, alle, die um sie trauern. Wir denken an N.N. aus der Y-Straße. Er/Sie ist im Alter von X Jahren gestorben. Die Beerdigung findet statt (hat stattgefunden) am … (auf

Begleitung und Gespräch (nach Bedarf) und Nachfrage nach sechs Wochen[28];
Veröffentlichung der Beerdigung im Gemeindebrief;
Hinweis auf schriftliche Einladung zum Totengedächtnis[29] am Totensonntag (oder Silvester).

7. »Abschied«

Freies Gebet und/oder nonverbale Geste – verbunden mit einem Geschenk zur Begleitung auf dem Weg der Trauer[30]: z. B. Kurt Rommel, Mut zum Trauern o. ä.

Im Raum des Gottesdienstes

Gegenüber den z. Zt. vorliegenden neueren Arbeitshilfen (DDR 1993[31]) und Agenden (VELKD 1996[32]) wird voraussichtlich die von der EKU derzeit projektierte Bestattungsagende (der Entwurf soll noch 1999 abgeschlossen werden) stärker im Sinne der Erneuerten Agende von einer verbindlichen Handlungsstruktur ausgehen und ähnlich wie bei dem Entwurf zur Taufe (Taufbuch) das *»Abschiednehmen als gestreckte Handlung«* entwickeln. In dieser Richtung lassen sich auch unsere Anregungen und Konkretionen einordnen.

dem Friedhof) in ... Trost und Zuspruch gibt uns (gab uns) das Wort aus der Bibel: ... Die Fürbitte kann sich dann beschränken: Wir beten für N.N.

28. Das kath. Sechswochenamt hat dazu angestiftet, in dieser Zeit etwa zu einer seelsorglichen Begegnung im Pfarrhaus oder im Anschluß an den Gottesdienst einzuladen.
29. Vgl. unsere Kerzenlitanei am Totensonntag, S. 235, und die an das Taufgedächtnis erinnernde seelsorglich auszugestaltende Idee eines jährlichen Totengedächtnisses am Todes- oder Beerdigungstag.
30. Vgl. die Kasualdidaktische Grundausstattung zur Beerdigung, S. 248f.: Für die Hand der Gemeinde.
31. Diese Arbeitshilfe enthält neben drei Modellen und ausgeführten Beispielen (u. a. auch für eine niederschwellige »besondere Situation« von Leidtragenden, die der christlichen Gemeinde fernstehen oder ihr nicht angehören) eine umfangreiche Sammlung von liturgischen Texten, Liedern und Gedichten.
32. Diese Agende bietet nicht nur liturgische Texte zur Auswahl und unterschiedliche Variationen eines Gottesdienstes zur Bestattung (inkl. Bestattung eines Kindes, bei einer Einäscherung und einen Gedenkgottesdienst), sondern dazu auch als »Dienst im Sterbe- und Trauerhaus« Formulare für Aussegnung und Abholung sowie Ausführungen zur Fürbitte, zum Gedenktag der Entschlafenen und zur Feier des Abendmahls im Gottesdienst zur Bestattung.

Zum Beispiel: Ein Brief zum Totensonntag

Liebe Trauernde,

in unserer Kirchengemeinde gedenken wir auch in diesem Jahr am Totensonntag, dem letzten Sonntag des Kirchenjahres, wieder aller, die das Jahr hindurch aus unserer Mitte verstorben sind. Deshalb gilt unser besonderer Gruß zu diesem Gedenktag auch Ihnen, deren »Mut zum Trauern« ebenso gefragt ist wie Ihr »Mut zum Leben«.

Vielleicht haben Sie den Eindruck, daß Ihnen niemand den Schmerz abnehmen und auch keiner Sie begleiten kann, die Schwierigkeiten zu bestehen, denen Sie im vergangenen Kirchenjahr ausgesetzt waren. Ich vertraue aber darauf: Wir dürfen uns in der christlichen Gemeinde gegenseitig daran erinnern, daß unsere Verstorbenen nicht vergessen und verlassen, sondern in Gottes Hand aufgehoben und geborgen sind. Und diese Geborgenheit, auch wenn wir sie nicht immer wahrnehmen können oder wahrhaben wollen, gilt ebenso auch für uns selbst, für unser Leben.

Wir glauben, daß kein Wort der Liebe, das in unserer Welt gesprochen wurde, verloren ist; Einsatzbereitschaft und Zeichen des Vertrauens waren nicht umsonst. Die Liebe, die zwischen uns Menschen war, wird für immer bewahrt und bewahrheitet sich in der Liebe, mit der Gott uns begleitet – unter allen Umständen.

In dieser Liebe wird das Wort lebendig, das uns allen neues Leben eröffnet:
»Gott wird abwischen alle Tränen von ihren Augen, und der Tod wird nicht mehr sein.«
(Offenbarung des Johannes 21,4)

Wir verbinden diesen Gruß mit einer herzlichen Einladung zu einem Gottesdienst am Sonntag, dem ..., um ... Uhr in der ...-Kirche. Wir freuen uns, wenn wir Sie bei diesem Gottesdienst zum Abendmahl einladen können. Im Anschluß ist im Rahmen des Kirchencafes Gelegenheit zum persönlichen Gespräch.

Für heute wünsche ich Ihnen, daß Sie neuen Horizont entdecken auf dem Weg, den Sie gehen, mit herzlichen Grüßen,

Ihr/e

Die Beerdigung gestalten

Unsere Beerdigungsagende

Baustein

In der Kapelle

Vorspiel

Eröffnung

Hier soll die Situation der Betroffenen aufgenommen werden. Zwei auf unterschiedliche Situationen hin formulierte Varianten sollen das Feld andeuten.

Der Friede Gottes sei mit euch (uns) allen. Amen.

Liebe ..., liebe Angehörigen,
wir müssen N.N. begraben,
müssen endgültig Abschied von ihr/ihm nehmen.
Dazu sind wir hier zusammengekommen.
Wir wollen N.N. auf ihrem/seinem letzten Weg begleiten
– und erleben:
Wir sind nicht fertig mit dem Tod
und mit dem Leben.

oder:

– und bedenken,
was Gott uns mit ihr/ihm gegeben und genommen hat.
Wir suchen miteinander den Ort,
der bleibt
und fest ist –
bei allem,
was sich verändert,
was wird
und vergeht.

Wir bitten Gott,
daß er mit uns ist
auf diesem Weg –
vor allem,
daß er mit N.N. ist
auf diesem Weg.

Diese Bitte im Herzen
beten wir Worte des ... Psalms.

oder:

Der Friede Gottes sei mit euch (uns) allen. Amen.

Geboren am ...
Gestorben am ...

Ohnmächtig stehn wir hier.
Wir verstummen.
Worte verlieren ihre Kraft.

Unsere Gedanken
und unsere Herzen
sind bei ihr/ihm,
bei N.N.

(Stille)

Wir schließen unsere Gedanken und Gefühle zusammen
in dem Anruf Gottes:

Psalm

Nach der Nähe, die durch die Eröffnung hergestellt worden ist, soll nun schon durch die Sprache eine Distanz-Entwicklung ermöglicht werden. Nach jahrelanger Verwendung von klassischen Lutherübersetzungen legen sich uns in den letzten Jahren doch eigene Übertragungen näher (mit Ausnahme von Psalm 23 u. ä.): Distanz ist nach der Eröffnung notwendig, aber die Sprache soll dennoch die Situation treffen und verstanden werden.

Gott,
ich hebe meine Augen
und schaue in die Wolken,
in den Himmel,

der mir verschlossen ist ...
Woher kommt Hilfe?

Kommt meine Hilfe
von dir,
Gott?
Wirst du mich
nicht
fallenlassen?
Wie
behütest du mich?

(Stille)

Gott
behüte dich.
Er behüte deine Seele.
Gott behüte deinen Ausgang und Eingang
von nun an bis in Ewigkeit. Amen.

oder:

Ich hebe meine Augen auf zu den Bergen.
Woher kommt Hilfe?
Meine Hilfe kommt von Gott,
der Himmel und Erde gemacht hat.
Er wird dich nicht fallenlassen.
Der dich behütet, schläft nicht.
Gott behütet dich.
Er ist dein Schatten,
in dem du dich geborgen wissen kannst.
Gott behüte dich vor allem Bösen.
Er behüte deine Seele.
Er behüte deinen Ausgang und Eingang
von nun an bis in Ewigkeit. Amen.

Psalm 121

oder:[33]

33. Dieser Psalm stammt von Friedrich Karl Barth, aus: Beratungsstelle für Gestaltung, Materialheft 36, Liturgieentwürfe für das Kirchenjahr, verfaßt vom Liturgischen Arbeitskreis der EKHN unter Leitung von F. Karl Barth, Frankfurt/Main, 2. Aufl. 1998, S. 74.

Gott,
deinen Namen will ich singen.
dir entspringt mein Leben.
Aus deiner Schöpfung schöpfe ich,
schöpfe meine Kraft.
In deiner Sonne blühe ich.
In deinem Boden wurzle ich.
Aus dir ziehn meine Sinne Saft.
Deine Farben färben mich.
Deine Schatten schlagen mich.
Dein langer Atem schafft mir Luft.
In deine Nacht verkriech ich mich,
ruhe aus und träume,
dein Morgen weckt mich auf,
spannt meinen Willen an.
Dein Wille setzt voraus,
ich setze nach
und tue, was ich kann.
Dein Abendrot führt mich in Weiten,
ich ahne meine Zeit.
Die Dunkelheit führt mir beizeiten
dein Amen vor,
die unbekannte Ewigkeit.
Gott,
deinen Namen will ich singen –
und dann zu guter Letzt
versteck den meinen
in deinem großen weiten Kleid.
Amen.

oder:

Gott,
dir vertraue ich.
Laß mich nicht verlorengehen.
Laß mich nicht herausfallen
aus deiner Liebe.
Schenk mir dein Ohr.
Sei meine Hilfe.
Sei mein Zuhause,

auf das ich bauen kann.
Du bist der Ort in meinem Leben,
an den ich immer wieder zurückkehren kann,
der Ort, der bleibt
und fest ist.
Nimm mich an die Hand
und leite mich
um deines Namens willen.
In deine Hände befehle ich meinen Geist.
Du hast mich erlöst, du treuer Gott.
Meine Zeit steht in deinen Händen.

Psalm 31

oder:

Gott,
du bist meine Zuflucht,
jeden Tag.
Ehe es die Berge gab
und das All,
bist du, Gott,
von Ewigkeit zu Ewigkeit.
Du,
der du die Menschen sterben läßt und sprichst:
Komm wieder, Menschenkind.
Denn tausend Jahre sind vor dir wie ein Tag –
und eine Generation wie ein kurzer Augenblick.
Die Menschen sind wie Samen,
die man sät von Jahr zu Jahr,
sind wie die Blumen auf einer großen Wiese;
im Frühjahr wachsen und blühen sie,
im Herbst welken sie und verdorren.
Gott,
du hast uns vor dich hingestellt
und durchschaust uns bis in die geheimsten Tiefen.
Du bringst ans Licht,
was wir selber nicht ahnten.
Du bringst ans Licht,
worüber wir uns freuen.

Und du bringst ans Licht,
wofür wir uns schämen.
Alle unsere Tage schaust du an –
und unsere Jahre halten deinem Anspruch nicht stand.
Unser Leben währt vielleicht siebzig Jahre
(und wenn's hoch kommt, achtzig Jahre).
Wir mühen uns ein Leben lang.
Unsere Zeit rast dahin.
Und was uns glücklich macht,
versuchen wir vergeblich festzuhalten.
Gott,
lehre uns bedenken,
daß wir sterben müssen,
auf daß wir klug werden.
Lehre uns,
unsere Tage bewußt zu leben,
damit wir empfänglich werden
für deine Gegenwart.
Fülle uns mit deiner Gnade jeden Tag.
Sei uns freundlich,
und sei mit uns
bei dem, was wir tun.
Amen.

Psalm 90

Lied/Musik

Es ist unserer Erfahrung nach gut, mit den Angehörigen zu besprechen, ob sie singen oder lieber »stumm bleiben«, etwas hören wollen. Sie sollen sich in ihrer Situation ernst genommen und während des Gottesdienstes gut aufgehoben fühlen.

Ansprache

Sie versucht, die persönliche Betroffenheit und die Situation, auch wichtige persönliche Lebensdaten des/der Verstorbenen (kein Lebenslauf!) in einem Bibelwort zu spiegeln und von dem Bibelwort her Zuspruch und Hoffnung zu eröffnen.

Lied/Musik

Biblische Verheißung

Die Ansprache mündet in die Evangelienlesung. In ihr wird der Zuspruch für die Situation gebündelt und konzentriert. Oft kann man Kirchenjahreszeiten in der Auswahl der Texte berücksichtigen (Das Volk, das im Finstern wandelt/Emmaus ...).

Jesus Christus spricht:
Ich sage euch:
Wer mein Wort hört
und dem glaubt,
der mich gesandt hat
der hat das ewige Leben
und kommt nicht in das Gericht.
Sondern er ist vom Tod
zum Leben hindurchgegangen.
Ich sage euch:
Es kommt die Stunde,
ja, sie ist schon da,
in der die Toten die Stimme Gottes hören werden.
Und alle, die sie hören,
werden leben.

Johannes 5

oder:

Ich sprach:
Nun muß ich zu des Totenreiches Pforten fahren
in der Mitte meines Lebens.
Mein Haus ist abgebrochen
und mir weggenommen
wie eines Hirten Zelt.
Was soll ich reden?
ER hat's getan.
Siehe, um Trost war mir sehr bange.
Du aber hast dich meiner Seele herzlich angenommen,
daß sie nicht verdürbe.
Denn du wirfst alle meine Sünden hinter dich zurück.

Jesaja 38

oder:

Ich bin der gute Hirte.
Der gute Hirte läßt sein Leben für die Schafe.
Ich kenne die Meinen.
Und die Meinen kennen mich,
wie mich mein Vater kennt –
und ich kenne ihn.
Meine Schafe hören meine Stimme.
Ich kenne sie,
und sie folgen mir.
Und ich gebe ihnen das ewige Leben,
und sie werden nimmermehr umkommen.
Niemand
wird sie aus meiner Hand reißen.

Johannes 10

oder:

Jesus Christus spricht:
Euer Herz erschrecke nicht.
Glaubt an Gott
und glaubt an mich.
Im Hause meines Vaters sind viele Wohnungen.
Wenn's nicht so wäre, hätte ich's euch gesagt.

Denn ich gehe ja hin,
um die Stätte für euch bereitzumachen.
Und ich will euch zu mir nehmen,
damit ihr seid,
wo ich bin.
Den Weg dahin wißt ihr:
Denn ICH bin der Weg
und die Wahrheit
und das Leben.
Durch mich
kommt ihr zum Vater.

Johannes 14

Schlußgebet und Schlußwort in der Kapelle

Dieses Gebet geht wieder ganz in die Nähe der Betroffenen und spricht ihre Situation abschließend aus, indem sie vor Gott gebracht wird.

Gott,
deiner Stimme,
deinem Ruf,
deinen liebenden Armen
vertrauen wir N.N. an.
In deine Hände
befehlen wir ihren/seinen Geist.
Schenk ihr/ihm ein gutes Zuhause.

Wir danken dir für alles,
was N.N. aus deiner Hand empfangen durfte
(... auch dafür, daß sie/er zu Hause sterben durfte).

(Und laß uns bedenken,
wofür wir zu danken
und was wir zu verzeihen haben.)

Gott,
sei du mit allen,
die N.N. nahestehen
(besonders mit ...).
Schenk ihnen gerade jetzt deine Nähe,
deinen Trost,
deine Kraft
(damit sie mit der großen Lücke,
die entstanden ist,
leben lernen können).

Uns alle laß den Wert der Tage ermessen,
die uns füreinander gegeben sind.
Laß uns bedenken,
daß auch wir sterben müssen.
(Laß uns immer wieder deinen Ruf hören,
damit wir uns im Leben und im Sterben
nicht fürchten müssen.)
Amen.

Wir gehen nun zum Grab.
Und der Friede Gottes,
der höher ist als alle Vernunft,
bewahre unsere Herzen und Sinne
in Jesus Christus. Amen.

oder (bei einer Aussegnung vor der Kapelle am Leichenwagen):

Wir gehen nun vor die Kapelle.
Dort spreche ich ein Segenswort für N.N.
und für uns alle.
Und der Friede Gottes ...

Nachspiel und Auszug

Baustein

Vor der Kapelle (Aussegnung)

Aussegnung vor der Kapelle am Leichenwagen

Es gibt nichts auf der Welt,
was wir festhalten können.
Von allem, was uns liebgeworden ist,
müssen wir uns einmal trennen.

So überlassen wir N.N. der Hand des gnädigen Gottes.

Gott segne deinen Ausgang und Eingang
von nun an bis in Ewigkeit. Amen.

Vater unser ...

Und auch Euch segne dieser Gott des Friedens.
Seine Liebe geleite euch,
wohin ihr auch geht. Amen.

Baustein

Am Grab

Während bei der Andacht in der Kapelle die persönliche Situation und die seelsorgliche Begleitung im Licht des Evangeliums im Mittelpunkt steht, geht es am Grab hauptsächlich um die rituelle Handlung.

Einleitung und Bestattung

Jesus Christus spricht:
Ich bin die Auferstehung und das Leben.
Wer an mich glaubt,
der wird leben,
selbst wenn er stirbt.

Nachdem der allmächtige Gott N.N. aus diesem Leben abgerufen hat
(Nachdem N.N. aus diesem Leben geschieden ist),
legen wir ihren/seinen Leib in Gottes Acker,
daß er wieder zu Erde werde,
davon er genommen ist.
Erde zu Erde,
Asche zu Asche,
Staub zum Staub.

(dreifacher Erdwurf)

Alternative (bei einer Urnenbeisetzung)

Der allmächtige Gott hat N.N. aus diesem Leben abgerufen.
Er hat über uns bestimmt:
Von Erde bist du genommen.
Zu Erde sollst du wieder werden.

(Erdwurf)

Verheißungswort

Wir befehlen N.N. in Gottes Hand.
Gott segne deinen Ausgang und Eingang
von nun an bis in Ewigkeit. Amen.

Hört Gottes Wort von der Auferstehung der Toten:
Ich sah einen neuen Himmel und eine neue Erde.
Ich sah die heilige Stadt, das neue Jerusalem.
Und siehe, die Hütte Gottes wird bei den Menschen sein.
Und er wird bei ihnen wohnen.
Und sie werden sein Volk sein.
Und Gott wird bei ihnen sein.
Und er wird alle Tränen abwischen von ihren Augen.
Und der Tod wird nicht mehr sein.

Und kein Leid noch Geschrei noch Schmerz wird mehr sein.
Und er spricht: Siehe, ich mache alles neu.

Offenbarung 21

oder:

Was in die Erde gelegt wird,
ist vergänglich.
Aber was zu neuem Leben erweckt wird,
ist unvergänglich.
Was in die Erde gelegt wird,
ist schwach und unscheinbar.
Aber was zu neuem Leben erweckt wird,
ist stark und schön.
Was in die Erde gelegt wird,
war von natürlichem Leben beseelt.
Aber was zu neuem Leben erwacht,
wird ganz von Heiligem Geist beseelt sein.
Wir fragen den Tod ins Angesicht:
Wo ist dein Sieg?
Gott sei Dank,
daß er durch Jesus Christus,
seinen Sohn,
unseren Herrn,
den Sieg schenkt
über die Todesmacht.

1. Korinther 15

Vaterunser

Segen

Baustein

»Gott, du bist unsere Zuflucht«
Kerzenlitanei am Totensonntag

Sprecher/in 1: Gott,
Du bist unsere Zuflucht – jeden Tag.
Dir vertrauen wir.
Laß uns nicht verlorengehen.
Laß uns nicht herausfallen aus Deiner Liebe.

Sprecher/in 2: Dir legen wir die Menschen ans Herz,
die wir in diesem Jahr verloren haben:
...

(Während die Namen verlesen werden, werden parallel dazu Kerzen angezündet – am besten Grablichter, die nach dem Gottesdienst mit auf den Friedhof genommen werden können.)

Sprecher/in 1: Gott,
Du bist unsere Zuflucht jeden Tag.
Sei unsere Hilfe.
Sei unser Zuhause,
auf das wir bauen können.

Sprecher/in 2: Dir legen wir die Menschen ans Herz,
die wir in diesem Jahr verloren haben:
...

(Während die Namen verlesen werden, werden parallel dazu Kerzen angezündet – am besten Grablichter, die nach dem Gottesdienst mit auf den Friedhof genommen werden können.)

Sprecher/in 1: Gott,
Du bist unsere Zuflucht jeden Tag.
Sei der Ort in unserem Leben,
an den wir immer wieder zurückkehren können,
der Ort, der bleibt und fest ist.

Sprecher/in 2: Dir legen wir die Menschen ans Herz,
die wir in diesem Jahr verloren haben:
...

(Während die Namen verlesen werden, werden parallel dazu Kerzen angezündet – am besten Grablichter, die nach dem Gottesdienst mit auf den Friedhof genommen werden können.)

Sprecher/in 1: Gott,
Du bist unsere Zuflucht jeden Tag.
In Deine Hände befehlen wir unser Leben
und das Leben der Gestorbenen –
Du erlöst uns, Du treuer Gott.

Sprecher/in 2: Dir legen wir die Menschen ans Herz,
die wir in diesem Jahr verloren haben:
...

(Während die Namen verlesen werden, werden parallel dazu Kerzen angezündet – am besten Grablichter, die nach dem Gottesdienst mit auf den Friedhof genommen werden können.)

Sprecher/in 1: Gott,
Du bist unsere Zuflucht jeden Tag.
Unsere Zeit steht in Deinen Händen.
Erbarm Dich unser
und laß uns nicht allein.

Kyrie eleison

Baustein

Das Lichterkreuz – Die Lichterkugel

Eine ähnliche Möglichkeit der Ritualisierung haben Gemeinden entdeckt, die beispielsweise auf dem Altar ein spezielles treppenförmig angelegtes Kreuz mit Teelichtern oder neben dem Taufbecken einen als Weltkugel durchbrochenen großen Kerzenständer so aufstellen, daß parallel zur Verlesung der Namen der Verstorbenen zu jedem Namen ein Licht entzündet wird. Eine andere Möglichkeit bietet ein mit Sand gefülltes großes Kreuz auf den Altarstufen: Jede der bei der Verlesung der Namen entzündeten und in das Kreuz gesteckten Kerzen kann im Anschluß an den Gottesdienst von den Angehörigen nach Hause mitgenommen werden und das weitere Gedenken begleiten. Solche Verlesungen der Namen von Verstorbenen können z. B. auch durch folgende Gebete abgeschlossen werden:

Barmherziger Gott,
wir haben gerade unsere Verstorbenen erinnert,
ihre Namen sind uns vertraut;
wir haben sie oft beim Namen genannt.
Aber auf einmal erklingen diese Namen nicht mehr,
unser Ruf bleibt ohne Echo.
Gott, laß uns nicht erschrecken und zurückweichen
vor der Wirklichkeit des Todes,
sondern stärke uns im Vertrauen auf eine Hoffnung,
die auch über den Tod hinaus gilt.
Du sagst uns zu:
Fürchte dich nicht, denn ich habe dich erlöst.
Ich habe dich bei deinem Namen gerufen, du bist mein. Amen.

Herr der Zeit, guter Gott,
heute ist der erste Tag der Zeit, die mir noch bleibt zum Leben.
Es ist der letzte Tag der Zeit, die ich bisher gelebt habe.
Laß uns beides leben – den neuen Anfang und das Ende.
Unbelastet und unbefangen wie am Anfang
und so begabt und bewußt, als sei unser Ende da.
Deine Liebe bleibe bei uns
im Leben und im Sterben –
und ebenso bei unseren Toten.
In dir wissen wir sie
und uns aufgehoben. Amen.

Kopiere

Lebensworte zur Beerdigung[34]

Du tust mir kund den Weg zum Leben: Vor dir ist die Fülle und Wonne zu deiner Rechten ewiglich. *Ps 16,11*

Ich aber will schauen dein Antlitz in Gerechtigkeit, ich will satt werden, wenn ich erwache, an deinem Bild. *Ps 17,15*

Ich aber, Gott, hoffe auf dich und spreche. Du bist für mich Gott! Meine Zeit steht in deinen Händen. *Ps 31,15-16a*

Gott ist nahe denen, die zerbrochenen Herzens sind, und hilft denen, die ein zerschlagenes Gemüt haben. *Ps 34,19*

Warum verbirgst du dein Antlitz, vergissest unser Elend und unsere Drangsal? Denn unsere Seele ist gebeugt zum Staube, unser Leib liegt am Boden. Mache dich auf, hilf uns und erlöse uns um deiner Güte willen! *Ps 44,25-27*

Gott, tröste uns wieder und laß leuchten dein Antlitz, so genesen wir. *Ps 80,4*

Alles hat seine Zeit. Weinen hat seine Zeit, und Lachen hat seine Zeit. *Koh/Pred 3,1.4*

Es wird nicht finster bleiben über denen, die in Angst sind. *Jes 8,23a*

Die auf Gott vertrauen, bekommen immer wieder neue Kraft, daß sie auffahren mit Flügeln wie Adler. Sie gehen und werden nicht müde, sie laufen und brechen nicht zusammen. *Jes 40,31*

Selig sind, die da Leid tragen; denn sie sollen getröstet werden. *Mt 5,4*

Richtet nicht, damit ihr nicht gerichtet werdet. Denn nach welchem Recht ihr richtet, werdet ihr gerichtet werden; und mit welchem Maß ihr meßt, wird euch zugemessen werden. *Mt 7,12*

Kommet her zu mir alle, die ihr mühselig und beladen seid; ich will euch erquicken. *Mt 11,28*

Ich lebe, und ihr sollt auch leben. *Joh 14,19b*

Ich bin gewiß, daß weder Tod noch Leben, weder Engel noch Mächte noch Gewalten, weder Gegenwärtiges noch Zukünftiges, weder Hohes noch Tiefes noch eine andere Kreatur uns scheiden kann von der Liebe Gottes, die in Christus Jesus ist. *Röm 8,38-39*

Keine und keiner lebt sich selbst, keine und keiner stirbt sich selbst. Wenn wir leben, leben wir für Gott, und wenn wir sterben, sterben wir für Gott. Wir gehören Gott im Leben und im Tod. *Röm 14,7-8*

Gott wird abwischen alle Tränen von ihren Augen und der Tod wird nicht mehr sein, noch Leid, noch Geschrei, noch Schmerz wird mehr sein; denn das Erste ist vergangen. *Offb 21,4*

34. Vgl. die Anregungen und Materialhinweise: Zur Auswahl von Segensworten, S. 89 und natürlich die Spruchsammlungen zur Taufe (S. 91), zur Konfirmation (S. 141) und zur Trauung (S. 198).

Neue Lieder und Psalmen zur Beerdigung

Wie sollen wir es fassen?[35]

Text: Eugen Eckert; Musik: Fritz Baltruweit (singbar auch nach EG 361 »Befiehl du deine Wege«)

2. Wie sollen wir es fassen,
was nicht zu fassen ist?
Es fällt schwer loszulassen,
und doch bleibt keine Frist.
Wir hätten so viel Fragen,
wir brauchten doch noch Zeit.
Wohin mit unsren Klagen
und unsrer Traurigkeit?

3. Das Leben ist verflogen,
der Tod trat ein mit Macht.
Das Lachen? Fortgezogen;
erstickt von tiefster Nacht.
In uns herrscht Leere. Schweigen.
Wir können nichts mehr tun.
Wozu dies tiefe Neigen?
Warum dies Sterben, nun?

35. Auf der CD zu diesem Buch: Hanns Dieter Hüsch / Studiogruppe Baltruweit, Jeder Tag ist ein Geschenk – Lebensreise, tvd-Verlag, Düsseldorf 1999.

4. Viel schneller als wir ahnten,
zerriß des Himmels Blau.
Durchkreuzt ist, was wir planten.
Die Welt scheint kalt und grau.
Was sein wird? Wer kann's sagen?
O Gott, das Fragen quält.
Hilfst du, das Leid zu tragen?
Hast du Trost, der jetzt zählt?

5. Laß uns, Gott, nicht versinken,
der Schmerz ist übergroß.
Dort, wo wir stolpern, hinken,
halt uns und laß nicht los.
Laß uns darauf vertrauen,
daß du das Leben birgst.
Hilf uns, auf dich zu bauen,
auf Segen, den du wirkst.

In der Weite des Himmels geborgen[36]

36. Wie Anm. 35.

Text: Hans-Jürgen Netz; Musik: Fritz Baltruweit

2. Deine Nähe nie mehr spüren, dein Schmunzeln nie mehr sehn,
nie mehr mit dir feiern, mit dir im Garten stehn …
Wie soll ich das begreifen? Wie soll ich das verstehn?
Du wirst für immer gehn …

3. Deine Hände nie mehr halten, dich fragen geht nicht mehr,
nie mehr mit dir essen, dein Platz, der bleibt nun leer …
Wie soll ich das begreifen? Wie soll ich das verstehn?
Du wirst für immer gehn …

Dir, Gott, will ich vertrauen[37]

Text: Eugen Eckert; Musik: Fritz Baltruweit (singbar auch nach EG 376 »So nimm denn meine Hände«)

2. Dir, Gott, will ich Dank sagen für schöne Zeit,
für Glück in guten Tagen, für Leichtigkeit.
Ich möchte nie vergessen, was uns gelang:
so reiche Interessen, so viel Gesang.

3. Dir, Gott, will ich auch klagen vertane Zeit,
die ungestellten Fragen und manchen Streit.
Nimm auf in dein Erbarmen versäumtes Tun.
Birg uns in deinen Armen, sei nahe nun.

4. Dir, Gott, in Tod und Leben gehört die Zeit.
Gib Kraft, nun herzugeben, schenk Ewigkeit.
Du Zuflucht im Erschrecken, du Trost allein.
Du wirst uns wieder wecken zu neuem Sein.

37. Wie Anm. 35.

Halte deine Träume fest

* Für f-moll-Begeleitung (Orig. Tonart) Kapodaster an den I. Bund setzen, dann wie e-moll-Begleitung spielen.

Text: Eugen Eckert; Musik: Jürgen Kandziora; aus: Manchmal finde ich Spuren, © Lahn-Verlag, Limburg

2. Halte deine Freiheit fest, lerne sie zu leben.
   Fürchte dich vor keinem Streit, finde zur Versöhnung Zeit:
   halte deine Freiheit fest.

3. Halte deine Liebe fest, lerne sie zu leben.
   Brich mit ihr die Einsamkeit, übe Menschenfreundlichkeit:
   halte deine Liebe fest.

Das Lied ist anläßlich der Trauerfeier der Familie Jürges nach dem Starfighter-Absturz in Frankfurt/Main Pfingsten 1983 geschrieben worden – ein Verbrennungstod von sechs Menschen als Folge einer Waffenschau. Am »Tag der offenen Tür« änderte einer der Starfighter im Show-Formationsflug plötzlich seinen Kurs und stürzte ab. Pfarrer Martin Jürges war mit seiner Familie in Richtung Odenwald gefahren, um dort den Sonntagnachmittag zu verbringen. Die Großmutter habe das Flugzeug kommen sehen und im Auto gerufen: »Es stürzt ja auf uns!« Dann stand das Auto in Flammen. Ihre Enkelin Gesine, Patin der 11 Monate alten Katharina, konnte durchs Fenster entkommen. Auch sie starb 81 Tage nach dem Unfall an den Verletzungen.[38]

38. Siehe dazu auch: Gesine Wagner, Im Feuer ist mein Leben verbrannt. Briefe, Tagebuchaufzeichnungen, Dokumente, Gütersloh 1985.

Zusammen unterwegs[39]

Du,
du gehst mit mir,
begleitest mich
wie ein Schatten,
wohin ich auch geh –
... und bist weit fort von mir.

Zusammen unterwegs ...
Was hast du mir gegeben?
Was ist mein Teil an dir?
Du prägst meine Schritte,
du gehst mit mir
und bleibst mir Lebenszeit,
unsere Lebenszeit.

Du gehst mit mir,
begleitest mich
wie ein Schatten,
wohin ich auch geh ...

... und mit gestutzten Flügeln
wieder fliegen lernen ist schwer –
oder wenigstens aufrecht gehn
und leben,
ja leben.

Zusammen unterwegs –
du gehst mit mir,
begleitest mich ...

Text: Fritz Baltruweit; Musik: Peter Frank

Hinweise:

Wenn du Tod sagst, sage ich Leben (Kleines Liebeslied)[40]	siehe S. 201
Weil Gott in tiefster Nacht	EG 56
Noch ehe die Sonne am Himmel stand	EG Niedersachsen/Bremen 576
Wir hüllen unsre Trauer	Gottesklang Nr. 59 (Kirchentagsliederheft 1999)
Mögen sich die Wege (Irischer Reisesegen)	Gottesklang Nr. 110 (Kirchentagsliederheft 1999)

39. Wie Anm. 35.
40. Wie Anm. 35.

Psalm 18: Ich stehe unter Gottes Schutz[41]

Ich stehe unter Gottes Schutz
Er läßt mich nicht ins Leere laufen
Und macht aus mir keinen Kriegsknecht
Sondern so wie ich bin bin ich sein Mensch
Ich suche den Frieden und will mich nicht ausruhen
Auch mit denen die noch unter Waffen stehen
Anzuzünden die Erde die nicht hohl ist
sondern Gottes Herz.

Ich stehe unter Gottes Schutz
Ich bin sein Fleisch und Blut
Und meine Tage sind von ihm gezählt
ER lehrt mich, den zu umarmen
dessen Tage ebenfalls gezählt sind
Und alle in die Arme zu nehmen
Weil wir die Trauer und die Freude teilen wollen
Daß beide wie Leib und Seele zusammen sind.

Ich stehe unter Gottes Schutz
Ich weiß das seit geraumer Zeit
ER nahm den Gram und das Bittere aus meinem Wesen
Und machte mich fröhlich
Und ich will hingehen
Alle anzustecken mit Freude und Freundlichkeit
Auf daß die Erde Heimat wird für alle Welt:
Durch seinen Frieden
und unseren Glauben
Shalom in Dorf und Stadt.

Hanns Dieter Hüsch

(Aus: Hanns Dieter Hüsch / Uwe Seidel, Ich stehe unter Gottes Schutz. Psalmen für Alletage. tvd-Verlag, Düsseldorf [1996], 3. Aufl. 1997, S. 9.)

41. Wie Anm. 35.

wenn ich gestorben bin – leichenrede

Der von Gott geordnete Inhalt des menschlichen Lebens ist Freude. Es ist kaum ein Wort, das so im Mittelpunkt des Alten Testaments stünde wie das Wort Freude.

Ludwig Köhler

La virtud tenía cara alegre (Die Tugend trug ein frohes Gesicht).

Amedo Nervo über das Leben in den mexikanischen Klöstern des 17. Jahrhunderts

Neues Vergnügen bildet sich nicht durch längeres Leben.

Lukrez

wenn ich gestorben bin
hat sie gewünscht
feiert nicht mich
und auch nicht den tod
feiert DEN
der ein gott von lebendigen ist

wenn ich gestorben bin
hat sie gewünscht
zieht euch nicht dunkel an
das wäre nicht christlich
kleidet euch hell
singt heitere lobgesänge

wenn ich gestorben bin
hat sie gewünscht
preiset das leben
das hart ist und schön
preiset DEN
der ein gott von lebendigen ist.

Kurt Marti

(Aus: Kurt Marti, Werkauswahl in fünf Bänden, aus: Namenszug mit Mond. Gedichte, Verlag Nagel & Kimche, Zürich 1996.)

Psalm 21: Sei gut behütet

Keinen Tag soll es geben, da du sagen mußt:
Niemand ist da, der mir hilft in meiner Not.

Keinen Tag soll es geben, da du sagen mußt:
Niemand ist da, der mich erfüllt mit seinem Trost.

Keinen Tag soll es geben, da du sagen mußt:
Niemand ist da, der mich hält in seiner Hand.

Keinen Tag soll es geben, da du sagen mußt:
Niemand ist da, der mich leitet und begleitet
auf allen meinen Wegen –
Tag und Nacht.

Sei behütet und beschützt.

Uwe Seidel

(Aus: Hanns Dieter Hüsch / Uwe Seidel, Ich stehe unter Gottes Schutz. Psalmen für Alletage, tvd-Verlag, Düsseldorf [1996], 3. Aufl. 1997, S. 155 (Aufnahme auf der CD zu diesem Buch: Hanns Dieter Hüsch liest Psalmen. Ich stehe unter Gottes Schutz, tvd Best. Nr. 9651.6)

Kasualdidaktische Grundausstattung zur Beerdigung[42]

1. Für die Hand der Gemeinde

1.1 Zur Vorbereitung und Begleitung

Christoph von Lowtzow, Zur Trauerfeier, Stuttgart 1992.

Peter Neysters / Karl Heinz Schmitt, Denn sie werden getröstet werden. Das Hausbuch zu Leid und Trauer, Sterben und Tod, München (1993) 2. Aufl. 1998.

Marjan Sax / Knaar Visser/ Marjo Boer, Begraben und Vergessen? Ein Begleitbuch zu Tod, Abschied und Bestattung, Berlin 1993.
Unkonventionelle Auseinandersetzung mit dem Thema aus den Niederlanden – von und für Menschen, die nicht in traditionellen Lebensformen leben.

Norbert Fischer, Wie wir unter die Erde kommen. Sterben und Tod zwischen Trauer und Technik, Fischer-Tb. 13480, Frankfurt/M. 1997.

Ida Lamp / Thomas Meurer, Abschied – Trauer – Neubeginn. Erfahrungen mit Tod und Trauer. Begleitung auf dem Trauerweg, Kevelaer/Aachen (1997) 2. Aufl. 1997. (Lit.)

Sterbende begleiten

Elisabeth Kübler-Ross, Interviews mit Sterbenden (1969) GTB 960, Gütersloh 17. Aufl. 1996.
Neben diesem »Klassiker« ist auf weitere Titel der Autorin zu verweisen: Leben bis wir Abschied nehmen (1979), GTB 955, 3. Aufl. 1991; Reif werden zum Tod (1975), GTB 980, 7. Aufl. 1995, Verstehen, was Sterbende sagen wollen.Einführung in ihre symbolische Sprache.(1982) GTB 952, 4. Aufl. 1995.

Karl-Joachim Twer, Hingehen. Sterbende begleiten, Düsseldorf 1983.

Anne-Marie und Reinhard Tausch, Sanftes Sterben. Was der Tod für das Leben bedeutet, Reinbek 1985.

Daniela Tausch-Flammer, Sterbenden nahe sein, Freiburg 1993.

Andreas Ebert / Peter Godzig (Hrsg.), Verlaß mich nicht, wenn ich schwach werde. Handbuch zur Begleitung Schwerkranker und Sterbender, Hamburg 1993.

Erhard Domay, Wende dich zu mir. Gebete mit Sterbenden, Gütersloh 1995.

Manfred Kurz (Hrsg.), Kranke und Sterbende begleiten. Gedanken, Gebete und Lieder, Stuttgart (1995) 2. Aufl. 1997 (Lit.).

Heinrich Pompey, Sterbende nicht allein lassen. Erfahrungen christlicher Sterbebegleitung, Mainz 1996.

Alexander Peniuk, Mit Sterbenden beten. Mit einer Anleitung zur Sterbebegleitung, Neukirchen-Vluyn 1997.

Nicht allein gelassen. Eine Handreichung zur Begleitung von schwerkranken und sterbenden Menschen, Deutsche Bibelstiftung, Stuttgart 1996.

42. Vgl. die allgemeinen Hinweise zur Kasualdidaktischen Ausstattung zu den Kasualien, S. 259ff.

1.2 Trauernde begleiten

Kurt Rommel, Mut zum Trauern, Stuttgart (1974) 1984 (farbig bebilderte Neuausgabe).
Bildmeditationen für Hinterbliebene.

Waldemar Pisarski, Anders trauern – anders leben, München (1982) 2. Aufl. 1988. (Lit.)

Verena Kast, Trauern. Phasen und Chancen des psychischen Prozesses, Stuttgart (1982) 3. Aufl. 1983.

Markus Hartenstein, Ich habe deine Tränen gesehen, Stuttgart 1992.

Peter Klever, Ich zünde eine Kerze für dich an. Gedanken beim Abschied, Lahr (1987) 5. Aufl. 1994.

Ders., Ich lege eine Blume auf dein Grab. Mitfühlende Gedanken beim Abschied, Lahr 1998. (Staffelpreise)

Ingo Sperl, Ein Horizont der Hoffnung. Hilfen auf dem Weg der Trauer, Deutsche Bibelstiftung, Stuttgart 1996.

Michael Geiger, Abschied nehmen. Anregungen zur Gestaltung einer Trauerfeier, Lahr 1997. (Staffelpreise)

Ursula Baltz-Otto (Hrsg.), Es war so schön zu leben, da du lebtest. Von Trennung und Abschied, Zürich/Düsseldorf 1998.
Lesebuch mit literarischen Texten zum Thema.

Chris Paul, Warum hast du uns das angetan? Ein Begleitbuch für Trauernde, wenn sich jemand das Leben genommen hat, GTB 989, Gütersloh 1998.

Literatur-Auswahl zum Thema

Vom Tode bedroht? Das Leben entdecken! Sterben – Trauern – begleiten. Literatur-Auswahl. bearbeitet vom Verband Ev. Büchereien in Westfalen, Bielefeld 1991.
Hier sind zusammengestellt: Belletristik und persönliche Berichte, Sachbücher, Kinder- und Jugendbücher.

2. Für die Gottesdienstwerkstatt in der Gemeinde

2.1 Handwerkszeug für jede Mitarbeiterin und jeden Mitarbeiter

Günter R. Eisele / Reinhold Lindner, Seelsorge lernen. Anleitung für helfende Gespräche, Gladbeck (1973) 3. überarb. und erw. Aufl. 1976.
U.a. Studienbriefe zur Begleitung Sterbender und zur Begleitung Trauernder. Vgl. dies., Ich brauche Hilfe. Menschen in seelischer Not begleiten, Neukirchen-Vluyn (1975) 4. Aufl. 1993.

Michael Schibilsky, Trauerwege. Beratung für helfende Berufe, Düsseldorf 1989. (Lit.)

Rainer Hauke, Ratgeber Trauerfall. Informationen aus christlicher Sicht, Berlin 1997.

Fritz Baltruweit / Günter Ruddat, Taufe, Konfirmation, Trauung, Beerdigung (Gemeinde gestaltet Gottesdienst Band 2), Gütersloh 1999.

2.2 Gottesdienstordnung/Agende

Agende für ev.-luth. Kirchen und Gemeinden. Bd. III: Die Amtshandlungen, Teil 5: Die Bestattung, hrsg. von der Kirchenleitung der Vereinigten Ev.-Luth. Kirche Deutschlands (VELKD), Hannover 1996 (neubearb. Ausgabe).
Bislang letzter Teil der VELKD-Agendenreform.
Vgl. Agende für ev.-luth. Kirchen und Gemeinden. Bd. III Die Amtshandlungen, Teil 4: Dienst an Kranken, hrsg. von der Kirchenleitung der VELKD (Vereinigte Ev.-Luth. Kirche Deutschlands), Hannover 1994 (neubearb. Ausgabe); darin: Sterbende begleiten, S. 110-119.

Die Kirchliche Bestattung. Arbeitshilfe, Hrsg. Rat der EKU, Berlin/Bielefeld (1987) 3. Aufl. 1993.
Eine neue Agende der EKU zur Bestattung ist in Vorbereitung.
Klaus Danzeglocke (Hrsg.), Das ewig Licht geht da herein. Rituale für kranke, alte und sterbende Menschen. Arbeitsstelle für Gottesdienst und Kindergottesdienst der EKiR, Düsseldorf 1998.

Spezielles Liedheft z. B.
Friedrich Eras (Hrsg.), Meine Zeit steht in Gottes Hand. Lieder und Texte zur Bestattung, München (1996) 4. Aufl. 1998.
Auswahl aus dem EG (mit Noten).

2.3 Grundlagen zur Gestaltung von Trauergottesdiensten (und Trauerpraxis)

Kurt Marti, Leichenreden, Darmstadt (1969) 12. Aufl. 1989.
Herbert Breit / Manfred Seitz (Hrsg.), Beerdigung (Calwer Predigthilfen), Stuttgart 1975 (Nachdruck 1994).
Darin u. a.: Manfred Seitz, Die Predigt zur Bestattung, S. 13-47.
Bernhard Klaus / Klaus Winkler, Begräbnis-Homiletik. Trauerhilfe, Glaubenshilfe und Lebenshilfe für Hinterbliebene als Dienst der Kirche, München 1975.
Horst Nitschke (Hrsg.), Am Grabe. Predigten, Gebete und Predigtanalysen, Gütersloh 1975.
Horst Nitschke (Hrsg.), Am Grabe 2. Predigten, Liturgische Texte, Besinnungen, Gütersloh 1980.
Gerhard Hennig, Die kirchliche Bestattung (1984), Studienbrief Gemeindeaufbau A 17, Hrsg. AG Missionarische Dienste (Beilage zur Zeitschrift: Brennpunkt: Gemeinde, Stuttgart).
Erhard Domay (Hrsg.), Beerdigung. Trauerfeiern – Ansprachen – Liturgische Texte (Gottesdienstpraxis Serie B), Gütersloh 1990.
Mit einer theologisch-homiletischen Einführung von Klaus Dirschauer: Abschiednehmen von Vertröstungen, S. 9-22.
Hanne Köhler (Hrsg.), Trauerfeier/Beerdigung (Materialheft 67), Beratungsstelle für Gestaltung, Frankfurt/Main 1993.
Ernst L. Fellechner / Helmut Votava (Hrsg.), Praxishilfe Beerdigung, Nidderau (1994) 3. Aufl. 1996, Ringbuch (dazu E. L. Fellechner / H. Knickel (Hrsg.), Ergänzung, 1996).
Hans-Jürgen Milchner, Beerdigung. Ansprachen, Gebete, Entwürfe (Dienst am Wort 67), Göttingen (1994) 2. Aufl. 1995.
Klaus Steinweg, Gottes Wort am Grab. Eine Handreichung zum Begräbnis, Neukirchen-Vluyn 1995.
Erhard Domay (Hrsg.), Beerdigung. Trauerfeiern – Ansprachen – Liturgische Texte und Formulare (Gottesdienstpraxis Serie B), Gütersloh 1996.
Mit einer pastoralsoziologischen Einführung von Karl-Fritz Daiber: Mitgehen, S. 10-18.
Fanny Dethloff-Schimmer (Hrsg.), Seelsorgerliche und homiletische Hilfen beim Tod eines Kindes, Gütersloh 1996.
Handreichung für die Trauergemeinde. Zur Feier der Beerdigung, hrsg. von der Hauptabteilung Seelsorge des Erzbistums Köln, Freiburg/Br. 1996.
Ernst Nestele, Die Aussegnung Verstorbener. Liturgische Feier unter seelsorgerlichem Aspekt. Mit einer ausformulierten Liturgie und einem Vorwort von Manfred Seitz, Stuttgart 1998.

3. Liturgiewissenschaftliche Vertiefung (für Leute, die es genauer wissen wollen)

Vgl. die einschlägigen Abschnitte in der S. 264ff. angeführten Literatur.

Yorick Spiegel, Der Prozeß des Trauerns. Analyse und Beratung, München (1973) 7. Aufl. 1989. Dazu Anmerkungsband mit Bibliographie.

Manfred Josuttis, Der Vollzug der Beerdigung – Ritual oder Kerygma; in: ders.: Praxis des Evangeliums zwischen Politik und Religion, München (1974) 4. Aufl. 1988, S. 188-206.

Eberhard Jüngel, Tod (Themen der Theologie 8), Gütersloh (1971) 2. Aufl. 1983.

Peter Krusche, Das Begräbnis; in: Hans-Dieter Bastian u. a., Taufe, Trauung und Begräbnis. Didaktischer Leitfaden zum kirchlichen Handeln, München/Mainz 1978, S. 130-195.

Friedemann Merkel, Art. Bestattung IV. Historisch / V. Praktisch-theologisch; in: Theologische Realenzyklopädie (TRE) Bd. 5, 1980, S. 743-757. (Lit.)

Kurt Lückel, Begegnung mit Sterbenden. »Gestaltseelsorge« in der Begleitung sterbender Menschen, München (1981) 3. Aufl 1990.

Traugott Stählin, Die Bestattung; in: Peter C. Bloth (Hrsg.), Handbuch der Praktischen Theologie Band 3, Gütersloh 1983, S. 195-205.

Klemens Richter (Hrsg.), Der Umgang mit den Toten. Tod und Bestattung in der christlichen Gemeinde, Freiburg i. Br. 1990.

Ottfried Jordahn, Die Bestattung (Geschichte und Gestalt des Gottesdienstes), S. 415-431;

Eberhard Winkler, Die Bestattung (Die Praxis der Kasualgottesdienste), S. 947-958; in: Handbuch der Liturgik, Leipzig/Göttingen 1995.

Ulrich Becker u. a. (Hrsg.), Sterben und Tod in Europa. Wahrnehmungen – Deutungsmuster – Wandlungen, Neukirchen-Vluyn 1998.

Vgl. dazu auch Philippe Ariès: Geschichte des Todes. dtv 4407, München 1982.

Gisela Kittel, Befreit aus dem Rachen des Todes. Tod und Todesüberwindung im Alten und Neuen Testament, Göttingen 1999.

Gemeinde gestaltet Gottesdienst …
und mehr …

Gemeinde gestaltet Gottesdienst … und mehr: Auf dem Weg zu einer neuen Sprachfähigkeit

Die Chance wahrnehmen

Die Entfaltung der Grundkasualien und die grundsätzlichen Ausführungen dazu in Kapitel 1 zeigen, wohin die (liturgische) Reise einer Kirche gehen kann, in der engagierte Christinnen und Christen ihren Ort haben, in der aber auch kirchenfernere Menschen wieder neu mit Grunderfahrungen des christlichen Glaubens in eine Beziehung kommen können.

Weil die biographische Dimension entscheidend das Lebensgefühl und ihren Ausdruck im Glauben prägt, gibt es verheißungsvolle Erfahrungen, die Grundkasualien »auszuweiten« und Beziehungspunkte über die Grundkasualien hinaus im Laufe des Lebens oder auch nur im Jahreslauf liturgisch zu qualifizieren: Der Boom von Schulanfangsgottesdiensten oder (immer noch) der Heiligabend sind klassische Beispiele dafür. Aber auch der Wunsch, »liturgisch« in ein neues Haus einzuziehen oder in Gottesdiensten am Ende des vierten Schuljahres um den Segen für den weiteren Lebensweg zu bitten, zeigt, daß sich in den letzten Jahren und Jahrzehnten ein Gefühl und damit korrespondierend ein wachsendes Bedürfnis dafür entwickelt hat, der geistlichen Dimension des Lebens eine Gestalt zu geben.[1]

Deshalb ist es naheliegend, auch im normalen Jahreslauf der Gemeinde – vielleicht einmal im Monat – Gottesdienste zu feiern, die an der biographischen wie lebenszyklischen Dimension ansetzen und sie für einen größeren Kreis fruchtbar machen.[2] Mögliche Denkrichtungen haben wir bereits im ersten Kapitel genannt: Gottesdienste mit Konfis und ihren Eltern, Himmelfahrt draußen,

1. Dazu gibt es auch immer mehr Materialien, vgl. den Abschnitt 2.4. Besondere gottesdienstliche Anlässe und Gelegenheiten in der Kasualdidaktischen Grundausstattung zu den Kasualien, S. 263; besonders z. B. Erhard Domay und Hanne Köhler (Hrsg.), der gottesdienst, Band 2, Das Abendmahl/Die Kasualien, Gütersloh 1998; Friedrich Karl Barth, Die weiteren Amtshandlungen, Heft 53 der Materialhefte der Beratungsstelle für Gestaltung von Gottesdiensten und anderen Gemeindeveranstaltungen, Frankfurt/Main 1988, Peter Bukowski u. a., Reformierte Liturgie, Wuppertal 1998; Hans-Jürgen Kalberlah und Dietrich Kuessner (Hrsg.), Arbeitsvorlagen für Segenshandlungen, Braunschweig 1997.
2. Wir haben das bereits bei der Entfaltung der einzelnen Grundkasualien gezeigt, siehe u. a. das Kapitel Die liturgische Dimension der Konfirmandenzeit entfalten, S. 126ff.

Reisesegen-Gottesdienst vor den Ferien, Gottesdienst zum Schulanfang, Erntedank, Totensonntag, Adventsliedersingen, Weihnachten feiern etc.

Menschen entdecken, die mitmachen

Ob »Ausweitung« von Grundkasualien oder »Verwurzelung« der lebenszyklischen Dimension im Jahreslauf: Wenn Kirche ein Ort ist, an dem die Schlüsselfragen des Lebens aufleuchten, dann haben wir die Chance, Menschen weit über die Kerngemeinde hinaus anzusprechen – sofern wir es in einer Sprache tun, die die Menschen verstehen. Wir müssen über unsere bisherigen Sprachmöglichkeiten hinausgehen, damit das, was wir aus unserer Tradition und aus der biblischen Verheißung heraus zu bieten haben, zum Leuchten und den Menschen nahe kommt.

Das in die Tat umzusetzen, ist leichter, als viele vielleicht vermuten. Denn unsere Hauptaufgabe besteht zunächst einmal darin, begabte Menschen – vor allem außerhalb der Kerngemeinde – zu suchen, ihre liturgische Kompetenz wahrzunehmen und »aufzubauen« und sie in eine Gesamtkomposition »einzubauen«, wohl wissend, daß sich die Komposition durch dieses »Einbauen« verändern wird.[3] Wenn es gelingt, in der Gemeinde vorhandene Begabungen ernsthaft und dialogisch einzubeziehen, dann ergibt sich eine neue Sprachfähigkeit fast von selbst.

Damit sie sich entwickeln kann, brauchen wir eine Herangehensweise und einen Prozeß, der vielerorts bereits praktiziert wird. Die Begabung und die Sprachfähigkeit ganz verschiedener Menschen wird in einer Weise ernst genommen, daß sie Gottesdienste prägen kann. Die Theologinnen und Theologen bringen dabei ihr Wissen und ihre Erfahrung genauso ein wie alle anderen.

Der Prozeß und die Fragestellungen der Gottesdienstvorbereitung

1. Die Vorbereitung eines (Kasual-)Gottesdienstes (im weiteren Sinne) beginnt mit der inhaltlichen Zielvorgabe (die auch gemeinsam erarbeitet werden sollte) und der Frage nach der Perspektive, mit der wir den Gottesdienst vorbereiten:

☐ Was wollen wir sagen? Was wollen wir erreichen mit dem Gottesdienst?

☐ Für wen machen wir das? Wen wollen wir ansprechen? Wie sieht die Zielgruppe aus? Was braucht diese Zielgruppe für einen Gottesdienst?

3. Es ist wichtig, so etwas als Chance und nicht als Bedrohung zu begreifen.

2. Wenn das Thema klar ist, beginnt die eigentliche Gottesdienstvorbereitung mit der Arbeit am biblischen Text, der unsere Situation bzw. das Thema zum Leuchten bringen will. Bauen Sie auf die Wirkung *eines* Textes.
Wie verstehen wir den Text als Vorbereitungsgruppe? Hilfreich ist, nach einer ersten Phase der Orientierung und Information den Text zu entdecken und zu erleben und ihn nach Möglichkeit zu spielen. Damit werden der exitentielle Zugang und die persönliche »Füllung« des Textes aus der Biografie der an dem Prozeß Beteiligten heraus handgreiflich.

3. Erst in einem nächsten Schritt wird es um liturgische Fragestellungen gehen:

- □ Wie kann ein biblischer Text »liturgiefähig« werden? Gibt es Dimensionen des Textes, aus denen heraus sich ein Kyrie, ein Gloria, eine Sendung etc. entwikkeln lassen? Legt er eine bestimmte Dramaturgie für den Gottesdienst nahe?
- □ Wie kann die »emotionale Situation«, die im Erleben und Spielen des Textes erfahren wurde, für den Gottesdienst fruchtbar werden? Welche »emotionale Atmosphäre« soll den Gottesdienst in seinen einzelnen Schritten prägen? Es lohnt sich ein »emotionales Stimmungsbarometer« an den Rand des vorläufigen Gottesdienstablaufplanes zu zeichnen – und von diesen Grundstimmungen her Determinanten wie Raum- und Lichtgestaltung, die Rolle der Musik und der Worte zu konzipieren. Sprechen Sie über die Gefühle, die die Lieder auslösen, die Sie für die Liturgie aussuchen wollen. Räumen Sie dieser Dimension die gleiche Wertigkeit ein wie der theologischen Aussage und der Sprachgestalt eines Liedes.
- □ Der Spannungsbogen und die Stimmigkeit einer Liturgie machen sich an einer gelungenen »Registrierung« von Distanz und Nähe, Beteiligungsstruktur, Nachhaltigkeit und Identifikation fest. Sprechen Sie solche Dimensionen zunächst nacheinander im Vorbereitungsteam durch:
  - Wie verläuft der Spannungsbogen der Liturgie? Wo wird Spannung aufgebaut?
    Wo brauche ich »entspannende« Momente bzw. Elemente?
  - An welchen Stellen möchte ich Nähe, an welchen Distanz?
  - Wo und wie sollen diejenigen, die am Gottesdienst teilnehmen, in den einzelnen Phasen beteiligt sein?
  - Was soll einen besonders nachhaltigen Eindruck machen? Wie erreiche ich das?
  - Wie passen die einzelnen Schritte zueinander (Stimmigkeit)? Fällt etwas (ungewollt) heraus?
- □ Wenn der Gottesdienstablauf steht, beginnt eine Phase der Probe und des Feedbacks, der »Feinschliff« – nach dem Motto: Wenn wir es schaffen, etwas

professioneller zu arbeiten, bedeutet das noch lange nicht, daß das auf Kosten der Authentizität geht. Das wäre ein folgenschweres Mißverständnis, das dem Dilettantismus Tür und Tor öffnen würde. – Beim Proben und Feedback geht es auch um einen Prozeß der Verinnerlichung. Wenn ich den Ablauf und die Ausrichtung meiner Beiträge »by heart« in den Gottesdienst hineinbringe, dann bin ich offen für das, was kommt: für die Situation, auf die ich angemessen reagieren möchte – offen für die Freiräume, in denen sich oft am meisten »ereignet«, offen für den Heiligen Geist. So vorbereitet, »mache« ich nicht nur, sondern ich empfange auch.

Das Ziel

Im Gottesdienst berühren wir Schlüsselfragen des Lebens. Wir wünschen uns, daß Menschen zu sich selbst und über sich hinaus kommen. Wenn Gottesdienst Gottes Dienst ist, dann geschieht das durch Gottesbegegnung. Natürlich haben wir sie nicht in der Hand – und das ist auch gut so. Aber wir sollten alles tun, daß dieses Geschehen nicht blockiert wird, sondern daß die Kommunikation im Gottesdienst und die Erfahrung des Heiligen aufeinander bezogen sind.
Dafür ist wichtig, wie ich das Verhältnis von beidem für mich bzw. als Vorbereitungsgruppe geklärt habe. Das fängt mit dem Verständnis vom Raum an. Wenn der Altarbereich ein Bereich wie jeder andere ist, dann legt es sich nahe, eine »runde Form« herzustellen, in der die Gemeinde einen Kreis bildet, der alle Beteiligten möglichst zusammenschließt. So feiern wir Gott in unserer Mitte. In dieser Begegnung ereignet sich das Heilsame, das Heilende und das Heilige. Wir sollten aber auch ernst nehmen, daß andere Ehrfurcht vor dem Altarbereich haben und in seine Richtung hin beten. Und wenn die Frage aufkommt, ob man Gott an solch einen Ort binden kann, dann müssen wir uns klarmachen, daß Vorstellungen wie diese wahrscheinlich mehr mit »Heimatgefühl« als mit Theologie zu tun haben.
Wir wünschen uns im Gottesdienst eine Begegnung mit dem Heiligen, eine Begegnung mit Gott. Dafür arbeiten wir. Und *so* zeigen wir, daß wir eine Lebensqualität angeboten bekommen und darum anzubieten haben, die wir uns selbst nicht bieten können. Das Heilige ist, daß wir einem Gott vertrauen, der uns das Leben schenkt und ermöglicht – und daß wir auf eine Zukunft hoffen und eine Zukunft haben, die uns in seiner Liebe in allem, was uns geschehen kann, hält. Das schaffen wir nicht allein. Diese Wirklichkeit geht weit über uns hinaus – und erfaßt uns immer wieder, meist nicht voll und ganz; wir machen gebrochene Erfahrungen. Aber wenn von diesem Horizont in unseren Gottesdiensten etwas zu erspüren und zu erfahren ist, dann sind wir dem Heiligen, dann sind wir Gott ganz nah.

1 Korinther 13: Ich setze auf die Liebe[4]

Ich setze auf die Liebe
Das ist das Thema
Den Haß aus der Welt zu entfernen
Bis wir bereit sind zu lernen
Daß Macht Gewalt Rache und Sieg
Nichts anderes bedeuten als ewiger Krieg
Auf Erden und dann auf den Sternen.

Ich setze auf die Liebe
Wenn Sturm mich in die Knie zwingt
und Angst in meinen Schläfen buchstabiert
Ein dunkler Abend mir die Sinne trübt
Ein Freund im anderen Lager singt
Ein junger Mensch den Kopf verliert
Ein alter Mensch den Abschied übt

Ich setze auf die Liebe
Das ist das Thema
Den Haß aus der Welt zu vertreiben
Ihn immer neu zu beschreiben
Die einen sagen es läge am Geld
Die anderen sagen es wäre die Welt
Sie läg in den falschen Händen

Jeder weiß besser woran es liegt
Doch es hat noch keiner den Haß besiegt
Ohne ihn selbst zu beenden
Er kann mir sagen was er will
Und kann mir singen wie er's meint
Und mir erklären was er muß
Und mir begründen wie er's braucht
Ich setze auf die Liebe! Schluß!

Gott schütze euch
Gott schütze und befreie uns.

Amen.

Hanns Dieter Hüsch

(Aus: Hanns Dieter Hüsch / Uwe Seidel, Ich stehe unter Gottes Schutz. Psalmen für Alletage, tvd-Verlag, Düsseldorf [1996], 3. Aufl. 1997, S. 132-133.)

4. Auf der CD zu diesem Buch Hanns Dieter Hüsch / Studiogruppe Baltruweit, Jeder Tag ist ein Geschenk – Lebensreise, tvd-Verlag, Düsseldorf 1999.

Kasualdidaktische Grundausstattung zu den Kasualien
Taufe, Konfirmation, Trauung, Beerdigung

Vorbemerkung

Wir verweisen auf die »Liturgie-Didaktische Grundausstattung«, die wir in der Grundlegung unseres Konzeptes »Gemeinde gestaltet Gottesdienst« (Band 1, 1994, S. 253-267) vorgestellt haben:
»Dieses Literatur- und Materialverzeichnis will Hinweise geben, wie liturgische Bildung und Kompetenz auch literarisch »Schritt für Schritt« entwickelt und ausgebaut werden kann – dabei spannt sich der Bogen vom Angebot für die Hand der Gemeinde über die Ausstattung der Vorbereitungsgruppe bis hin zur »liturgischen Bibliothek« der theologischen Fachleute. Über liturgische Fragen hinausgehende Literatur ist ebensowenig berücksichtigt wie die liturgiewissenschaftliche Diskussion in Zeitschriften usw. – hier wird auf die umfangreichen Literaturverzeichnisse der Gesamtdarstellungen verwiesen.« (S. 253)
Literatur, in der mehrere der hier angeführten Kasualien behandelt werden, erscheinen nur in dieser Übersicht.
Ebenso verweisen wir empfehlend auf die Möglichkeiten der Beratung und Fortbildung durch die regionalen und bundesweiten *Arbeitsstellen für Gottesdienst* u. ä. hin (siehe Band 1, S. 266-267).

1. Für die Hand der Gemeinde

1.1 Das Evangelische Gesangbuch (EG)

Entsprechende Abschnitte in den einschlägigen Liederbüchern vor Ort, aber vor allem im EG:

Lieder	*im Stammteil*	*im Regionalteil*[1] *z. B.*		
		BYT	NB	RWL
Taufe und Konfirmation	EG 200-212	BYT 574-577	NB 565-567	RWL 592-596
Trauung	EG 238-240	BYT 581-583	NB 238-240	RWL 601
Sterben und ewiges Leben, Bestattung	EG 516-535	BYT 669	NB 643-644	RWL 694-695

Texte im Regionalteil, z. B.			
BYT	NB	RWL	
Stufen des Lebens	Gebete zum Lebenskreis		
	900-915	940-960	
vgl. Segen im kirchl. Leben (900)			
Geburt und Kindheit	803-806	Zur Taufe/Zur Tauferinnerung	819. 943-945
Taufe	807-814	Die Nottaufe (839)	
Konfirmation	815-819	Im Alter und beim Sterben	978-991

1. Die Abkürzungen sind entnommen der sehr empfehlenswerten »Synopse zum Evangelischen Gesangbuch« von Dieter Frahm (Kiel 1996, S. 4): BYT = Bayern & Thüringen; NB = Niedersachsen (Braunschweig & Hannover & Oldenburg & Schaumburg-Lippe) & Bremen; RWL = Rheinland-Westfalen & Lippe & Ref. Kirche Nordwestdeutschland.

BYT	NB	RWL
Jugend und Erwachsensein	820-823	u. a. Einführung: Sterbende begleiten
Trauung	824-828	und mit einem Sterbesegen (987)
vgl. Allein und gemeinsam leben	864-870	
Alt werden	829-830	vgl. Aussegnung/Verabschiedungsfeier (851)
Sterben, Tod und Bestattung	831-840	941-951
vgl. Patientenverfügung (875)		

Bilder, z. B. im BYT
sind auch im Rahmen der Vorbereitung und Gestaltung meditativ einzusetzen.
(Vgl. dazu die Erschließungshilfe: Klaus Raschzok (Hrsg.), Die Bilder im Gesangbuch. Beschreibung – Kontext – Zugänge, Ev.-Luth. Mission, Erlangen 1995 [mit Sachregister].)

1.2 Hausbücher

Sybil Gräfin Schönfeldt, Das große Ravensburger Buch der Feste & Bräuche. Durch das Jahr und den Lebenslauf, Maier, Ravensburg 1980.

Gisela und Gerhard Zimmermann (Hrsg.), Reichtum der Jahresringe. Ein Hausbuch für Feste und Gedenktage in Familie, Schule und Gemeinde, Bahn, Konstanz 1982.

Johannes Thiele (Hrsg.), Das große Hausbuch. Brauchtum, Fest und Freude in der christlichen Familie, Kreuz, Stuttgart 1991.

Josef Griesbeck, Viel Glück und viel Segen. Glückwünsche und Segensgesten, Kösel, München 1992.
Ein Segensbuch für Familie und Gemeinde mit vielen Vorschlägen zum Gestalten und Feiern.

Durch das Jahr – durch das Leben. Hausbuch der christlichen Familie, Neuausgabe 1995, bearbeitet und aktualisiert von Peter Neysters, Hubert Rüenauver, Karl Heinz Schmitt, Kösel, München 1995. (auch als Luxusausgabe erhältlich)
Christliche Lebenshilfe für die Familie im Jahres- und Lebenszyklus.

Karl Heinz Schmitt / Peter Neysters, Jeder Tag voll Leben. Das Buch zum Älterwerden, Kösel, München 1996.

2. Für die Gottesdienstwerkstatt in der Gemeinde

2.1 Handwerkszeug für jede Mitarbeiterin und jeden Mitarbeiter

Tip: Dieses »Handwerkszeug« (wie z. B. Bibelübersetzungen, Evangeliensynopse, Bibelkonkordanz, Sammlungen von Gebeten, Glaubensbekenntnissen und neueren geistlichen Liedern – vgl. dazu ausführlich Baltruweit / Ruddat, Gemeinde gestaltet Gottesdienst, Band 1, S. 254 ff.) läßt sich nach und nach auch als Geschenk der Gemeinde überreichen.

Fritz Baltruweit / Günter Ruddat, Gemeinde gestaltet Gottesdienst. Arbeitsbuch zur Erneuerten Agende, Gütersloh 1994 (= Gemeinde gestaltet Gottesdienst, Band 1).
Zur Grundlegung unseres Konzeptes mit viel Hintergrund und Kreativität.

Fritz Baltruweit / Günter Ruddat, Taufe, Konfirmation, Trauung, Beerdigung (= Gemeinde gestaltet Gottesdienst, Band 2), Gütersloh 1999.

2.2 *Gottesdienstordnung/Agende*

Unsere Kasualgottesdienste. Verschiedene Ordner.

Unter dieser Überschrift steht die Anregung, Kasualgottesdienste, die in der Gemeinde gefeiert wurden, in allen Variationen – gerade auch mit Liedern, Glaubensbekenntnissen und Gebeten, mit meditativen Bildern, Symbolen und Texten – zu sammeln und zu ordnen, damit auf die Kraft der Tradition und der Innovation vor Ort zurückgegriffen werden kann.

Mögliche Ordnungsgesichtspunkte:

- ☐ Taufe
- ☐ Konfirmation (Silberne/Goldene Konfirmation usw.)
- ☐ Trauung (Silberne/Goldene Hochzeit usw.)
- ☐ Bestattung
- ☐ Weitere Kasualien (differenziert)
- ☐ Gemeindebezogene Gestaltung von Heften zur Begleitung bzw. Vorbereitung (vgl. Kopiervorlage: Heft für Brautpaare)
- ☐ Zusammenstellung der bewährten Verteilschriften

Agenden

EKU: Agende für die Evangelische Kirche der Union. II. Band, Die Kirchlichen Handlungen. Erster Teil, Bielefeld (1964) unveränderter Nachdruck 1981. 5. Aufl. 1991.

Peter Bukowski u. a. (Hrsg.), Reformierte Liturgie (Entwurf), Wuppertal 1998

Völlige Neubearbeitung des »Kirchenbuchs« von 1983, die auch alle Kasualien behandelt (auch erweiterte Kasualien)

VELKD: siehe Einzelagenden (S. 99 / 151 / 207 / 249f.)

Friedrich K. Barth / Gerhard Grenz / Peter Horst, Gottesdienst menschlich. Eine Agende, Gesamtausgabe, Wuppertal 1990.

Überarbeitete Zusammenfassung (leider ohne die ursprünglichen kasualdidaktischen Erläuterungen) der Bände »Gottesdienst menschlich« 1 (zu den Kasualien, erstmals 1973, dann weitere Auflagen) und 2 (Liturgische Texte, erstmals 1980), deren Sprach- und Liturgiebewußtsein wesentlich die Praxis der beiden vergangenen Jahrzehnte bestimmt hat.

Fritz Baltruweit / Günter Ruddat, Taufe, Konfirmation, Trauung, Beerdigung (= Gemeinde gestaltet Gottesdienst, Band 2), Gütersloh 1999.

Gesetzliche Bestimmungen (z. B. Lebensordnungen)

Ev. Kirche im Rheinland, Die Kirchenordnung der Ev. Kirche im Rheinland (Sonderdruck mit dem Lebensordnungsgesetz), Düsseldorf 1996.

Lutherisches Kirchenamt (Hrsg.), Leitlinien kirchlichen Lebens der Vereinigten Evangelisch-Lutherischen Kirche Deutschlands. Entwurf (Texte aus der VELKD Nr. 76), Hannover 1997.

2.3 *Grundlagen zur Gestaltung von Kasualgottesdiensten und Kasualpraxis*

Erhard Domay (Hrsg.), Arbeitsbuch Kasualien. Texte, Themen und Entwürfe für Taufe, Konfirmation, Trauung und Beerdigung (Gottesdienstpraxis Serie B), Gütersloh 1987.

Heinz Gerlach, Steinbruch für Amtshandlungen. Bausteine zu Ansprachen zu Taufe, Konfirmation, Trauung und Beerdigung, Lydia Gerlach, Arolsen 1989.

Ludwig Burgdörfer, Symbolisierend predigen. Studienbrief Predigt P 1, Hrsg. AG Missionarische Dienste. Beilage zur Zeitschrift »Brennpunkt Gemeinde«, Stuttgart 4/1994.

Ausgehend von einer Betrachtung der Kasualien als einer »kommunikativen Gelegenheit« wird symbolisierendes Predigen u. a. am Beispiel von Taufe, Trauung und Beerdigung verdeutlicht. (Diese Studienbriefe können einzeln oder im Satz bestellt werden.)

Erhard Domay (Hrsg.), Arbeitsbuch Kasualien. Texte, Themen und Symbole zur Taufe, Konfirmation, Trauung und Beerdigung (Gottesdienstpraxis Serie B), Gütersloh 1995.

Im Stil der Reihe mit Seitenregister zusammengestellt und mit einem Register der Bibelstellen und der Symbole/Motive versehen – ohne kasualdidaktische Einführung oder Reflexion. Vgl. im übrigen die einschlägigen Bände dieser Reihe (etwa alle 6 Jahre neue Sammelbände) zu den einzelnen Kasualien, die jeweils mit einer praktisch-theologischen bzw. pastoralsoziologischen Einführung gestaltet sind.

Erhard Domay / Hanne Köhler (Hrsg.), der gottesdienst. Liturgische Texte in gerechter Sprache. Band 2: Das Abendmahl / Die Kasualien, Gütersloh 1998 (auch als CD-ROM erschienen).

In dieser aus den liturgischen Texten der Reihe Gottesdienstpraxis zusammengestellten Auswahl stehen zu jeder Kasualie (zzgl. Gebete für einzelne und Rituale zu besonderen Anlässen) u. a. Eingangsgebete, Meditationen, Bekenntnisse, Schlußgebete, Fürbitten und Segensworte zur Verfügung.

Alma Grüßhaber, Rituale helfen zum Leben. Studienbrief Seelsorge S. 33, Hrsg. AG Missionarische Dienste. Beilage zur Zeitschrift »Brennpunkt Gemeinde«, Stuttgart 2/1998.

Vgl. auch Hans-Georg Lubkoll: Lebenskrisen können fruchtbar sein. Studienbrief Seelsorge S. 28, 4/1993.

Fritz Baltruweit / Günter Ruddat, Taufe, Konfirmation, Trauung, Beerdigung (= Gemeinde gestaltet Gottesdienst, Band 2), Gütersloh 1999.

Gebete / Lesungen / Psalmen

Jörg Buchna, Kasualgebete. Taufe – Konfirmation – Trauung – Beerdigung – Gebete für Kasualabkündigungen, Gütersloh (1982) 2. Aufl. 1984.

Textbuch für Prediger. Eine Sammlung von Bibelstellen zur Verwendung für Predigten und Kasualreden, Calwer, Stuttgart (1903) 6. neu durchges. u. erw. Aufl. 1988.

Dieses 1903 zum ersten Mal von Christian Römer, später von Wilhelm Gümbel (1960) und zuletzt von Helmut Lamparter (1978) zusammengestellte und jetzt von Wilfried Chr. Gallus überarbeitete Textbuch bietet neben den Predigttexten für die Gottesdienste im Kirchenjahr und Passionsandachten schwerpunktmäßig Bibelstellen zu »Sakramenten und Kasualien« (inkl. Eintritt und Wiedereintritt in die Kirche; Amtseinführung von kirchl. Mitarbeitern und Einweihungen) an; daneben sind »Besondere kirchliche Anlässe« (Kirchentag, Kirchenvisitationen) gestellt. Abgerundet wird diese Auswahl durch thematische Zusammenstellungen zu den Themen: Jugend, Mission, Israel, Diakonie, Diaspora und Notzeiten.

Christian Zippert / Jürgen Frank, Neue Kasualgebete. Gütersloh 1985.

Evangelisches Pastorale. Gebete und Lesungen zur Seelsorge, Hrsg. Luth. Liturg. Konferenz, Gütersloh (1981) 2. verb. Aufl. 1987.

Diese auf Initiative von Alfred Niebergall herausgegebene Neufassung der früheren »Handreichung für den seelsorgerlichen Dienst« (als Sonderband zur Agende für ev.-luth. Kirchen und Gemeinden 1958/2. Aufl. 1966 erschienen) stellt vor allen Dingen Psalmen und andere biblische Lesungen neben Gebeten in Westentaschenformat zur Verfügung; dabei werden als besondere Situationen u. a. auch »Taufe in Notfällen« und »Andacht mit Trauernden« behandelt.

Hanns Dieter Hüsch / Uwe Seidel, Ich stehe unter Gottes Schutz. Psalmen für Alletage, tvd, Düsseldorf (1996) 3. Aufl. 1997.

(dazu CD: Hanns Dieter Hüsch liest Psalmen: Ich stehe unter Gottes Schutz, tvd 9651.6)

(Darin Psalmen auch zu den »Lebenszeiten«: Geburt und Taufe – Geburtstag und Hochzeit – Lebenssegen – Anfang und Ende.)

Erhard Domay / Hanne Köhler (Hrsg.), der gottesdienst. Liturgische Texte in gerechter Sprache. Band 3. Die Psalmen, Gütersloh 1998 (auch als CD-ROM erschienen).

Psalmen des Psalters, der Bibel und moderne Psalmen.

2.4 Besondere gottesdienstliche Anlässe und Gelegenheiten[2]

Friedrich K. Barth, Die weiteren Amtshandlungen. (Materialheft 52 und 53), Beratungsstelle für Gestaltung, Frankfurt/Main 1988.
Heft 52: Taufe – Tauferinnerung – Kindersegnung; Einweihungen; Gottesdienste mit Vereinen / im Grünen; Werbung für die eigene Sache (Eindruckplakate).
Heft 53: Jubeltag – Geburtstage (50.) – Jubiläen – Goldene Konfirmation – Silberne und Goldene Hochzeit – Gedächtnis der Verstorbenen auf dem Friedhof – Weil du krank bist (Materialien).

Erhard Domay (Hrsg.), Besondere Anlässe. Ansprachen – Predigten – Feiern (Gottesdienstpraxis Serie B), Gütersloh 1990.
Mit einer theologisch-homiletischen Einführung von Klaus von Mering.
Feiern zu verschiedenen Anlässen: Goldene Konfirmation, Silberne, Goldene, Diamantene Hochzeit, Jubiläen und Geburtstage, Einweihungen, Begrüßungen und Verabschiedungen.

Ulrich Fischer / Reiner Marquard / Helmut Mühlmeier (Hrsg.), Gelegenheit macht Gottesdienst. Liturgische Hilfen für lebensgeschichtliche Anlässe (Band 1), Stuttgart 1996.
Sammlung unterschiedlicher ausformulierter Liturgien verschiedener AutorInnen zu besonderen Anlässen von der Kindersegnung bis zum Totengedächtnis; jeweils gegliedert in: Annäherung / Der Anlaß und die unmittelbar Beteiligten bzw. der Pfarrer / Bibl.-theol. Kontexte aufsuchen / Die Besonderheit der gottesdienstlichen Situation / Liturgisch-seelsorgerliche Erwägungen / Liturgischer Ablauf (mit Liedvorschlägen und Literatur).

Hans-Jürgen Kalberlah und Dietrich Kiessner (Hrsg.), Arbeitsvorlagen für Segenshandlungen, Braunschweig 1997.

Ulrich Biskamp / Daniel Panzer (Hrsg.), Praxishilfe Festliche Anlässe. Ringbuch, Nidderau 1998.
Sammlung von Gottesdienstentwürfen, Ansprachen und kreativen Ideen zu den Themenkreisen: kirchliche Feste (die besonderen Feiertage des Kirchenjahres), kommunale Feste (von der Kirmes über Einweihungen bis zu kommunalen Jubelfeiern), berufsbedingte Feste (Dienstjubiläen, Verabschiedungen, Begrüßungen), Vereinsfeste aller Art und verschiedene familiäre Feste – mit Stichwort- und Bibelstellenregister.

Christiane Bundschuh-Schramm (Hrsg.), In Ritualen das Leben feiern: z. B. Schwangerschaft, Geburtstag, Führerschein, Umzug, Trennung, Mainz 1998 (rk.).
Ausgehend von einer konzeptionellen Einleitung. »Biographie und Religion: Übergänge feiern« (S. 9ff.) werden – vor allem von Autorinnen – »Rituale zur Feier eines Übergangs« von Schwangerschaft bis zur Beerdigung entwickelt; dabei werden neben vielen besonderen Anlässen von den klassischen Kasualien auch Taufe (S. 33ff.), Hochzeitstag (S. 68ff.) und zur Beerdigung (S. 159ff., 168ff.) berücksichtigt.

Ulrich Fischer / Reiner Marquard / Helmuth Mühlmeier (Hrsg.), Liturgische Hilfen für lebensgeschichtliche Anlässe. Gelegenheit macht Gottesdienst. Band 2, Stuttgart 1998.
Sammlung im Stil von Band 1 zu außerordentlichen Situationen (u. a. auch Tauferinnerungsgottesdienst, Konfirmandeneltern, Neue Partnerschaft im Alter).

Hanns Kerner / Elmar Nübold (Hrsg.), Ökumenische Segensfeiern. Eine Handreichung, Bonifatius/Calwer Paderborn/Stuttgart (1997) 2. erw. Aufl.1998.
Eine Sammlung unterschiedlicher ökumenischer Segensfeiern (u. a. zur Silbernen und Goldenen Hochzeit).

Sinfonia Oecumenica. Feiern mit den Kirchen der Welt. Viersprachig synoptisch, Hrsg. Beatrice Aebi, Fritz Baltruweit, Christiane Dithmar, Dirk Friedrich, Markus Lesinski, Armin Mettler und Dietrich Werner, Basel/Gütersloh 1998.
Jede Liturgie wird in vier Sprachen (englisch, deutsch, französisch, spanisch) wiedergegeben. Da-

2. Zu »Begleitung in Trennung und Scheidung« siehe unter »Trauung«, S. 208; zu »Jubiläumsgottesdiensten« zu den entsprechenden Kasualien.

durch können Menschen ganz unterschiedlicher Sprache und Herkunft gemeinsam Gottesdienst feiern. Damit wird in neuen Dimensionen die Zusammengehörigkeit über die Grenzen von Nationen, Kulturen und Sprachen hinweg gestärkt. Vgl. dazu das Liederbuch Thuma Mina.

Erhard Domay (Hrsg.), Gottesdienste zu besonderen Anlässen (Gottesdienstpraxis Serie B), Gütersloh 1999.

2.5 Liturgische Gegenstände, Gedenkscheine und Symbolgeschenke

Neben der Beratung durch die Gottesdienstarbeitsstellen und die Reise- und Versandbuchhandlungen (z. B. Agentur des Rauhen Hauses o. ä.) ist auf das vielseitige und kritisch zu vergleichende Angebot der kommerziellen christlichen Versandhäuser bzw. verschiedener Verlage (z. B. auch für *Gedenkscheine* und Vordrucke für Urkunden, Geschenkliteratur und Verteilschriften) hinzuweisen.
In unterschiedlicher Ausstattung und Gestaltung werden auch christliche *Symbolgeschenke* zum Umhängen, als Wandschmuck o. ä. angeboten: beispielsweise Fisch, Kerzen (mit Motiv der Kirche oder anderen Symbolen wie Regenbogen), Kreuz (aus Bronze oder Olivenholz; einfach oder mit verschiedenen Motiven), Leuchter, Öllämpchen, Taube.

Bezugsquellen u. a.:
Agentur des Rauhen Hauses, Beim Brüderhof 8, 22844 Norderstedt;
Verlag am Birnbach, Zum Heisterholz 10, 57612 Birnbach;
Deutsche Bibelgesellschaft, Postfach 81 03 40, 70520 Stuttgart;
Verlag Ernst Kaufmann, Alleestr. 2, 77933 Lahr;
Verlag Junge Gemeinde, Postfach 10 03 35, 70747 Leinfelden-Echterdingen;
Gütersloher Verlagshaus/Kiefel, Postfach 450, 33311 Gütersloh;
Kunstwerkstätten Maria Laach (Sales Versandbuchhandlung, Postfach 1361, 85067 Eichstätt);
Verlag Neues Buch, Neugasse 14, 61130 Nidderau/Ostheim;
Verlag J. P. Peter, Postfach 1262, 91534 Rothenburg o. d. T.

Entsprechende Materialien oder Medien können aber auch in eigener Praxis hergestellt werden, etwa individuelle Taufkerzen oder getöpferte Umhänger; spezielle Einladungsbriefe bzw. Geschenke, Kerzen und Urkunden beispielsweise mit einem Foto oder einer Zeichnung der jeweiligen Kirche.

3. Liturgiewissenschaftliche Vertiefung (für Leute, die es genauer wissen wollen)

Vgl. die einschlägigen Artikel in den (praktisch-)theologischen und liturgiewissenschaftlichen Werken.

3.1 Lexika und Handbücher

Hans-Hinrich Jenssen, Die kirchlichen Handlungen, in: Handbuch der Praktischen Theologie. Band II, Berlin (-Ost) (1974) 2. Aufl. 1979, S. 139-195.

Peter C. Bloth u. a. (Hrsg.), Handbuch der Praktischen Theologie (HPTh). Band 3: Praxisfeld: Gemeinden, Gütersloh 1983; Die Kasualpraxis, S. 150-213.

Wolfgang Steck, Art. Kasualien, in: Theologische Realenzyklopädie (TRE) Bd. 17, Berlin 1988, S. 673-686.

Dietrich Rössler, Grundriß der Praktischen Theologie, Berlin (1986) 2. erw. Aufl. 1994. Darin: Amtshandlungen, S. 227-270.

Gert Otto, Handlungsfelder der Praktischen Theologie (Praktische Theologie Band 2), München 1988. Darin vor allem das 7. Kapitel: Deuten: Lebensgeschichte / Taufe / Trauung (S. 287ff.), daneben zur Konfirmation (S. 125ff.) und zur Grenzsituation Tod (S. 170f.).

Hans-Christoph Schmidt-Lauber / Karl-Heinrich Bieritz (Hrsg.), Handbuch der Liturgik. Liturgiewissenschaft in Theologie und Praxis der Kirche, Leipzig/Göttingen 1995.
Darin einzelne Beiträge zur Geschichte und Gestalt wie zur Praxis der Kasualgottesdienste: Taufe, Konfirmation, Trauung, Bestattung u. a.

3.2 Gesamtdarstellungen / Zur Theologie der Kasualpraxis

Friedrich Niebergall, Die Kasualrede, Leipzig 1905.
Manfred Mezger, Die Amtshandlungen der Kirche als Verkündigung, Ordnung und Seelsorge. Band 1: Die Begründung der Amtshandlungen, München (1957) 2. erg. Aufl. 1963.
In diesem grundlegenden, aber leider nicht fortgesetzten Werk wird neben dem grundsätzlichen Teil im praktischen Teil die Taufe (S. 143ff.) erörtert.
Rudolf Bohren, Unsere Kasualpraxis – eine missionarische Gelegenheit? ThExh 147, München (1960, 3. erw. Aufl. 1968) 5. Aufl. 1970.
Hans-Joachim Thilo, Beratende Seelsorge. Tiefenpsychologische Methodik dargestellt am Kasualgespräch, Göttingen 1971.
Die Predigt bei Taufe, Trauung und Begräbnis. Inhalt, Wirkung und Funktion. Eine Contentanalyse, erarbeitet von der Homiletischen Arbeitsgruppe Stuttgart/Frankfurt. München/Mainz 1973.
Joachim Matthes, Volkskirchliche Amtshandlungen, Lebenszyklus und Lebensgeschichte. Überlegungen zur Struktur volkskirchlichen Teilnahmeverhaltens, in: ders. (Hrsg.), Erneuerung der Kirche. Stabilität als Chance?, Gelnhausen/Berlin 1975, S. 83-112.
Georg Kugler / Herbert Lindner, Trauung und Taufe – Zeichen der Hoffnung. Begründung und Modelle, München 1977.
Hans-Dieter Bastian / Dieter Emeis / Peter Krusche / Karl Heinz Lütcke, Taufe, Trauung und Begräbnis. Ein didaktischer Leitfaden zum kirchlichen Handeln, München/Mainz 1978.
Ferdinand Ahuis, Der Kasualgottesdienst. Zwischen Übergangsritus und Amtshandlung, Stuttgart 1985.
Hans-Christoph Piper, Der Hausbesuch des Pfarrers. Hilfen für die Praxis, Göttingen 1985.
Christian Möller, Gottesdienst als Gemeindeaufbau. Ein Werkstattbericht, Göttingen 1988.
Theophil Müller, Konfirmation – Hochzeit – Taufe – Bestattung. Sinn und Aufgabe der Kasualgottesdienste, Stuttgart 1988.
Michael Nüchtern, Kirche bei Gelegenheit. Kasualien – Akademiearbeit – Erwachsenenbildung (Praktische Theologie heute, 4), Stuttgart 1991.
Ausgehend von den Beispielen Konfirmation und Kindertaufe als »Verlegenheiten« der Ortsgemeinde wird »Kirche bei Gelegenheit« am Beispiel von Akademiearbeit und Erwachsenenbildung als horizonterweiternde »Gelegenheit für Kirche« beschrieben, die sich mit dem »Grundmuster (trinitarisch beschriebener) kasueller Theologie« auseinandersetzt.
Jörg Dierken, Die Amtshandlungen in der Volkskirche. Zum theologischen Umgang mit Kasualfrömmigkeit (Theologische Studien, 137), Zürich 1991.
Peter Bukowski, Die Bibel ins Gespräch bringen. Erwägungen zu einer Grundfrage der Seelsorge, Neukirchen-Vluyn (1994) 2. Aufl. 1995.
Karl-Heinrich Bieritz, Gegengifte. Kirchliche Kasualpraxis in der Risikogesellschaft, in: ders., Zeichen setzen. Beiträge zu Gottesdienst und Predigt, Stuttgart 1995, S. 203-217.
Eberhard Winkler, Tore zum Leben. Taufe – Konfirmation – Trauung – Bestattung, Neukirchen-Vluyn 1995.
Neueste prakt.-theol. Darstellung zum Thema, die den Zusammenhang von Kasualien und Gemeindeaufbau betont, sich nicht nur an Theologen wenden und Hilfen zum theologischen Verständnis und praktischen Vollzug der Kasualien geben will (keine ausgeführten Liturgien o. ä.). Gemeindepraktischer Hintergrund: Ostdeutschland; daher immer wieder Vergleich von westlicher Volkskirche und säkularer Diaspora in den neuen Bundesländern.

Wolf-Eckart Failing, Die kleine Lebenswelt und der umfassende Sinn. Weisheit des Alltags und kasuelles Handeln der Kirche, in: W. E. Failing / Hans-Günter Heimbrock, Gelebte Religion wahrnehmen. Lebenswelt – Alltagskultur – Religionspraxis, Stuttgart1998, S. 200-232.
Kasualien als Einweisung in christliche Lebenskunst und evangelische Weltweisheit.

Wilhelm Gräb, Lebensgeschichten – Lebensentwürfe – Sinndeutungen. Eine Praktische Theologie gelebter Religion, Gütersloh 1998.
Analysen und Orientierungen für ein christliches Handeln, das die Darstellung und die Vermittlung vom Sinn des Lebens als ureigene Aufgabe der Kirche wahrnimmt; darunter im Abschnitt B: Kasualpraxis und Seelsorge die Kapitel: Die Kasualpraxis als Rechtfertigung von Lebensgeschichten (S. 172ff.); Die Taufe und ihr lebensgeschichtlicher Sinn (S. 203ff.); Die Predigt am Grabe und die Individualität gelebten Lebens (S. 231ff.).

Fritz Baltruweit / Günter Ruddat, Taufe – Konfirmation – Trauung – Beerdigung (= Gemeinde gestaltet Gottesdienst, Band 2), Gütersloh 1999.

Über *aktuelle Neuerscheinungen zu den Kasualien* informieren folgende jährlich erscheinende Kataloge (Kataloge zum Verteilen können bei den genannten Adressen angefordert werden):

Praxisfeld: Gemeinde. 20. Ausgabe 1998/99. Literatur und Arbeitshilfen für Pfarrer/innen und kirchliche Mitarbeiter/innen. Ein Angebot von 45 Verlagen mit über 1000 Titeln. Hrsg. Arbeitsgemeinschaft Theologischer Verlage (ATV) c/o Gütersloher Verlagshaus, Postfach 450, 33311 Gütersloh, Telefon 05241/74 05 40, Fax 74 05 48 (vgl. darin besonders die Rubriken: 1.6 Kasualien / 1.7 Besondere Gottesdienstformen und 3: Geschenkliteratur)

Religion. Ethik. Philosophie. Lehr- und Arbeitsmittel für Schule und Gemeinde. Hrsg. Verlagsring Religionsunterricht (VRU). Vertrieb: VRU-Informationsstelle, Postfach 2208, 77912 Lahr (vgl. besonders zu den einschlägigen Stichworten Taufe, Konfirmation, Ehe/Trauung, Sterben/Tod/Trauer im Sachregister)

Studium: Theologie. Ein evangelisch-katholisches Literaturverzeichnis. Vertrieb wie Praxisfeld: Gemeinde (vgl. besonders im Abschnitt 11. Praktische Theologie)

Vgl. auch:
Bibelkatalog. Hrsg. Deutsche Bibelgesellschaft. Vertrieb: Postfach 81 03 40, 70520 Stuttgart (vgl. besonders zu den einschlägigen Stichworten Traubibeln u. ä.)

Stichwortverzeichnis

zusammengestellt von David Ruddat

Verzeichnis der Lieder und Psalmen

Die Autoren

Fritz Baltruweit, geboren 1955, Pastor und Liedermacher, war neun Jahre Gemeindepfarrer in Garbsen, von 1992 bis 1998 Studienleiter am Predigerseminar im Kloster Loccum und ist seit September 1998 Referent für Liturgie und Musik im Evangelischen EXPO-Büro Hannover.
Langjährige Mitarbeit bei liturgischen Veranstaltungen des Deutschen Evangelischen Kirchentags, seit 1981 Mitglied des Ausschusses für Abendmahl, Gottesdienst, Fest und Feier (AGoFF).

Bisher im Gütersloher Verlagshaus erschienen:
Fritz Baltruweit / Günter Ruddat, Gemeinde gestaltet Gottesdienst. Arbeitsbuch zur Erneuerten Agende, Gütersloh 1994; Sinfonia Oecumenica – Feiern mit den Kirchen der Welt, Gütersloh 1998 (zusammen mit Dietrich Werner u. a.)

Günter Ruddat, geboren 1947, Dr. theol., war 15 Jahre Gemeindepfarrer in Leverkusen und ist seit 1991 Professor für Praktische Theologie am Fachbereich Religions- und Gemeinde-pädagogik der Evangelischen Fachhochschule Rheinland-Westfalen-Lippe in Bochum.
Langjährige Mitarbeit bei liturgischen Veranstaltungen des Deutschen Evangelischen Kirchentags, seit 1997 Vorsitzender des Ausschusses für Abendmahl, Gottesdienst, Fest und Feier (AGoFF).

Bisher im Gütersloher Verlagshaus erschienen:
Fritz Baltruweit / Günter Ruddat, Gemeinde gestaltet Gottesdienst. Arbeitsbuch zur Erneuerten Agende, Gütersloh 1994.